KB251935

사례로 배우는
증여, 상속
성공 노하우

사례로 배우는

증여, 상속 성공 노하우

양희정 지음

대림북스

남겨준 재산으로
행복한 가족관계를 유지하기 위해서는
무엇을 준비하고, 실천해야 할까요?

우리는 언론을 통해 부모가 남겨준 재산을 서로 더 갖겠다고 자녀들 간 분쟁이 발생하는 경우를 자주 접합니다. 이런 모습은 물려준 재산이 많은 집에서도, 많지 않은 집에서도 발생하죠. 그리고 그 결과는 법원에서 판결로 결정되며 가족 간의 사랑과 우애는 없어지고 '남보다도 못한 사이'가 되는 경우를 많이 볼 수 있습니다. 더 나아가서는 가까운 사람의 목숨도 빼앗는 끔찍한 경우도 있습니다. 부모님이 남겨준 재산으로 이런 상황이 발생하는 것을 보면 안타까운 마음이 많이 듭니다. 부모는 안 먹고, 안 쓰고, 안 입고 절약해서 힘들게 모은 재산인데, 정작 그 재산으로 인해 가족의 화목이 깨진다면 차라리 재산을 물려주지 않는 것보다 못한 상황이 발생했다고 할 수 있습니다.

최근 우리 사회에는 재혼 가정이 늘어나고 있는데, 이런 모습이 재산 이전 과정에도 많은 영향을 미치고 있습니다. 현행 민법상 재혼 가정의 경우에는 상속권을 제한하고 있는데, 대표적인 경우가 재혼한 배우자가 데리고 온 자녀는 내가 사망했을 때 내 재산을 상속받을 수 없다는 것입니다. 하지만 사람의 욕심이란 것이 안 될 것을 알면서도 받을 수 없는 재산에 대해 욕심을 갖게 되는 경우가 있습니다. 그리고 그 욕심을 실행하기 위해 몹쓸 짓도 서슴지 않는 것을 보게 됩니다. 따라서 이런 부분에 대해서도 미리 알고 대비해야 합니다.

우리나라는 현재 1차 베이비부머(1955~1963년생) 세대가 은퇴 생활을 하고 있습니다. 그런데 중요한 것은 이들이 우리나라 자산의 60% 이상을 소유하고 있다는 것입니다. 그리고 이들은 대부분 자수성가한 경우가 많기 때문에 자녀들에게 미리 계획을 수립해 재산을 이전하는 것에 대해 관심이 적고, 심지어는 재산을 미리 주면 자식을 버린다는 생각을 가지고 있는 사람들이 많습니다. 그리고 자신이 사망할 때까지 꽁꽁 쥐고 있다가 사망하면서 아무런 준비도 없이 남겨진 가족에게 상속으로 물려주니 가족들 간에 재산을 둘러싼 분쟁이 발생하는 것은 당연하다고 할 수 있습니다. 지금 시대는 과거 베이비부머처럼 자신의 노력만으로 성공하기 어렵고, 부모 등 주변의 도움이 있어야만 성공을 기대할 수 있습니다. 이런 환경에서 부모의 상속재산은 포기할 수 없는 달콤한 꿀과 같은 존재일 것이고, 상속재산 관련 분쟁이 많이 발생하는 또 하나의 이유가 될 수 있습니다.

우리나라는 2024년 12월에 고령인구(65세 이상)가 전체 인구의 20%를 초과하는 초고령사회에 진입했습니다. 그리고 앞으로 그 인구는 지속적으로 늘어날 것입니다. 그런데 앞에서도 언급했던 것처럼 우리나라의 재산을 65세 이상 고령자들이 대부분 소유하고 있다 보니 앞으로 이들이 살아생전에 재산을 잘 관리할 수 있는 제도 마련의 필요성이 부각되면서 최근 신탁 제도가 도입됐습니다. 필자는 이 책에 신탁을 활용해 자신이 살아 있는 동안의 재산 관리와 사망한 이후의 재산 이전을 어떻게 할 수 있는지에 대해 소개했습니다. 특히 본인의 사망 후 재산의 현명한 분배를 위해선 정신이 온전할 때 미리 그 준비를 해야 하기 때문에 이때 신탁이 유용한 역할을 할 수 있습니다.

재산을 상속받는 자에게 그 재산은 불로소득에 해당하고, 우리나라는 증여와 상속의 경우에 많은 세금을 부과하고 있습니다. 하지만 미리 계획을 잘 수립하고 그 계획을 실행한다면 많은 증여세와 상속세를 합법적으로 절세할 수 있습니다. 그런데 앞에서 이야기한 것처럼 자수성가한 부자들의 경우엔 미리 줄 생각을 하지 않기 때문에 계획 역시 수립하지 않는 것입니다. 결국 많은 세금을 납부해야 하는 것으로 끝날 가능성이 높습니다. 증여와 상속에 대한 완결은 관련된 세금을 납부해야 하는 것입니다. 지금 납부하지 않았다고 앞으로도 영원히 납부하지 않을 수 있는 것이 아니라 언젠가는 납부해야 하고, 그때는 가산세 등을 포함해 더 많은 세금을 납부해야 합니다. 그렇기 때문에 멀리 보고, 넓은 범위를 다루는 절세 플랜이 중요하고 필요합니다. 이 책을 통해 그 시야를 넓혔으면 좋겠습니다.

필자는 20년 이상을 자산관리 분야에서 수많은 자산가, 사업가의 절세, 상속설계, 가업승계 등에 대해 상담을 통해 도움을 주는 일을 해왔습니다. 그 과정에서 미리 알았다면 막을 수 있었던 불행한 일, 과도하게 많은 세금 납부, 가족 간의 불화 등 안타까운 모습을 봤습니다. 이 책은 재산이 조금이라도 있거나, 재산 이전에 관심 있는 사람이라면 누구나가 생각해봐야 할 부분에 대해 사례 형식으로 구성했습니다. 전체 내용을 다 알면 좋겠지만, 자신에게 해당하는 부분 또는 관심 있는 부분만 선별해 읽어도 많은 도움이 될 것이라고 생각합니다.

아무쪼록 이 책이 자산 이전에 대한 현명한 길을 제시해 가정의 불화를 예방하고 합리적인 자산 이전과 절세를 통해 가정의 행복이 더욱더 커지기를 기대합니다.

필자가 자산관리 분야 전문가로서 성장할 수 있었던 것은 교보생명 재무설계센터가 있었기 때문입니다. 그동안 함께 필자와 함께 근무했던 선배, 동료, 후배분들에게 감사한 마음을 전합니다. 특히 지금도 함께 토론과 연구를 하고 있는 김계완 종합자산관리담당, 배범식 팀장, 민만기 센터장, 최욱임 센터장, 이일강 센터장, 김용현 센터장, 김희곤 센터장, 전덕진 센터장, 김철수 센터장, 김영관 센터장, 이효섭 센터장에게 깊은 감사의 마음을 전합니다.

그리고 집필하는 동안 옆에서 응원하고 격려해준 아내 김선화와 퇴고 과정에서 글의 완결성을 높이기 위해 날카로운 시각으로 의견을 제시해준 아들 양선웅에게 사랑하고 감사하다는 마음을 전합니다.

목차

1장

증여와 상속의 기본 개념

2장

사례로 알아보는
합리적인 증여세 절세 이야기

사례로 알아보는 상속세 절세 이야기

신탁을 활용해 증여와 상속을 완성하자

가업을 물려줄 경우 절세 방법

1장

증여와
상속의
기본 개념

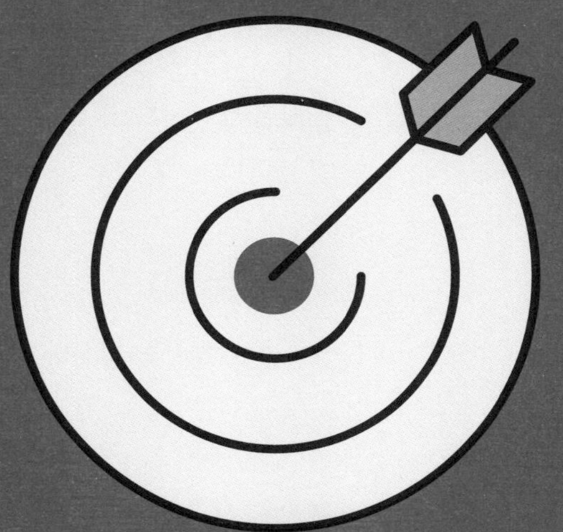

자산 승계 계획을
꼭 수립해야 하는가?

CASE

자수성가로 많은 재산을 일군 김부자 씨는 아직은 자녀들에게 자산을 승계할 생각을 하지 않고 있다. 그런데 사회 활동을 하면서 알게 된 많은 지인이 미리미리 준비해야 한다는 말을 자주 한다. 이에 김부자 씨도 생각이 조금씩 바뀌고 있는데 무엇을 어떻게 준비해야 할지 막막하다.

재산을 조금이라도 가지고 있는 사람은 생의 마지막 순간 본인이 일군 재산을 어떻게 할 것인지에 대한 결정을 해야 한다. 사회에 환원하지 않는다면 자녀들에게 승계될 수밖에 없다. 만약 김부자 씨가 평소에 자신이 사망하면 모든 재산을 공익단체에 기부하겠다는 말을 모든 가족을 대상으로 자주 했지만, 유언장 작성 등 추가적인 계획 및 행동을 하지 않고 사망이 발생하게 되면 김부자 씨의 재산은 본인의 뜻대로 공익단체에 기부되지 않을 가능성이 매우 높다. 그 이유는 우리나라 민법에서는 상속이 발생하면 피상속인의 재산 분배 원칙을 정해놓고 있기 때문이다. 첫 번째가 유언상속, 두 번째가 상속인 간 합의 분할, 세 번째가 법정상속지분에 따른 분배이다. 때문에 만약 김부자 씨의 유지를 자녀들이 받들기 위해선 모든 상속인이 합의해 김부자 씨가 원한 곳에 기부해야만 가능하다. 하지만 이 과정에서 상속인 중 한 명이라도 반대한다면 김부자 씨의 유지는 이루어질 수 없다.

그럼 그 이후에는 어떻게 될까? 앞에서도 말한 것처럼 공동 상속인들이 모두 만장일치로 합의 분할을 해야 하는데, 원활하게 합의가 이뤄지지 않아 가족 간에 김부자 씨의 상속재산을 놓고 분할 소송을 하는 경우가 발생하게 된다.

특히 최근 우리나라에 재혼 가정이 많은데 이 경우에는 더 복잡한 문제가 발생한다. 민법상 피상속인과 혈연, 혼인(혼인 신고한 배우자) 또는 법률(양자 제도)로 연결되지 않은 사람은 상속받을 수 없다. 시부모, 장인·장모, 새아빠, 새엄마의 상속재산에 대해선 상속권이 없다. 그런데 많은 사람은 상속받을 수 있을 것으로 알고 있는 경우가 많다. 그리고 나중에 상속받을 수 없다는 사실을 알게 될 경우에는 '현실 부정 ⇨ 분노 ⇨ 다툼'으로 이어지며 가족이 해체되는 것을 자주 볼 수 있다. 막장 드라마의 내용이 현실이 되는 순간이다.

이처럼 가족 간 상속재산을 놓고 분할 소송을 하게 된다면 그 이후 가족의 화목은 기대하기 어려울 것이다. 김부자 씨가 정말로 힘들게 고생하면서 재산을 일군 목적이 무엇일까? 그건 아마도 자신이 남겨준 재산을 가지고 상속인들이 우애 있고, 화목하게 잘살기를 원했을 것이다. 하지만 이처럼 재산 싸움이 발생하는 상황이 예상된다면 재산을 물려주지 않는 것이 더 나을지도 모른다. 그렇기 때문에 그런 상황을 원하지 않는다면, 김부자 씨 본인이 미리 재산 승계 계획을 합리적이며 현명하게 수립해야 한다.

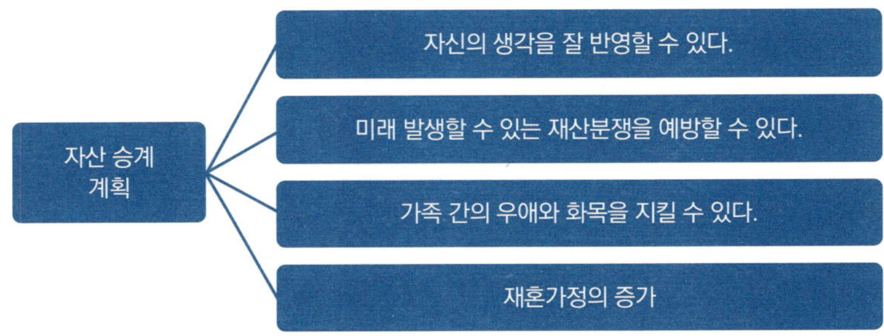

자산이 어느 정도 되어야
자산 승계 계획을 세우나요?

CASE

직장 생활을 오래한 60대 후반인 홍길동 씨는 많은 자산을 이루진 못했다. 남매인 자녀를 키우고, 가르치고, 먹고살기 바쁘다 보니 많은 자산을 모으기 힘들었다. 최근 지인들이 사망하고 그 자식들이 재산 상속 때문에 다툼을 한다는 말을 듣고 얼마나 많기에 자식들이 재산 싸움을 하는지 한편으로는 부러우면서도 다른 한편으론 재산이 많아야만 재산 싸움이 발생하는지 궁금하게 되었다.

필자가 20년 이상 자산관리 일을 하면서 많은 부모를 상담했는데, 부모들의 생각은 대부분 비슷한 것 같다. '우리 자식들은 싸우지 않을 것이다', '싸울 만큼 많은 재산을 물려주는 것도 아니기 때문에 형제 간에 사이좋게 나눠 갖고 우애 있게 잘살 것이다'라는 막연한 기대감을 갖고 있는 경우를 많이 경험했다.

하지만 자녀들이 재산 싸움을 하는 것은 물려준 재산이 많아서 발생하는 경우보다, 적은 재산이라도 나누는 과정에서 감정 싸움을 하기 때문에 많이 발생한다.

예를 들면 '너는 대학교 갔잖아!' '너는 결혼할 때 집 사는 거 도움 받았잖아!' '오빠는 옛날부터 많은 혜택을 받았잖아!' 등 이런 과거의 불만족스러운 경험과 앙금이 상속이 발생한 이후 재산을 분배하는 과정에 영향을 미쳐 원활한 재산 분할을 방해할 수밖에 없는 이유가 된다.

필자가 아는 변호사 말에 의하면 자신이 대리했던 유류분반환청구 소송에서 가장 적었던 소송 가액이 100만 원이었다고 한다. 이것은 승소해서 100만 원을 받아도 변호사 비용과 각종 비용이 더 많이 발생하기 때문에 무조건 손해지만, 이런 소송을 진행하는 것은 재산의 많고 적음이 문제가 아니라 감정 때문이라는 것을 알 수 있다.

실제로 국내 대기업의 부회장이 동생들을 상대로 모친의 재산에 대한 유류분반환청구소송을 동생들에게 재기해 동생들로부터 약 1억 5,000만 원을 받을 수 있게 된 사례(2024년 11월)가 있다. 1억 5,000만 원은 서민에게는 큰돈이지만, 대기업 부회장에게는 크지 않을 수 있다. 때문에 돈이 아니라 다른 의미가 있어서 소송까지 간 것으로 보인다.

가족끼리 재산 때문에 소송을 하게 되면 그 이후엔 우애를 기대하기 어려울 것이다. 결국 물려준 재산으로 인해 형제 간의 관계가 파탄 나는 결과가 발생할 수 있다. 때문에 재산 승계 계획은 재산이 적어도 반드시 주는 사람이 미리 계획을 수립해야 한다.

그리고 여기서 간과하기 쉬운 것 중 하나는 재산을 주는 사람은 공평하게 나눠줬다고 생각하지만, 받는 사람 입장에서는 공평하게 생각하지 않을 수 있다는 것이다.

증여와 상속 중
어느 것을 선택하는 것이 좋나요?

자수성가로 많은 재산을 일군 김부자 씨는 아직은 자녀들에게 자산을 승계할 생각을 하지 않고 있다. 그런데 사회 활동을 하면서 알게 된 많은 지인이 미리 준비해야 한다는 말을 자주 했다. 이에 김부자 씨도 생각이 조금씩 바뀌어 재산 승계 계획을 수립하고자 하는데, 증여와 상속 중 어느 방법이 합리적일까?

증여는 증여자(주는 사람)와 수증자(받는 사람)의 합의에 의한 쌍방의 계약 행위이다. 즉, 증여자가 주겠다는 의사를 표시(조건 등을 첨부할 수 있음)하고, 수증자가 받겠다는 의사를 표시해야만 성립하는 것이다. 이에 반해 상속은 피상속인(사망한 자)의 사망으로 인해 상속인(상속재산을 받는 사람들)이 상속받을지, 포기할지를 결정하는 일방적 행위이다.

이런 개념의 차이로 인해 증여는 증여자가 본인의 생각과 가족 구성원의 사정 등을 고려해 재산 배분을 살아 있는 동안에 함으로써 향후 발생할 수 있는 재산 관련 분쟁을 예방할 수 있는 장점이 있다. 하지만 재산을 받은 수증자(자녀가 대표적)가 관리를 잘하지 못해 재산을 탕진하거나, 자녀가 이혼하거나, 혹은 자녀들이 더 이상 효도를 하지 않아 부모와 자녀 간의 화목이 깨지는 경우가 자주 발생한다는 단점도 있다. 또한 자녀 중 한 사람에게만 재산의 대부분을 사전증여할 경우에는 향후 본인이 사망한 후 재산을 물려받지 못한 자녀들이 더 받은 형제를 상대로 유류분반환을 청구할 수 있다. 이 경우에도 자녀들 간 분쟁을 피할 수 없다. 따라서 사전 증여를 하더라도 현명하고 합리적인 계획을 세운 후 실행해야 미래에 발생할 수 있는 분쟁을 예방할 수 있다.

이에 반해 상속은 피상속인이 사망할 때까지 재산을 소유하면서 재산에 대한 통제권을 가지고 재산 승계 계획을 세울 수 있는 점과 좋든 싫든 자녀들에게 억지로라도 효도를 받을 수 있는 장점이 있다. 그러나 본인이 사망한 이후에 상속인들(배우자와 자녀들이 대표적)이 재산 분배를 놓고 서로 더 갖기 위해 분쟁이 발생할 가능성이 높다. 물론 유언장 등으로 이런 부분에 대한 보완 장치를 준비했다 하더라도 분쟁을 완벽하게 막을 수는 없으며, 상속재산의 규모가 클수록 분쟁 가능성은 더 높다고 할 수 있다. 왜냐하면 개인이 일을 해서 재산을 모으려면 많은 시간과 노력이 필요하지만, 상속의 경우에는 가만히 있어도 재산을 형성할 수 있는 권리가 발생하기 때문이다.

결론적으로는 증여와 상속 중 어느 하나가 더 '유리하다. 합리적이다'라고 단언할 수 없다. 피상속인(주는 사람)의 재산 규모, 재산의 종류(부동산, 비상장주식, 금융자산 등)와 형성 과정(자수성가형, 대물림 부자형 등)에 대한 이해가 필요하다. 그리고 상속인들(받는 사람)의 생활 수준, 인원 수와 경제 관념 등에 대한 이해를 충분히 하고 재산 승계 계획을 수립·실행해야 한다. 이렇게 열심히 준비해도 간혹 분쟁이 발생하는 경우가 있는데, 아무런 준비 없이 재산만 남겨놓고 사망한다면 남은 가족에게는 그 재산이 축복이 아니라 재앙의 씨앗이 될 수도 있다.

증여와 상속의 세금은
무슨 차이가 있나요?

자수성가로 많은 재산을 일군 김부자 씨는 아직은 자녀들에게 재산을 승계할 생각을 하지 않고 있다. 그런데 사회 활동을 하면서 알게 된 많은 지인이 미리 준비해야 한다는 말을 자주 한다. 그리고 세금이 많이 발생할 수 있기 때문에 미리 절세 플랜을 진행하는 것이 좋다는 말도 들었다. 누구는 증여세가 많다고 하고, 다른 누구는 상속세가 많다고 하는데 누구 말이 맞는 말일까?

앞에서 공부한 것을 복습하면 증여는 살아생전에 증여자(주는 사람)와 수증자(받는 사람)가 계약에 의해 자산을 무상으로 이전하는 계약 행위이고, 상속은 사망이 발생했을 때 피상속인(사망자)이 상속인들(상속받는 사람들)에게 자산을 주는 일방적 행위이다. 그렇기 때문에 증여세는 받은 사람 기준으로 세금을 계산하는 유산취득세 방식을 선택하고 있으며, 상속세는 사망한 사람 기준으로 세금을 계산하는 유산세 방식을 선택하고 있는 것이 현재 우리나라의 세법 규정이다.

두 방식의 차이는 다음과 같다.

유산취득세 방식은 받은 사람을 기준으로 세금을 계산하기 때문에 주는 재산 전체를 기준으로 세금을 계산하는 유산세 방식보다 금액이 적게 분산되는 효과가 있다. 예를 들어 설명하면 15억 원의 자산을 3명의 자녀에게 줄 때 유산취득세 방식을 선택하면 1인당 5억 원을 받게 되고, 세금 [(5억 원×30%)-6,000만 원(누진공제)=9,000만 원]을 납부하면 1인당 약 4억 원 정도가 남게 된다. 하지만 유산세 방식으로 세금을 계산하면 [(15억 원×40%)-1억 6,000만 원(누진공제)=4억 4,000만 원]을 납부해야 하기 때문에 1인당 받을 수 있는 금액은 약 3억 5,000만 원 정도가 된다. 이런 구조를 보면 유산취득세 방식이 납세자 입장에서는 유리한 부분이 있다. 이 부분과 관련해 상속세도 유산취득세 방식으로 개정하려는 움직임이 있었으나, 아직은 개정되지 않았다.

하지만 우리나라 세법에서는 증여세나 상속세를 계산할 때는 받은 자산에 대해 세율을 곱해 세금을 부과하는 것이 아니라, 일부 공제해주는 제도가 있는데, 증여와 상속의 공제가 각각 다르다. 그러다 보니 상황에 따라 증여세가 적은 경우가 있고, 반대로 상속세가 적은 경우가 발생할 수도 있기 때문에 실제 상황에 따라 증여할 것인지, 또는 상속할 것인지를 현명하게 판단한 후 선택하고 실행해야 한다.

예를 들어 자산이 60억 원이고, 배우자와 자녀 2명을 둔 김부자 씨가 자산을 가족에게 증여로 줄 때와 상속으로 줄 경우 각각의 세금을 비교해보자(표 1 참고).

먼저 증여로 20억 원씩을 세 명에게 똑같이 증여로 줄 경우엔 총 납부할 산출세액이 16억 4,000만 원이지만, 상속으로 3명에게 줄 경우엔 산출세액이 약 10억 1,000만 원이어서 세금의 차이가 6억 3,000만 원 발생한다. 이것만 보면 상속으로 주는 것이 세금이 적을 것으로 판단되지만, 상속은 내 마음대로 그 시기와 가액을 결정할 수 없다. 실제로 김부자 씨가 사망해야만 가능한 것이다. 실제로 김부자 씨는 지금이 아닌 미래에 사망할 것이고, 그 시점의 재산 가액이 120억 원으로 증가해 있다면 상속세는 37억 9,000만 원으로 증가하게 되어 현재 증여하는 것보다 세금을 21억 5,000만 원을 더 납부해야 한다.

표 1. 증여세와 상속세 비교

[단위: 천 원]

현재증여세

구분	배우자	자녀1	자녀2
증여재산	2,000,000	2,000,000	2,000,000
증여공제	600,000	50,000	50,000
과세표준	1,400,000	1,950,000	1,950,000
세율	40%	40%	40%
산출세액*	400,000	620,000	620,000
합계		1,640,000	

상속 발생 시점
자산이 2배로 증가 시
예상 상속세

현재 상속세

구분	가액
상속가액	6,000,000
배우자공제**	2,571,429
일괄공제	500,000
과세표준	2,928,571
세율	40%
산출세액*	1,011,429

10년 재산 2배 상승 상속 시 예상 상속세

구분	가액
상속가액	12,000,000
배우자공제**	3,000,000
일괄공제	500,000
과세표준	8,500,000
세율	50%
산출세액*	3,790,000

* 산출세액은 과세표준×세율−누진공제액
** 배우자공제=상속세 과세가액×1.5/3.5
　⇨ 30억 원이 최대한도

수증자별 증여공제 한도

수증자	공제 한도액	비고
배우자	6억 원	
직계존속	5,000만 원	
직계비속	성인 5,000만 원 미성년자 2,000만 원	혼인, 출산의 경우 1억 원 추가 공제
기타 친족	1,000만 원	

상속공제

구분	공제 한도액	비고
일괄공제	5억 원	
배우자공제	5억 ~30억 원	법정배우자 지분 이내
금융자산 공제	최대 2억 원	금융자산 20%

상속세 및 증여세율

과세표준	세율	누진공제액
10억 원 이상	10%	
1억~5억 원 미만	20%	1,000만 원
5억~10억 원 미만	30%	6,000만 원
10억~30억 원 미만	40%	1억 6,000만 원
30억 원 이상	50%	4억 6,000만 원

증여세 신고는
꼭 해야 하나요?

CASE

30세 직장인 홍길동은 부모님으로부터 주택 구입 자금으로 5,000만 원을 증여받았다. 성인 기준 증여세 공제 한도 이내인 5,000만 원이어서 어차피 세금은 '0원'이다. 홍길동은 '어차피 세금 안 내는데 신고 안 해도 되겠지'라는 생각에 신고를 생략했다. 그런데 5년 후 아파트를 매수하며 자금출처조사를 받게 됐고, 증여 사실을 입증할 자료가 부족해 당황하게 되었다. 왜 이런 일이 발생했을까?

증여세가 '0원'이라도 신고하면 미래에 자금출처 자료로 활용할 수 있으므로 혹시 세무조사에서 그 돈의 출처에 대해 증여세 신고 내용이 입증 자료로 활용될 수 있다.

현행법상, 납부세액이 0원이면 신고 의무는 없다. 실제로 국세청 해석 사례(서면-2020-상속증여-1689)에서도 "증여재산이 공제금액 이하라면 신고하지 않아도 불이익은 없다"고 설명한다. 그러나 다음 두 가지 상황에서 큰 불이익이 생길 수 있다.

첫 번째 불이익은 자금출처 미입증으로 많은 증여세를 추징당할 수 있다. 부동산을 매수하거나 고액 금융 거래를 하면 세무 당국이 자금출처를 확인하는데, 만약 증여세 신고가 없다면 "부모에게 증여받았다"고 주장해도 객관적으로 입증할 자료가 없다면 그 주장에 설득력이 떨어지고 결국 증여세를 추징당할 수 있다는 것이다.

두 번째 불이익은 증여받은 재산을 매도할 경우 양도차익 계산 시 취득가액이 중요한데, 증여세 신고를 하면 증여 당시 시가가 취득가액으로 인정되지만(양도세 이월과세에 해당하지 않는 경우에 한함), 신고가 없다면 시가보다 낮은 공시지가를 취득가액으로 인정해 많은 양도차익이 발생한 것으로 계산되어 양도소득세가 크게 늘어날 수 있다.

국세에는 부과제척기간이 있는데, 이는 과세관청이 납세자가 세금을 납부하지 않았을 경우에 일정 기간 동안에는 과세관청이 미납 사실을 알면 세금을 부과할 수 있는 기간이다. 즉, 지금 세금을 납부하지 않았는데, 과세관청이 바로 세금 납부를 독촉하지 않는다고 납세의무가 사라지지 않는다는 것이다. 증여세를 무신고·미납부했을 경우에는 15년 이내에 과세관청이 그 사실을 알게 되면 가산세와 함께 세금을 부과할 수 있다는 것이다.

세목별 부과제척기간

세 목	구 분	제척기간
상속세 증여세	사기 등 부정한 행위로 조세포탈, 환급, 공제 시 무신고, 허위신고, 누락신고 시	15년
	그외의 경우	10년
	상속, 증여세 신고 누락가액 50억 원 초과 시	확인일 후 1년
이 외 세목	사기 등 부정행위로 조세포탈, 환급, 공제 시	10년
	무신고 시	7년
	국제 거래 수반 부정행위	15년
	그외의 경우	5년

여기서 증여 금액을 높여서 생각해보자. 만약 부모님에게 3억 원을 주택 구입 자금으로 증여받았는데, 이를 증여 신고하지 않았다. 그런데 1~2년이 지났는데도 과세관청에서 세금 납부를 독촉하지 않는다. 그런데 10년 후 부동산을 추가로 구입하고 자금출처에 대한 세무조사를 받는 과정에서 10년 전 3억 원 증여에 대한 신고를 하지 않은 사실이 드러나 증여세 본세와 가산세를 추징당했다. 그 세금은 우선 증여세는 4,000만 원[(3억 원-5,000만 원(증여공제))×20%-1,000만 원(누진공제)=4,000만 원)]이며, 가산세는 무신고 가산세 1,600만 원(4,000만 원×40%)과 납부지연가산세 3,212만 원(4,000만 원×0.022%×365×10)으로 총 납부할 세금이 8,812만 원이다. 처음에 증여 신고를 했으면 4,000만 원의 증여세를 납부하면 되는 상황인데 무신고한 후 그 사실이 과세관청에 적발되어 2배 이상의 세금을 납부하게 되었다. 그리고 세무조사를 받는 과정에서 받은 심리적 압

박 등은 말로 표현할 수 없을 정도로 클 것이다.

결론적으로 말하면 증여를 받으면 신고 기한 내(증여일이 포함된 달의 말일로부터 3개월 이내)에 정확하게 증여가액을 평가해 증여 신고를 하고 납부하는 것이 절세의 기본이라고 할 수 있다. 최근엔 인공지능을 활용해 과세 자료 등을 수집하는 시대이기 때문에 '설마 국세청이 알겠어?'라는 안일한 생각으로 세금 신고를 하지 않는 일은 없기를 바란다.

자금출처:
미성년 자녀 명의로 고객의 예금을 가입하면 증여세를 납부해야 하나요?

CASE

50세 의사인 홍길동은 금융소득 종합과세 대상자에 해당되어 본인 명의로 금융상품에 가입하면 많은 이자소득으로 세금이 부담되어, 미성년자인 아들과 주부인 배우자 명의로 예금을 가입하려 했다. 그런데 은행 직원이 증여세가 발생할 수 있다고 한다. 정말 증여세가 발생할까?

10년 동안 성인 자녀는 5,000만 원, 미성년자녀에게는 2,000만 원, 배우자에게는 6억 원까지 증여세 없이 증여할 수 있다. 만약 이 금액을 초과하면 초과하는 금액에 대해서만 증여세를 신고·납부하면 된다. 증여세 신고를 하지 않고 자녀나 배우자 명의로 예금한 금액을 과세관청이 발견한 경우 상속 및 증여세법 제45조 제4항에서 규정하는 차명계좌 증여 추정 규정에 따라 입금 시점을 증여 시기로 보아 증여세를 과세할 가능성이 커지기 때문에 거액의 예금을 증여세 신고 없이 가족 명의로 하는 것은 바람직하지 않다.

　과거에는 미성년자나 주부 명의의 금융 재산에 대한 자금출처조사를 별도로 하지 않았으나, 2010년 하반기부터 금융 재산에 대한 자금출처조사를 하고 있으므로 거액의 예금은 증여세 신고를 하고 가족 명의로 예금하는 것이 바람직하다. 간혹 이와 같은 상황을 미신고 증여로 보지 않고, 금융 재산을 차명거래한 것으로 적발되는 경우도 있다. 이 경우엔 금융실명거래법 위반으로 5년 이하의 징역 또는 5,000만 원 이하의 벌금이 부과되는 형사처벌을 받을 수 있다는 것을 명심해야 한다.

여기서 중요한 자금출처에 대해 알아보자. 자금출처는 재산을 취득하거나 채무를 상환할 때 그 자금의 원천을 입증하는 절차로, 입증하지 못하면 증여세가 발생할 수 있다. 특히 여기서 많은 사람이 간과하는 부분이 채무 상환이다. 채무는 본인의 재산이 없거나 부족한 경우 발생하는데, 그렇게 발생한 거액의 채무를 특별한 수입도 없이 상환하는 경우가 있다. 대부분 부모가 은행 이자로 어려움을 겪는 자녀들을 도와주기 위해 대신 상환해주는 것인데, 이런 경우도 증여에 해당한다는 것이다. 따라서 많은 채무를 활용해 재산을 취득하는 경우에는 반드시 그 채무를 어떻게 상환할 것인지에 대한 계획을 함께 수립해야 한다.

자금출처조사는 증여 추정 규정이기 때문에 증여세를 납부하지 않기 위한 입증책임은 납세자에게 있고, 입증하지 못한 금액이 취득가액의 20% 또는 2억 원 중 적은 금액까지 면제되며, 초과분에 대해선 증여세를 납부해야 한다. 예를 들어 미입증 금액이 5억 원이고, 취득재산의 가액이 8억 원이라면 증여 금액은 3억 4,000만 원[5억 원-min(2억 원 또는 8억 원×20%)=3억 4,000만 원]이 되어 증여세

는 4,800만 원[(3억 4,000만 원-5,000만 원(증여공제))×20%-1,000만 원(누
진공제)=4,800만 원]과 가산세를 납부해야 한다. 일반적으로 연령·재
산 상태에 따라 증여 추정 배제 기준이 적용된다.

증여추정 배제 기준

구분		취득재산		상환 부채	총액한도
		주택	기타 재산		
세대주인 경우	40세 이상	3억 원	1억 원	5,000만 원	4억 원
	30세 이상	1억 5,000만 원	5,000만 원	5,000만 원	2억 원
세대주가 아닌 경우	40세 이상	1억 5,000만 원	1억 원	5,000만 원	2억 5,000만 원
	30세 이상	7,000만 원	5,000만 원	5,000만 원	1억 2,000만 원
30세 미만인 경우		5,000만 원	5,000만 원	5,000만 원	1억 원

07

부동산을 지분 증여하면
자녀들의 자산 탕진을 예방할 수 있나요?

CASE

자수성가로 많은 재산을 일군 김부자 씨는 주변에서 자녀들에게 재산을 미리 증여했다가 자녀들이 그 재산을 지키지 못하고 탕진하는 경우와 더 나아가서는 가족 간에 불화가 계속되는 경우를 많이 봤다. 자신도 자녀들에게 미리 재산을 증여해야 한다는 것은 알겠는데, 이런 불미스러운 일이 발생하지 않을까 고민하고 있다. 좋은 방법은 무엇이 있을까?

재산을 자녀들에게 물려줄 때는 단순히 돈으로 환산되는 물질적인 것만 주는 것이 아니라, 부모님이 재산을 일구기 위해 한 노력과 땀의 의미, 돈에 대한 가치와 철학, 희망 사항 등을 함께 물려줘야 그 재산을 잘 지킬 수 있다. 이런 부분에 대한 고려 없이 덜컥 재산만 물려주면 '덩치는 성인인데 지적 수준은 유아인 상태'에 비유할 수 있을 것이다. 이런 경우라면 제대로 재산 관리를 하기는 어려울 것이다.

특히 요즘처럼 경제가 어려운 사회 상황에서는 적은 급여를 받으면서 어쩔 수 없이 직장생활을 하는 자신의 모습에 불만이 있을 수 있다. 그런데 이때 부모님이 재산을 증여해준다면 자녀들은 다니던 직장을 그만두고, 준비도 미흡한 상태에서 사업을 시작할 가능성이 높다. 필요한 사업 자금은 부모님이 증여한 재산을 처분하거나, 그 재산으로 담보대출을 받아서 마련하는 것이 대부분의 상황이다.

그런데 비극은 여기서부터 시작된다. 창업하는 직장인들이 자주 하는 착각이 현업에서는 베테랑인 자신의 모습이 창업을 해도 베테랑일 것이라고 생각하는 것이다. 하지만 절대 그렇지 않다. 창업하면 이미 자신보다 먼저 창업을 해 오랜 경험을 쌓은 진짜 베테랑들이 상당히 많고, 그에 비해 자신은 경험도 부족한 초보자라는 사실이다. 이런 환경에서는 특별한 능력이 있거나, 아니면 남들보다 더 큰 노력을 해야 성공 가능성이 커진다. 그렇지 않으면 사업에 실패하고, 결국 미리 증여한 재산까지 탕진하는 경우를 주변에서 흔히 볼 수 있다. 당연히 재산을 증여한 부모는 자녀를 한심하게 바라볼 가능성이 높아 자녀와의 관계는 좋을 수 없다.

갈등이 심해지면 끔찍한 상황이 발생할 수 있다. 그렇기 때문에 재산을 물려줄 때는 세금만 생각해서 너무 일찍 증여하기보다는 재산을 물려받을 자녀의 상황, 능력 등을 고려해 전문가와 상의 후 증여 계획을 수립하고 실행해야 한다.

만약, 부동산을 증여할 경우에는 안전장치로 지분 증여를 고려할 수 있다. 즉 부동산 지분의 90% 정도만 증여하고, 10%의 지분은 부모님이 보유하고 있다면 자녀는 부모님의 동의 없이는 그 부동산을 임의로 처분할 수도 없고, 담보대출을 받을 수도 없다. 결국 그 부동산을 지킬 수 있게 된다.

이런 재산 관리와 관련한 교육은 자녀들에게 자연스럽게 스며들 수 있도록 평소에 하는 것이 좋다. 옛말에 '밥상머리 교육이 중요하다'는 말이 있는데, 재산을 지키고 가족을 지키는 부분에서는 특히 중요하다고 생각한다.

08

효도계약서를 작성하면 자녀가 불효 시 증여 취소가 가능한가요?

CASE

자수성가한 김부자 씨는 젊은 시절 자신의 고생을 자녀는 겪지 않았으면 하는 마음에 평생 일군 상가건물을 증여하고자 한다. 하지만 주변으로부터 자녀에게 증여했더니 부모를 '나 몰라라 한다', '잘 찾아오지 않는다' 등 부정적인 이야기를 많이 들었다. 그리고 누구는 효도계약서를 작성하고 증여하면 나중에 증여받은 자녀가 효도를 하지 않을 경우에는 그 계약서를 근거로 다시 돌려받을 수 있다는 사람도 있다. 정말로 효도계약서를 작성하면 다시 되돌려받을 수 있을까?

효도계약서는 법적으로 '부담부증여'의 한 종류이다. 즉 '재산을 줄 테니, 효도를 해라'는 조건으로 재산을 증여하는 형태다. 민법 제555조는 이런 계약을 허용하고 있으며, 대법원도 "부모를 부양하는 조건으로 한 증여는 법적으로 인정된다"라고 판결한 적이 있다. 즉 효도계약서는 단순한 약속이 아니라, 실제로 법적 효력을 가진 계약서다. 따라서 부모는 조건이 지켜지지 않으면 증여를 취소할 수 있고, 이미 증여한 재산이라도 되돌려받을 근거가 생긴다.

그럼 여기서 중요한 것은 효도를 했는지 판단할 수 있는 근거는 무엇이냐는 것이다. 그리고 증여를 취소하려고 할 때 자녀가 저항하면 어떻게 할까? 이런 부분에 대응하기 위해선 효도계약서 내용 작성이 중요하다. 효도계약서의 내용이 추상적인 것이 아니라 구체적으로 측정 가능한 조건이나 기준 등이 있어야 한다. 예를 들어 부모와 자녀 간에 효도계약서를 작성했는데, 그 조건이 '부모가 평안히 여생을 즐길 수 있도록 배려한다'였다. 그런데 이 표현이 너무 추상적이라고 판단해 효도계약서에 의한 부담부증여가 아니라 일반증여로 본 법원의 판례(대법원 2015다220992 판결)도 있다. 이 경우에는 결국 부모가 재산을 돌려받지 못했다. 따라서 반드시 계약서에는 측정 가능한 약속이 내용으로 들어가야 한다. 예를 들면 '매월 생활비 300만 원을 지급한다', '한 달에 3회 방문한다', '부모의 의료비는 전액 자녀가 부담한다', '최소 주 1회 안부 전화를 한다' 등의 내용이 있어야 효도를 했는지 여부를 정확하게 판단하고 측정할 수 있다.

앞에서 말한 것처럼 효도계약서는 단순한 약속이 아니라, 법적 계약서이기 때문에 다음과 같은 요소가 빠지면 효력을 잃게 된다. 첫째, 증여 대상을 명시해야 한다. 부동산의 경우에는 지번과 면적, 금전이면 금액을 정확하게 기재해야 한다. 둘째, 효도 내용을 명확하게 적어야 하는데, 앞에서 예로 들었던 부분 등을 기재하면 된다. 셋째, 효도 내용을 불이행 시 조치 사항을 기재해야 한다. 즉 약속을 지키지 않으면 계약을 해제하고 재산을 반환한다는 내용을 포함해야 한다(민법 제556조). 넷째, 계약 당사자의 이름과 날인, 작성 일자를 적어야 한다. 다섯째, 공증이 꼭 계약 성립의 필수 요소는 아니지만, 향후 다툼이 생기면 계약서에 대한 법적 증거를 확보하기 위해 공증을 받을 필요가 있다. 최근에는 효도계약서 작성이 특별한 일이 아니다. 계약서를 단순히 돈과 의무의 문제로만 본다면 삭막할 수 있으나, 이는 부모 입장에서는 불효를 예방하고, 가족 간 신뢰를 지키는 역할을 기대할 수 있는 긍정적인 부분이 있다. 하지만 효도계약서 내용을 구체적이고 측정할 수 있는 내용으로 작성하지 않는다면, 오히려 효도계약서가 없는 것보다 못한 상황이 발생할 수 있다는 것을 명심할 필요가 있다.

효도계약서 작성 후 프로세스

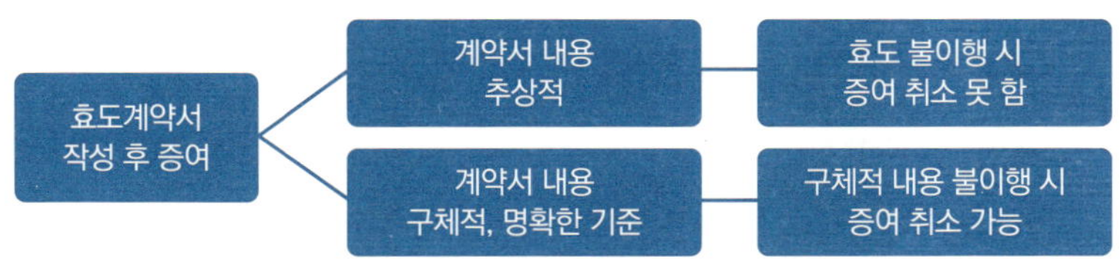

09

모르는 사람이
부모님 가족으로 되어 있으면
빨리 증여받으세요

CASE

50대 주부인 김영희 씨는 어느 날 홀로 사시는 모친의 가족관계확인서를 발급하게 되었다. 그런데 그동안 모르고 지내던 사람이 모친의 자녀로 등재되어 있는 것을 확인했다. 모친에게 물어 확인하니 깜짝 놀랄 만한 사실을 알게 되었다. 모친은 김영희 씨의 부친과 결혼하기 전 다른 사람과 결혼했었는데, 그 사람은 재혼이었고, 딸이 하나 있었다. 아마 그 딸일 것이라며 크게 문제될 일 없을 것이라고 했다. 그런데 김영희 씨는 나중에 모친이 사망하면 5억 원 정도의 재산을 언니, 오빠와 분할해야 하는데, 얼굴도 모르는 그 사람에게 어떻게 연락해야 하고, 또한 연락이 됐다고 하더라도 '그 사람이 동의를 안 해주면 어떻게 되는지' 등 많은 걱정이 생겼다. 김영희 씨와 친형제들은 어떻게 하는 것이 좋을까?

김영희 씨의 모친 입장에서는 자신이 출산하지도 않은 사람이 딸로 등재된다는 것은 생각할 수도 없는 일이다. 더욱이 오늘날 전산 시스템이 잘 발달된 시대에는 있을 수 없는 일이다. 하지만 과거

50~60년 전에는 충분히 가능할 수 있는 일이다. 특히 그 당시 여성들은 관공서 업무를 보지 않았을 것이고, 남자가 또는 마을 이장이나 동장 등이 관공서 업무를 대신하는 경우가 많았다. 김영희 씨 모친도 전남편 아이의 출생신고를 하면서 김영희 씨 모친을 친모로 한 것으로 추정된다.

하지만 지금에 와서 가족관계를 다시 바로잡기는 어렵다. 왜냐하면 그 사람의 친부모가 누구인지, 살아 있는지 등을 알 수도 없으며, 설령 알더라도 법원의 판단을 통해서만 바로잡을 수 있기 때문이다.

그럼 김영희 씨와 형제들은 어떻게 해야 할까? 필자의 생각으로 최선책은 사실관계를 바로잡는 것인데, 그것은 현실적으로 어려운 일이다. 그렇다면 차선책을 선택할 수밖에 없는데, 모친의 재산을 자녀들이 증여세를 일부 납부하더라도 사전증여를 받는 것이다.

모친의 재산이 5억 원 정도이면 상속세가 발생하지 않지만, 3형제가 1억 6,500만 원, 1억 6,500만 원, 1억 7,000만 원을 사전증여 받으면 증여세(3명 합산 4,000만 원)는 발생하게 된다. 이 부분만 생각하면 손해이고, 세금이 아까울 수 있다. 하지만 증여가 아닌 상속으로 받으려면 얼굴도 모르는 그 사람을 찾아서 상속재산 분할 협의를 해야 한다. 이 과정에서의 스트레스와 그 사람이 법정 지분을 요구한다면 1억 2,500만 원을 주어야 하기 때문에 사전증여를 받고 증여세를 납부하는 것보다 더 이익이 된다.

10

증여안심신탁:
신탁을 활용해 증여하면
재산을 지킬 수 있나요?

CASE

자수성가로 많은 재산을 일군 김부자 씨는 자녀들에게 재산을 증여하고자 한다. 하지만 아직 변변한 직장도 없고, 사회생활 경험도 많지 않은 자녀들이 그 재산을 지키지 못할 수 있다는 이유 때문에 주저하고 있다. 그런데 지인으로부터 신탁을 활용해 증여하면 자산을 안전하게 지킬 수 있다는 말을 들었다. 신탁을 활용해 증여하면 어떻게 가능한지 궁금하다.

해제조건부·부담부증여 계약과 증여신탁을 복합적으로 활용하면 해결할 수 있다. 해제조건부·부담부증여 계약이란 증여자(주는 사람)인 김부자 씨가 수증자(받는 사람)인 자녀들에게 재산을 증여할 때 효도 및 부양의 조건 등을 붙이는 것을 말한다. 그리고 수증자인 자녀가 그 조건을 성실히 이행하지 않을 때는 증여계약을 해제하여 다시 증여자인 김부자 씨에게 재산을 반환하는 것을 말한다(민법 제556조*, 제557조, 제561조**에 근거, 39쪽 주석 참고).

해제조건과 부담의 내용에는 여러 내용이 있을 수 있는데, 증여자인 김부자 씨가 자녀들에게 재산을 증여하면 ① '수증자인 자녀들은 반드시 신탁을 설정하여 신탁재산으로 유지해야 한다', ② '김부자 씨에게 정기적으로 용돈 또는 생활비를 지급해야 한다' 등의 조건을 붙일 수 있다.

신탁을 설정하지 않고 재산을 증여하게 되면 수증자인 자녀들이 해당 재산을 처분하거나, 타인에게 소유권을 이전하거나, 담보대출을 받는 등 마음대로 할 수 있는데 신탁 설정을 조건으로 하는 해제조건부·부담부증여 계약에 따라 증여신탁을 설정하면 김부자 씨의 고민거리를 일정 부분 해결할 수 있다.

증여신탁을 이해하기 위해서는 신탁 관련 용어에 대한 이해가 필요하다.

먼저 위탁자는 법률관계에서 자신의 재산이나 업무를 타인에게 맡기는 사람을 말한다. 수탁자는 신탁재산을 맡아 관리·운용하는 사람(법인도 가능)으로, 법에 따라 권한을 가지며 대출·비용 부담·사업 운영 등 필요한 행위를 할 수 있다. 수익자는 신탁재산에서 발생하는 수익과 원본을 받는 사람으로, 위탁자가 지정한 자이다.

---

* 민법 제556조(수증자의 행위와 증여의 해제) ① 수증자가 증여자에 대하여 다음 각호의 사유가 있는 때에는 증여자는 그 증여를 해제할 수 있다.
 • 증여자 또는 그 배우자나 직계혈족에 대한 범죄행위가 있는 때
 • 증여자에 대하여 부양의무 있는 경우에 이를 이행하지 아니한 때(이하 생략)

** 민법 제561조(부담부증여) 상대 부담이 있는 증여에 대해서는 본 절의 규정 외에 쌍무계약에 관한 규정을 적용한다.

신탁이란 일정한 목적에 따라 재산의 관리와 처분을 남에게 맡긴다는 뜻이다. 맡기는 것이 이롭기 때문이며, 대부분의 경우 돈을 불리거나 재산을 관리하려고 전문가에게 맡긴다.

조건부증여신탁의 경우엔 재산을 불리는 부분보다는 유지관리를 위해 활용하는 경우가 많다.

조건부증여신탁에서 ① 신탁을 설정하는 위탁자 겸 수익자는 재산을 증여받은 자녀들이 되고, 증여자인 김부자 씨는 신탁관리인*으로 지정한다. ② 신탁기간 중에 자녀들이 신탁계약을 해지하려고 하거나, 신탁재산을 처분하려고 하거나, 담보대출을 받으려고 하거나, 타인에게 지분을 넘기려고 할 때 신탁계약의 신탁관리인인 김부자 씨가 이에 동의하지 않으면 신탁재산의 소유권과 관련된 어떠한 권리 변경도 일어나지 않는다. ③ 결국 신탁관리인인 김부자 씨가 동의하거나, 신탁 기간이 만료될 때 비로소 자녀들은 신탁계약을 해지하거나, 수익권을 실행하여 재산의 소유권을 수탁자로부터 이전받아 재산을 처분하거나, 담보대출을 받거나, 타인에게 소유권을 이전할 수 있다.

신탁관리인은 신탁 자산의 법적 관리자이며, 수익자의 이익을 최우선으로 고려해야 하는 법적 의무(신의성실의무)를 가진 사람으

---

*   신탁법 제68조(신탁관리인의 권한) ① 신탁관리인은 수익자의 이익이나 목적신탁의 목적 달성을 위하여 자기의 명의로 수익자의 권리에 관한 재판상 또는 재산 외의 모든 행위를 할 권한이 있다. (이하 생략)

로 개인이나 법인이 될 수도 있으며, 신탁계약서에 명시된 지침에 따라 재산을 관리할 책임이 있다.

조건부증여안심신탁의 구조

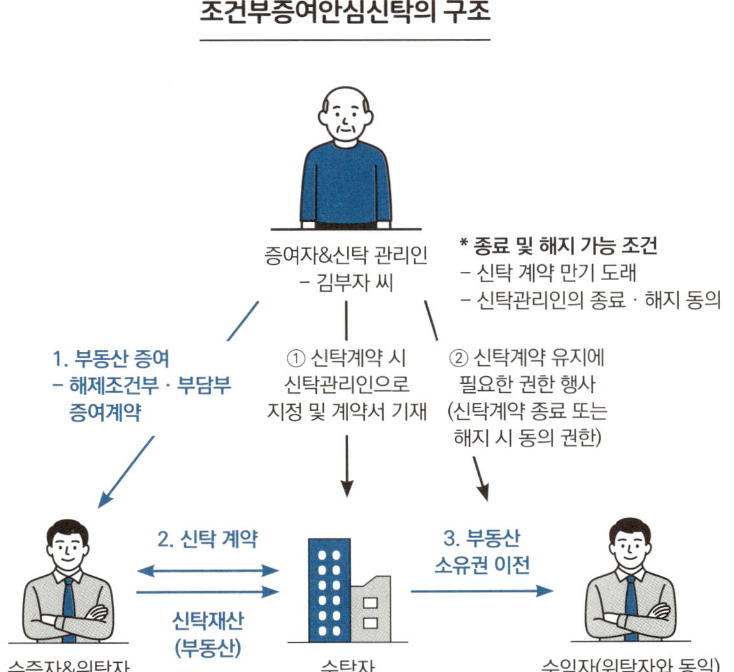

2장

사례로 알아보는 합리적인 증여세 절세 이야기

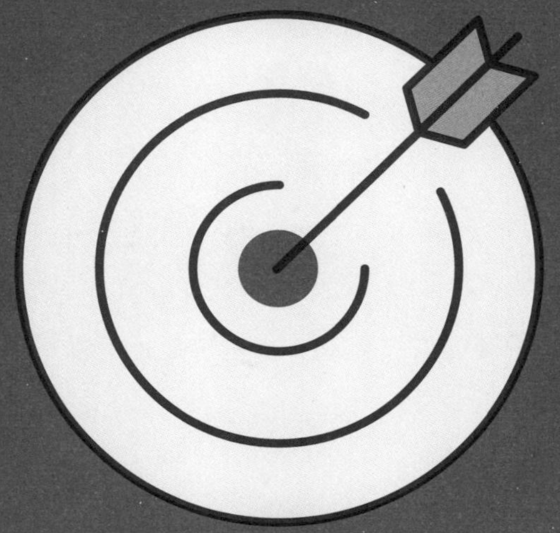

절세의 유형
3가지를 알아야 많은 세금을
줄일 수 있어요

홍길동은 주변에서 절세에 관심을 갖고 준비해야 한다는 말을 자주 듣곤 한다. 절세는 세금을 줄이는 것이라고 생각하고 있고, 세금을 납부할 때에는 세무사의 도움을 받아 계산하고 내면 되는데 힘들고 복잡하게 준비할 필요가 있을까? 그리고 막상 준비한다면 무엇을 준비해야 하는 것일까?

많은 사람이 세금을 납부할 때는 세무사의 도움을 받으면 모든 것이 해결된다고 생각한다. 그렇다면 이렇게 반문하고 싶다. 세무조사를 받는 사람들은 과거 세금을 납부할 때 세무사의 도움을 받지 않은 것일까? 그렇지 않을 것이다. 모두 세무사의 도움을 받아서 세금을 계산·신고·납부했다. 그런데 왜 세무조사를 받게 되었을까?

　이 부분에 대한 이해를 높이기 위해선 세무사라는 직업의 태생을 알아볼 필요가 있다. 세금은 돈을 번 사람(소득이 있는 자)이 총매출에서 그 돈을 벌기 위해 들어간 원가와 비용 등을 공제하고 당시 세법 규정을 적용해 세금을 계산해서 신고·납부해야 한다. 하지만 일반인들에겐 이런 일 자체가 쉬운 일이 아니고, 더군다나 세법 규정이 자주 개정되기 때문에 정확한 규정을 적용하기도 어려울 수 있다.

이런 과정에 누군가 나를 대신해 이런 일을 해주고, 납부할 세액만 알려주면 편할 것이라는 사회적 요구에 의해 탄생한 직업이 세무사다. 즉 세무사의 일은 납세자(소득 있는 자)로부터 매출, 원가, 비용과 관련된 영수증을 받아야만 일을 시작하게 되고, 그 영수증에 근거해 세금을 계산한다. 그런데 만약 납세자가 영수증을 잘못 주거나, 주지 않거나, 무리한 요구를 한다면 세무사는 세금을 잘못 계산하게 되고, 시간이 지난 후 세무조사를 받게 되는 것이다. 그렇기 때문에 납세자(소득이 있는 자)가 세금에 대해 이해한 후 세무사의 도움을 받아 정확한 세금을 계산해서 납부해야 세무조사 등의 위험을 피할 수 있다.

그럼, 홍길동이 알아야 할 세금에 대한 이해는 무엇인가? 먼저 절세에 대한 이해의 폭을 넓게 가질 필요가 있다. 누군가 했던 말처럼 '탈세는 불법이지만, 절세는 예술'이기 때문에 절세의 효과를 높이기 위해선 납세자의 이해가 반드시 필요하다.

필자는 절세의 유형을 3가지로 구분한다.

첫째는 세금을 계산하는 과정에서 영수증을 꼼꼼히 챙기거나, 세액공제·세액감면 혜택을 빼먹지 않고 적용해서 더 납부할 수 있었던 세금을 줄이는 방법이 있다. 우리가 흔히 절세라고 말하는 것이 여기에 해당한다.

둘째는 지금 미리 적은 세금을 납부했더니 미래에 많은 세금을 납부하지 않아도 되는 경우가 있는데, 여기에 해당하는 것이 사전 증여다. 지금 가격이 높지 않은 부동산을 적은 증여세를 납부하고 자녀에게 증여했더니, 향후 가격이 상승 후 증여할 때보다 증여세를 많이 줄일 수 있는 경우이다.

셋째는 어쩔 수 없이 납부해야 하는 세금일 경우 이왕이면 내 돈은 최소로 하고 남의 돈을 활용해 세금을 납부하는데, 그 남의 돈을 갚지 않아도 된다면 이 부분만큼도 절세에 해당한다고 할 수 있다.

셋째에 해당하는 유형이 상속세를 납부하기 위한 재원을 마련하는 과정에서 많은 자산가가 활용하는 종신보험을 이용하는 것이다. 종신보험은 피상속인(사망하는 자) 사망 시 수령하는 사망보험금으로 상속인들이 상속세를 납부하는 구조다. 그런데 이때 총 납입하는 보험료와 수령하는 사망보험금을 비교하면 사망보험금이 더 크다. 즉, '덜 내고 많이 받는 구조'이다. 덜 낸 부분을 보험사가 대신 납부해주는 의미가 있어 그만큼이 절세라고 할 수 있다.

그런데 많은 사람이 절세라고 하면 첫째 유형만 생각하는 경우가 많은데, 실제 절세 금액의 규모를 비교하면 둘째와 셋째 유형의 절세 금액 규모가 훨씬 크다. 예를 들어 첫째 유형인 소득세 절세를 위해 꼼꼼히 챙겼더니 세금을 400만 원을 줄였다고 하면 상당히 만족할 것이다. 그리고 이렇게 꼼꼼히 영수증 등을 챙기면서 절세한 세금의 총액이 10년이면 누계 4,000만 원, 100년이면 4억 원의 세금을 줄일 수 있다. 하지만 사람이 현실적으로 앞으로 100년을 더 생존할 수 없을 것이다.

둘째 유형을 보면 홍길동은 10년 전에 3억 원인 부동산을 성인 자녀에게 증여세 4,000만 원[(3억 원-5,000만 원(증여공제))×20%-1,000만 원(누진공제)=4,000만 원]을 납부하고 증여했는데, 그 당시에는 세금이 너무 아깝게 느껴졌다. 그런데 그 부동산이 현재 10억 원으로 상승했다. 만약 10년 전 증여하지 않고 지금 증여한다면 증여세는 2억 2,500만 원[(10억 원-5,000만 원(증여공제))×30%-6,000만 원(누진공제)=2억 2,500만 원]을 납부해야 하는데, 10년 전 증여했기 때문에 1억 8,500만 원의 세금을 아끼게 된 것이다. 이를 달리 생각하면 10년 동안 1억 8,500만 원을 순수하게 벌었다고 볼 수도 있다.

셋째 유형을 보면 홍길동은 본인의 상속세 10억 원의 현금을 만들기 위해 상속세 전용 종신보험을 가입하면, 납입기간 동안 총보험료 6억~7억 원(남녀 구분, 나이에 따라 다름) 정도를 납부한다. 그리고 홍길동이 사망하면 상속인들은 10억 원을 수령해 상속세 10억 원을 납부하면 되는데, 이 상속세 전용 종신보험 가입으로 세금을 납부해야 하는 사람들 입장에서는 3억~4억 원의 현금을 아끼는 효과가 발생하고, 그만큼 절세했다고 할 수 있다.

셋째 절세 유형이 중요한 또 다른 이유는 절세 플랜의 완결점은 세금을 납부해야 한다는 것이다. 아무리 좋은 계획을 세워 세금을 최소로 줄였다 하더라도 그 세금을 납부해야지, 만약 그 줄어든 세금도 납부하지 않는다면 많은 노력을 통해 수립한 절세 플랜은 의미가 없다. 왜냐하면 세금을 납부하지 않으면 오히려 가산세 등을 추가로 납부해야 하기 때문이다. 따라서 셋째 절세 유형을 활용해 상속세를 납부할 현금 재원을 합리적으로 준비할 필요가 있다.

절세의 3가지 유형 비교

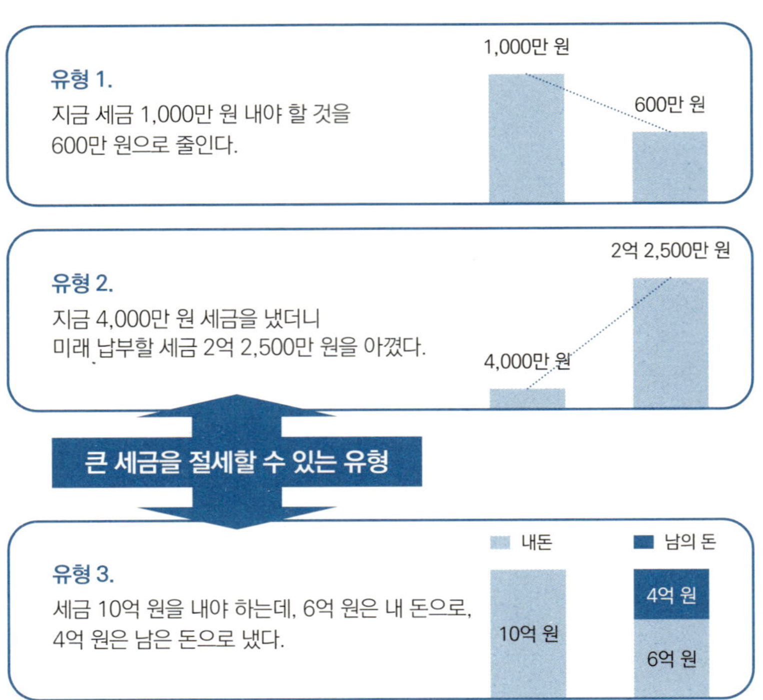

유형 1.
지금 세금 1,000만 원 내야 할 것을
600만 원으로 줄인다.
1,000만 원
600만 원
유형 2.
지금 4,000만 원 세금을 냈더니
미래 납부할 세금 2억 2,500만 원을 아꼈다.
2억 2,500만 원
4,000만 원
큰 세금을 절세할 수 있는 유형
내돈
남의 돈
유형 3.
세금 10억 원을 내야 하는데, 6억 원은 내 돈으로,
4억 원은 남은 돈으로 냈다.
10억 원
4억 원
6억 원

어느 경우에
증여세가 발생하나요?

CASE

부동산 자산가인 홍길동은 자녀에게 더 많은 소득원을 만들어주기 위해 보유 부동산 중 임대소득이 발생하는 상가를 아들에게 시세(20억 원)보다 낮은 15억 원에 매각하고 양도소득세 신고 등을 마쳤다. 그런데 얼마 후 과세 관청으로부터 아들에게 증여세가 부과되었다는 소식을 들었다. 시가보다 낮은 금액이지만 거래대금을 주고 받고 양도소득세를 신고했는데, 증여세를 납부하라는 것이 이해가 되지 않는다. 왜 이런 일이 발생했을까?

증여세는 생전에 무상의 재산 이전에 대해 과세하는 것으로 민법상 증여계약의 형식을 갖추지 않더라도 사실상 증여의 효과가 발생하는 거래를 세법상 증여로 보아 증여세를 과세한다. 이를 완전 포괄주의 과세 원칙이라고 한다. 즉, 법적 형식뿐만 아니라 경제적 실질을 반영하여 증여세 여부가 결정된다.

이런 증여세는 다음과 같은 특징이 있다. 첫째, 살아서 무상으로 이전하는 재산에 대해 부과하는 세금이다. 둘째, 초과 누진세율

(10~50%)에 의해 증여세를 산정하므로 무상 이전되는 재산의 규모
에 상응한 과세가 이루어져 소득재분배 기능(부자에게 더 많은 세금을
징수해 정부의 재정으로 활용한다)을 한다. 셋째, 수증자(받는 사람) 기준
으로 각각 과세하므로 수증자를 여러 명으로 할 경우 세금을 줄일
수 있다(유산취득세 방식).

  현행 상속 및 증여세법에는 증여세 과세 대상으로 예시되어 있
는 증여의 유형을 약 17개 정도 예시하고 있으나, 우리가 일상생활
에서 경험할 가능성이 높은 것 위주로 그 유형을 살펴보도록 하자.

1. 신탁이익의 증여(상속 및 증여세법 제33조)는 신탁계약에 따라
   그 신탁이익(원본 또는 수익)의 전부 또는 일부를 위탁자가 아닌
   타인을 수익자로 지정하는 경우에는 그 신탁이익이 수익자에
   게 실제 지급되는 날을 증여일로 하고, 그 가액을 증여재산으
   로 한다.

2. 보험금의 증여(상속 및 증여세법 제34조)는 보험계약에 의하여
   보험료의 실제 납부자와 보험금액의 수령인이 서로 다르다면
   보험금의 수령인이 해당 보험금을 무상으로 취득한 결과를 갖
   게 되므로 이는 실질 증여에 해당되어 증여세가 발생한다.

3. 저가·고가 양도에 따른 이익의 증여 등(상속세 및 증여세법 제35
   조)은 가족 간 많이 사용하는 방법이다. 시가보다 30% 또는 3
   억 원 이상 저가·고가 양도하는 경우에는 그 해당 금액을 증
   여재산으로 보아 증여세가 발생한다. 하지만 이 경우엔 현명

한 자산 승계 부분에서 생각해보면 일부 증여세를 납부하고 많은 자산을 자녀들에게 줄 수 있는 합법적인 방법이 될 수 있다. 이 부분은 다음에 자세히 알아보도록 하겠다.

4. 채무면제 등에 따른 증여(상속 및 증여세법 제36조)는 채권자로부터 채무를 면제받거나 제3자로부터 채무의 연수 또는 변제를 받은 경우에는 해당 면제, 연수, 변제 등으로 인한 이익에 상당하는 금액에 대해 증여세가 과세된다. 즉 빚을 부모가 대신 갚아줘도 증여세를 납부해야 한다.

5. 부동산 무상 사용에 따른 이익의 증여(상속 및 상속세법 제37조)는 타인 소유 부동산을 무상으로 사용함으로써 얻은 이익에 대해 그 상당하는 금액을 5년간 합산해 그 금액이 1억 원을 초과하는 경우 증여재산가액으로 보아 증여세를 부과하는 것이다. 여기서 중요한 것은 증여재산가액의 산정인데, 그 가액은 다음 공식으로 계산한다.

$$\text{부동산 무상사용 이익} = \frac{\text{부동산가액} \times 2\%}{(1 + 10\%)^n}$$

n: 토지 사용 기간으로 5년 적용

6. 금전 무상대출에 따른 이익의 증여(상속 및 증여세법 제41조의 4)는 특수관계인 간의 직접 증여에 따른 부담을 회피하기 위해

금전을 무상 또는 낮은 이자율로 대여하는 경우, 무상 대여 등에 따른 경제적 이익을 증여로 본다. 이때 적정이율과의 차액이 연간 1,000만 원을 초과할 경우에 증여세를 과세한다. 2026년 현재 적정 이자율은 기획재정부 장관이 고시하는 이자율인 4.6%이다.

7. 재산 사용 및 용역 제공 등에 따른 이익의 증여(상속 및 증여세법 제42조의 3)는 타인에게 시가보다 낮은 대가를 지급하거나 무상으로 재산(부동산 및 금전 제외)을 사용 또는 타인에게 시가보다 높은 대가를 받고 재산을 사용하게 함으로써 연간 1,000만 원 이상의 이익을 얻은 경우 그 이익을 증여로 보는 것이다.

8. 재산 취득 후 재산 가치 증가에 따른 이익의 증여(상속 및 증여세법 제42조의 3)는 직업, 연령, 소득 및 재산 상태로 보아 자력으로 해당 행위를 할 수 없다고 인정되는 자가 재산을 취득하고, 5년 이내에 재산 가치 증가 사유로 인해 이익을 얻은 경우 그 이익을 증여로 보는 것이다. 여기서 재산 취득 유형은 첫째, 특수관계인으로부터 재산을 증여받은 경우다. 둘째, 특수관계인으로부터 기업의 경영 등에 관해 공표되지 아니한 내부 정보를 제공받아 그 정보와 관련된 재산을 유상으로 취득한 경우다. 셋째, 특수관계인으로부터 증여받거나 차입한 자금 또는 특수관계인의 재산을 담보로 차입한 자금으로 재산을 취득한 경우가 여기에 해당한다.

따라서 사례의 경우에는 홍길동이 자녀에게 매각한 금액은 시가의 30%인 1억 5,000만 원보다 더 저가로 매각했기 때문에 그 차액인 3억 5,000만 원에 대한 증여세 5,000만 원[(3억 5,000만 원-5,000만 원(증여공제))×20%-1,000만 원=5,000만 원]과 가산세를 납부해야 한다. 특수관계인 간의 자산 양도 시에는 이 부분을 고려해 양도 금액을 결정해야 추가적인 증여세를 납부하지 않을 수 있다. 그리고 홍길동의 경우 양도소득세를 계산·납부할 때 양도가액을 15억 원이 아니라 20억 원으로 해야 한다(양도세 부당행위 계산부인 규정). 결국 양도소득세는 줄이지 못하고 추가로 증여세만 납부하는 상황이 발생한 것이다.

증여받은 돈으로 부모님 종신보험 가입하면 증여세가 추가로 나오나요?

CASE

개인사업을 하는 홍길동은 본인이 사망했을 경우에 자녀들에게 유산을 주기 위해 종신보험에 가입하려고 한다. 자신이 보험료를 납입하는 계약자, 대상이 되는 피보험자로 지정하고, 보험금을 수령하는 수익자는 자녀로 하고자 한다. 그런데 이렇게 하면 자녀가 보험금을 받을 경우 상속세가 발생한다고 해서 다른 방법을 고민하고 있다. 만약 자녀에게 현금을 증여하고 그 현금으로 계약자와 수익자는 자녀, 피보험자는 홍길동으로 종신보험을 가입한다면 상속세가 없을 것 같은데, 이렇게 종신보험을 가입해도 추가적인 세금은 발생하지 않는지가 궁금하다.

보험의 계약 관계인 설정에 따른 보험금에 부과되는 세금은 다음 표와 같다. 여기서 함께 고려해야 할 부분이 앞에서 공부한 증여의 유형 중 '보험금의 증여'이다.

보험금의 증여(상속 및 증여세법 제34조)는 보험계약에 의해 보험료의 실제 납부자(계약자)와 보험금액의 수령인(수익자)이 서로 다르다면 보험금의 수령인(수익자)이 해당 보험금을 무상으로 취득한 결과를 갖게 되므로 이는 실질 증여에 해당되어 증여세가 발생한다.

다음 표에서 유형 1은 보험료를 납입한 계약자와 피보험자가 동일하고 자녀가 보험금을 수령하는 경우에는 상속세가 발생한다. 유형 2는 계약자≠피보험자≠수익자인 경우로 피보험자가 사망했을 경우에 보험료는 납입한 계약자가 생존해 있고, 보험금을 자신이 아닌 수익자에게 주는 결과이기 때문에 증여세가 발생한다.

계약 관계인에 따른 사망보험금 관련 세금 정리

유형	계약자	피보험자	수익자	발생 세금
1	홍길동	홍길동	자	상속세
2	배우자	홍길동	자	증여세
3	배우자(납입 능력 有)	홍길동	배우자	세금 없음
4	자(납입 능력 有)	홍길동	자	

홍길동 씨가 원하는 것은 유형 4인데, 현재 자녀가 소득이 없어 보험료를 자력으로 납입할 수 없다. 그래서 홍길동 씨가 자녀에게 보험료를 납입할 현금 5억 원을 증여한 후 그 현금(증여세 신고·납부를 마침)으로 홍길동 씨를 피보험자로 한 종신보험(사망보험금 10억 원)을 일시금으로 납입하고 가입하려는 것이다. 이 경우에도 증여세나 상속세가 발생할까?

자녀가 증여받은 5억 원으로 종신보험료를 납입하고, 사망보험금 10억 원을 수령하는 경우에도 그 경제적인 실질이 보험계약 기간에 재산을 증여받아 보험료를 납입하는 경우와 같다면 피보험자 생전에 보험사고 발생 시 수령하는 보험금에 대해서는 상속세가 과세된다(유형 1).

추가적인 증여세나 상속세가 발생하는 이유는 종신보험 가입 후 이른 시기(약 5년 이내)에 피보험자가 사망했을 경우 수익자가 증여 금액보다 큰 경제적 이익을 얻게 되었기 때문이다.

만약 홍길동의 자녀가 사망보험금이 아니라 10년 정도 경과해 그 보험을 해약해 환급금으로 약 7억 원 정도를 수령한다면, 2억 원에 대해서도 증여세가 추가로 발생할까?

이 부분에 대해선 아직도 많은 논란이 있다. 필자의 생각으로는 10년 정도 경과해 상식적으로 이해될 수 있는 이자 금액에 대해 추가로 증여세를 부과하는 것은 합리적이지 않다고 생각한다. 그 이유는 홍길동의 자녀가 증여받은 5억 원으로 종신보험이 아닌 예금을 가입하고 만기 시점에 이자를 받았다면 그 이자에 대해 추가로 증여세를 부과하지 않기 때문이다.

현금 증여 후 종신보험 가입 후 보험금에 대한 추가 세금 발생

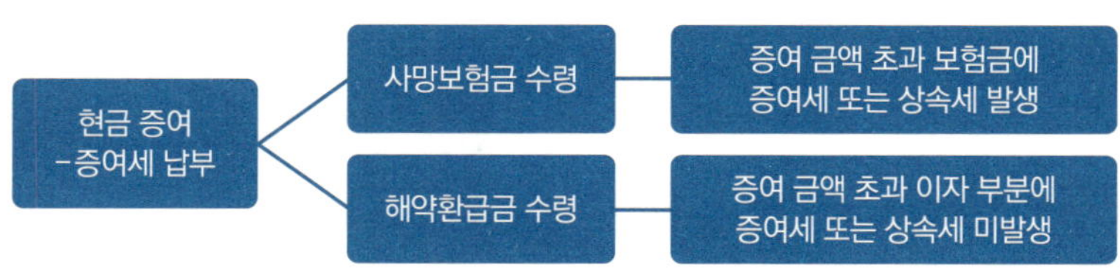

따라서 보험금의 증여란 피보험자의 사망 시 고액의 사망보험
금이 지급되는 종신보험에 가입하고 너무 빠른 시기에 피보험자가
사망해 수증자=수익자가 수령한 사망보험금이 증여받은 원금보다
지나치게 큰 경우에만 해당한다고 할 수 있다.

10년 주기로 증여하면
증여세를 줄일 수 있어요

CASE

홍길동은 앞으로 개발 호재가 있을 것으로 예상되는 토지를 자녀에게 증여하려고 한다. 그런데 몇 년 전 현금 증여한 것이 있어 이번에 또 증여하면 합산되어 세금을 많이 납부해야 한다고 하는데, 이번 기회에 증여세 계산 구조를 정확히 알고 싶다.

홍길동이 자녀에게 이전에 증여한 시기가 당해 증여하는 때로부터 10년 이내라면 합산해 증여세를 계산한다. 과거 납부한 증여세가 있다면 산출세액에서 세액공제로 그만큼을 차감한 나머지를 납부하면 된다. 그런데 이전에 증여한 시기가 당해 증여하는 때로부터 10년 이전이라면 합산하지 않고 당해 증여재산에 대해서만 증여공제 후 증여세를 계산·신고·납부하면 된다.

예를 들어 홍길동이 성인인 자녀에게 5년 전 2억 원을 증여했다면 그 당시 증여세를 2,000만 원[(2억 원-5,000만 원(증여공제))×20%-1,000만 원(누진공제)=2,000만 원]을 납부했을 것이다. 그리고 이번에

증여세 계산 구조

	증여재산가액	시가 또는 기준시가
+	증여재산가액	당해 증여 전 10년 이내 동일인으로부터의 증여가액
−	비과세 재산	장애인 증여가액 등
−	과세가액불산입액	공익법인 출연재산, 공익신탁 재산가액, 장애인 신탁
−	채무인수액	부담부 증여 시 승계한 채무액
=	증여과세가액	
−	증여공제액	배우자공제, 직계존비속, 기타 친족 공제
=	과세표준	
×	세율	10~50%
=	산출세액	세대생략 증여 시 30% 또는 40% 할증 과세
−	세액공제	기납부 증여 세액공제, 외국 납부 세액공제, 신고 세액공제
=	납부할 세액	분납, 연부연납

부동산 4억 원을 증여한다면 추가로 납부해야 할 증여세는 8,500만 원[(6억 원(10년 이내 합산)-5,000만 원(증여공제))×30%-6,000만 원(누진공제)-2,000만 원(기납부 세액공제)=8,500만 원]이어서 기납부 증여세까지 포함하면 총 납부한 증여세는 1억 500만 원이다.

그런데 2억 원을 증여한 시점이 10년 이전이라고 하면 이번에 증여한 부동산 4억 원에 대해서만 증여세를 6,000만 원[(4억 원-5,000만 원(증여공제))×20%-1,000만 원(누진공제)=6,000만 원]을 신고·납부하면 되고, 이전에 납부한 증여세와 합산하면 총 8,000만 원의 증여를 납부하게 된다. 결국 이전 증여한 재산과 합산되는지 여부에 따라 총 증여 금액은 같더라도 2,500만 원의 세금 차이가 발생하는 것을 알 수 있다.

그래서 증여세를 절세하기 위해서는 10년 단위로 증여해야 하고, 그 효과를 극대화하기 위해서는 최초 증여를 일찍 시작해야 하는 것이다.

수증자별 증여공제 한도

수증자	공제 한도액	비고
배우자	6억 원	
직계존속	5,000만 원	
직계비속	성인 5,000만 원 미성년자 2,000만 원	혼인, 출산의 경우 1억 원 추가 공제
기타 친족	1,000만 원	

상속공제

구분	공제 한도액	비고
일괄공제	5억 원	
배우자공제	5억~30억 원	법정배우자 지분 이내
금융자산 공제	최대 2억 원	금융자산 20%

상속세 및 증여세율

과세표준	세율	누진공제액
10억 원 이상	10%	
1억~5억 원 미만	20%	1,000만 원
5억~10억 원 미만	30%	6,000만 원
10억~30억 원 미만	40%	1억 6,000만 원
30억 원 이상	50%	4억 6,000만 원

공시가격(기준가격)으로
증여세 신고하면 세금 추징당하나요?

CASE

부동산 자산가인 홍길동은 소유하고 있던 원룸 건물을 기준가격 15억 원에 증여 신고를 하고 증여세를 납부하였다. 그런데 1년 후 관할 세무서로부터 증여세 신고를 적게 했으니 수정신고를 하고 미납부 세금과 가산세를 납부하라는 통지서를 받았다. 왜 이런 일이 발생했을까?

증여세를 신고 납부하는 과정에서 첫 단계는 재산에 대한 가액을 평가하는 것이다. 납세자 입장에서는 가액을 낮게 평가해 세금을 적게 납부하고 싶고, 과세관청 입장에서는 공정한 가액으로 평가해 정당한 징수를 원할 것이다. 많은 사람이 부동산에 대한 증여세 신고 시 재산가액에 대한 평가를 공시가격을 기준으로 신고하는 것으로 알고 있다. 그러나 우리나라 상속세 및 증여세법에서는 다음과 같이 부동산에 대한 평가 원칙을 정하고 있다.

제60조(평가의 원칙 등)

① 이 법에 따라 상속세나 증여세가 부과되는 재산의 가액은 상속개시일 또는 증여일(이하 "평가기준일"이라 한다) 현재의 시가(時價)에 따른다. (이하 생략)

② 제1항에 따른 시가는 불특정 다수인 사이에 자유롭게 거래가 이루어지는 경우에 통상적으로 성립된다고 인정되는 가액으로 하고 수용가격·공매가격 및 감정가격 등 대통령령으로 정하는 바에 따라 시가로 인정되는 것을 포함한다.

③ 제1항을 적용할 때 시가를 산정하기 어려운 경우에는 해당 재산의 종류, 규모, 거래 상황 등을 고려하여 제61조부터 제65조까지에 규정된 방법으로 평가한 가액을 시가로 본다.

제61조(부동산의 평가 등)

① 부동산에 대한 평가는 다음 각 호의 어느 하나에서 정하는 방법으로 한다.

1. 토 지 -「부동산 가격공시에 관한 법률」에 따른 개별공시지가

2. 건 물 - 건물(제3호와 제4호에 해당하는 건물은 제외한다)의 신축가격, 구조, 용도, 위치, 신축연도 등을 고려하여 매년 1회 이상 국세청장이 산정·고시하는 가액

3. 오피스텔 및 상업용 - 건물 국세청장이 토지와 건물에 대하여 일괄하여 산정·고시한 가액

4. 주 택 -「부동산 가격공시에 관한 법률」에 따른 국세청장이 결정·고시한 공동주택가격

이 규정에 따라 2022년 1월 1일 이후 증여재산에 대한 평가를 할 때는 증여일 전 6개월부터 증여일 후 3개월까지(이하 "평가기간"이라 한다) 기간 중 매매 등이 있는 경우에는 해당 매매가액·감정가액·수용가액·민사집행법에 따른 경매가액·공매가액(이하 "매매가액 등"이라 한다)을 말하며, 신고기한 내에 신고한 경우 유사재산의 매매가액 등으로 평가해야 한다.

다만, 상장주식(코스피시장과 코스닥시장에서 거래되는 주권상장법인의 주식)은 증여일 이전·이후 2개월 동안 매일의 거래소 최종 시세가액의 평균액이 시가가 되며, 국세청장이 고시하는 가상자산사업자의 사업장에서 거래되는 가상자산의 경우에는 증여일 전·이후 1개월 동안 가상자산사업자가 공시하는 일평균가액의 평균액을 시가로 본다.

그리고 2020년 1월 1일부터는 비주거용 부동산과 나대지에 대해 수증자가 공시가격으로 증여가액을 신고했을 경우 과세관청이 임의로 감정평가할 수 있도록 국세청 상속·증여세 사무처리 규정을 개정했다. 그리고 그 효과에 대해 국세청이 2024년 12월 3일 보도자료를 통해 2020~2023년 동안 국세청이 총 156억 원의 감정평가 예산으로 기준시가로 신고한 꼬마빌딩 727건을 감정평가해 신고가액(4조 5,000억 원)보다 71% 높은 가격(7조 7,000억 원)으로 과세한 성과에 대해 발표했다. 감정평가의 위력을 실감할 수 있는 대목이다.

그러자 과세당국에서는 한발 더 나아가 2025년부터는 주거용 부동산에 대해서도 국세청이 감정평가를 할 수 있도록 범위를 확대해 부동산 상속·증여 시 실제 가치에 따라 과세함으로써 공정하고 상식에 맞는 사회 구현에 기여할 것을 기대하고 있다. 즉, 앞으로는 부동산을 증여·상속하게 되면 매매가액 또는 감정가액으로 평가해야 한다고 보는 것이 타당할 것이다. 하지만 앞에서 열거하지 않은 농지나 임야 등은 공시가격으로 증여재산가액 신고가 가능하다.

홍길동은 이런 규정을 모르고 공시가격으로 신고했다가 과세 관청이 감정을 의뢰하고 그 가액으로 증여세와 가산세를 추징하게 된 것이다. 따라서 앞으로는 먼저 감정평가를 통해 감정가액을 낮추고 그 가액으로 증여·상속 신고를 해야 추가적인 가산세를 납부하지 않을 수 있다.

증여세 계산 구조

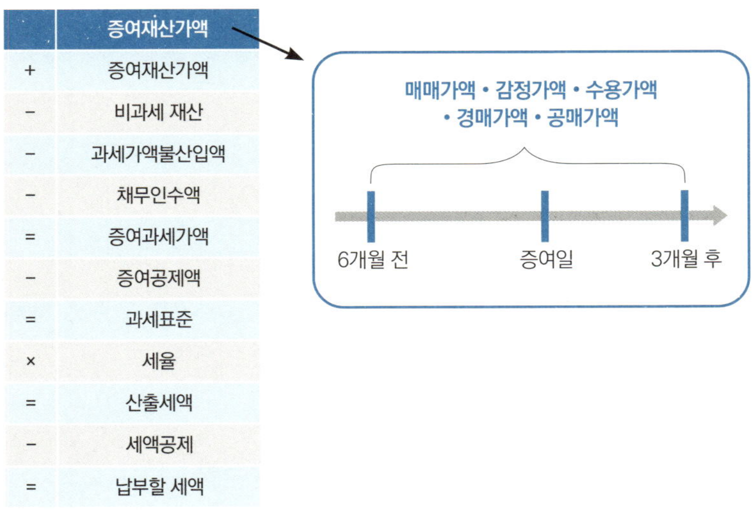

며느리, 사위, 손주들에게 함께 증여하면 세금을 줄일 수 있어요

CASE

거액의 토지보상금을 받은 70대 홍길동 씨는 보상금 중 일부를 자녀에게 현금 증여하려고 한다. 그런데 특성상 현금은 평가금액을 낮출 수 없어 많은 증여세가 예상되는데, 주변에서 며느리와 손주들에게 함께 증여하면 증여세가 적다는 말을 들었다. 어떻게 이것이 가능할까?

우리나라에서 세금을 줄일 수 있는 가장 기본적이며 합법적인 방법은 소득을 분산하는 것이다. 즉, 혼자서 벌지 말고 여러 명이 함께 벌면 세금이 적고, 또한 일시에 많은 소득을 벌기보다는 여러 해에 걸쳐 나눠서 벌면 세금이 적다. 이런 결과가 발생하는 원인은 우리나라의 많은 세목에 적용되는 세율이 초과누진세율을 선택하고 있기 때문이다. 이는 소득에 따라 적용되는 세율을 달리하는 것인데 소득이 많으면 높은 세율이 적용되고, 소득이 적으면 낮은 세율이 적용되는 구조이기 때문이다.

그리고 상속세 및 증여세율도 자산을 이전하는 규모에 따라 그

세율을 적용하는 초과누진세율을 적용하고 있다. 특히, 증여세는 앞에서 공부한 (증여세와 상속세 비교 부분) 것처럼 유산취득세 방식을 선택하고 있다. 이는 세금을 계산할 때 증여자(준 사람)인 홍길동 씨가 준 총금액을 기준으로 세금을 계산하는 것이 아니라, 수증자(받은 사람) 개인별로 증여받은 금액을 기준으로 세금을 계산하게 된다.

이렇게 하면 전체를 기준으로 계산하는 것보다 개인별로 받은 금액에 대해서만 계산하면 금액이 적어 낮은 세율이 적용되고, 자연스럽게 납부해야 할 세금도 적어진다. 세부적인 부분으로는 수증자별로 증여공제 한도 등을 고려해야 하고, 손자녀에게 증여할 때는 산출된 증여세액에 대해 30%(또는 40%) 할증 과세 부분까지 꼼꼼히 따져 증여 금액을 결정한다면 많은 세금을 절세할 수 있다. 이에 대해 간단하게 두 가지 정도를 비교 설명하도록 하겠다.

만약 홍길동 씨가 자녀 1인에게 10억 원을 현금 증여하면 증여세가 2억 2,500만 원이 발생해 너무 많다는 생각이 들 수 있다. 이에 며느리와 미성년자인 손주들에게도 증여하면 증여 금액을 분산하는 정도에 따라 세금의 차이는 크게 발생한다(다음 표 참고).

수증자를 여러 명으로 분산했을 경우 〈상황 1〉보다 〈상황 2〉가 세금이 적은 것은 자녀에게 적용되는 세율을 30%에서 20%로 낮추고, 며느리에게 적용되는 세율을 10%에서 20% 올려 전체적인 세율을 1인에게 증여하는 경우의 세율보다 낮췄기 때문이다. 그리고 〈상황 2〉가 〈상황 3〉보다 세금이 적은 것은 할증과세가 적용되는 손주들에게 적용되는 세율의 차이 때문이다. 따라서 증여세를 최소화하기 위해선 할증과세가 적용되는 손주들의 세율을 최소로 낮추는 것이 핵심이다.

혼자 받을 경우 증여세

수증자	자
증여가액	10억 원
증여공제	5,000만 원
과세표준	9억 5,000만 원
세율	30%
산출세액*	2억 2,5000만 원

여러 명이 함께 증여 받을 경우 증여세

상황 1 ≫ 수증자	자	며느리	손	손
증여가액	6억 5,000만 원	1억 1,000만 원	1억 2,000만 원	1억 2,000만 원
증여공제	5,000만 원	1,000만 원	2,000만 원	2,000만 원
과세표준	6억 원	1억 원	1억 원	1억 원
세율	30%	10%	10%	10%
산출세액*	1억 2,000만 원	1,000만 원	1,000만 원	1,000만 원
할증과세**	0	0	300만 원	300만 원
납부할 세액	1억 2,000만 원	1,000만 원	1,300만 원	1,300만 원
총 납부할 세액	1억 5,600만 원			

*   산출세액은 과세표준×세율−누진공제액

** 할증과세는 세대생략 증여에 따라 산출세액의 30% 또는 40%(미성년자가 증여가액 20억 원 초과 시)를 추가로 납부하는 것

상황 2 》

수증자	자	며느리	손 1	손 2
증여가액	5억 원	2억 6,000만 원	1억 2,000만 원	1억 2,000만 원
증여공제	5,000만 원	1,000만 원	2,000만 원	2,000만 원
과세표준	4억 5,000만 원	2억 5,000만 원	1억 원	1억 원
세율	20%	20%	10%	10%
산출세액*	8,000만 원	4,000만 원	1,000만 원	1,000만 원
할증과세**	0	0	300만 원	300만 원
납부할 세액	8,000만 원	4,000만 원	1,300만 원	1,300만 원
총 납부할 세액	1억 원 4,600만원			

상황 3 》

수증자	자	며느리	손	손
증여가액	3억 원	2억 6,000만 원	2억 2,000만 원	2억 2,000만 원
증여공제	5,000만 원	1,000만 원	2,000만 원	2,000만 원
과세표준	2억 5,000만 원	2억 5,000만 원	2억 원	2억 원
세율	20%	20%	20%	20%
산출세액*	4,000만 원	4,000만 원	3,000만 원	3,000만 원
할증과세**	0	0	900만 원	900만 원
납부할 세액	4,000만 원	4,000만 원	3,900만 원	3,900만 원
총 납부할 세액	1억 5,800만 원			

수증자별 증여공제 한도

수증자	공제 한도액	비고
배우자	6억 원	
직계존속	5,000만 원	
직계비속	성인 5,000만 원 미성년자 2,000만 원	혼인, 출산의 경우 1억 원 추가 공제
기타 친족	1,000만 원	

상속세 및 증여세율

과세표준	세율	누진공제액
10억 원 이상	10%	
1억~5억 원 미만	20%	1,000만 원
5억~10억 원 미만	30%	6,000만 원
10억~30억 원 미만	40%	1억 6,000만 원
30억 원 이상	50%	4억 6,000만 원

세대생략증여:
할아버지가 손자에게 증여하면
세금이 줄어드나요?

CASE

70대 자산가인 홍길동 씨는 앞으로 개발 가능성이 있는 토지를 아들에게 증여하려고 한다. 그런데 주변에서 아들도 이미 상당한 자산을 가지고 있으니 '차라리 세금을 조금 더 납부하고 손자에게 증여하는 것이 유리하다'고 하는데 이 말이 맞는 말인지, 그리고 세금은 왜 더 납부해야 하는지 궁금하다.

주변에서 지인들이 말한 것을 세대생략증여라고 한다. 즉, 한 세대를 건너뛰고 증여한 것을 말하는데, 일반적으로는 홍길동이 아들에게 증여하고, 아들이 손자에게 증여하는 것이 일반적인 모습이다. 이렇게 하면 자산 승계 과정에서 두 번의 증여세를 납부해야 하는데, 손자에게 자산이 승계되었을 경우에는 세금으로 인해 많은 부분이 감소하게 된다.

예를 들어 홍길동 씨의 자산 규모가 상속세 및 증여세율 50%에 해당하고, 그 아들도 역시 50%가 적용된다면 단순 계산할 경우 홍길동 씨가 100을 증여하면 손자에게 승계되는 것은 25(100×50%×50%=25)이고, 75는 세금으로 납부하게 된다. 이런 결과를 원치 않는 홍길동이 손자에게 직접 증여하면 증여세는 65(100×50%×130%(세대생략 할증)=65)로 감소하게 된다. 세대생략 할증과세는 두 번 납부해야 하는 세금을 한 번만 납부하는 것에 대한 페널티라고 할 수 있으며, 할증세율은 산출세액의 30% 또는 40%(미성년자 손자가 20억 원 이상 증여받을 경우)를 더 납부하는 것을 말한다. 그래도 두 번의 세금을 납부하는 것보다 세금이 적다.

그리고 홍길동 씨가 아들에게 증여하고 많은 시간이 경과한 후 손자에게 증여하는 것이 일반적이지만, 그사이 부동산 등의 가치가 상승할 가능성이 높다. 따라서 순차적으로 자산을 이전하게 되면 그 상승분에 대해서도 세금을 납부해야 한다. 그러므로 아들에게 증여하는 것보다 세대생략증여를 통해 손자에게 증여하는 것이 세금을 조금 더 납부하더라도 증여 이후 가치 상승분에 대해서는 추가적인 세금을 납부하지 않아도 되기 때문에 유리하다.

예를 들어 다음 〈표 1〉과 〈표 2〉를 보면 현재 50억 원인 부동산을 자녀에게 증여하고, 20년 후 100억 원으로 부동산 가격이 상승한 후 자녀가 손자에게 증여한다면 총 세금은 65억 3,000만 원을 납부해야 한다. 하지만 세대생략 할증과세를 활용하면 26억 1,950만 원을 납부하면 된다. 세금의 차이가 약 39억 1,000만 원 발생한다. 상당히 큰 절세 효과라고 할 수 있다.

표 1. 일반적인 증여 시 증여세

홍길동 ⇨ 아들 증여 시		아들 ⇨ 손자 증여 시	
구분	금액	구분	금액
증여가액	50억 원	증여가액	100억 원
증여공제	5,000만 원	증여공제	5,000만 원
과세표준	49억 5,000만 원	과세표준	99억 5,000만 원
세율	50%	세율	50%
산출세액*	20억 1,500만 원	산출세액	45억 1,500만 원

표 2. 세대생략증여 시 증여세

홍길동 ⇨ 손자 증여 시	
구분	금액
증여가액	50억 원
증여공제	5,000만 원
과세표준	49억 5,000만 원
세율	50%
산출세액*	20억 1,500만 원
할증과세**	6억 450만 원
납부할 세액	26억 1,950만 원

* 산출세액은 과세표준×세율−누진공제액
** 할증과세는 세대생략 증여에 따라 산출세액의 30% 또는 40%(미성년자가 증여가액 20억 원 초과 시)를 추가로 납부하는 것

실제로 국세청 자료에 의하면 2020년부터 2024년까지 미성년자를 대상으로 한 전체 증여는 총 7만 8,813건, 증여가액은 8조 2,775억 원에 달한다. 그중 조부모가 자녀를 건너뛰고 손자에게 직접 증

여한 세대생략증여는 2만 8,084건으로 증여가액은 3조 8,300억 원
이다. 자산가들이 절세 계획으로 활용하는 것이 세대생략증여라는
것을 알 수 있는 부분이다.

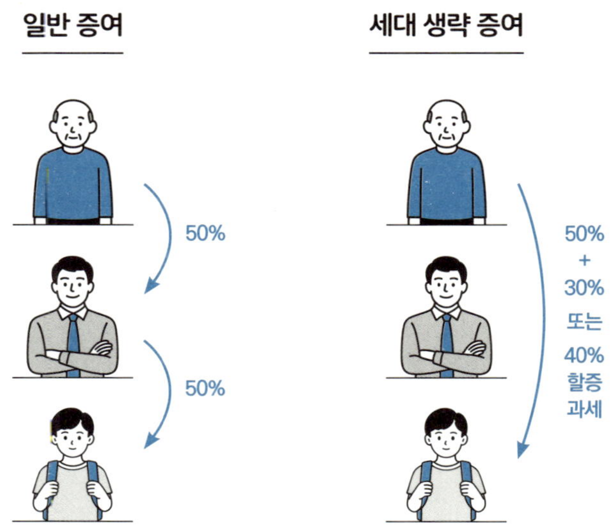

08

부모님과 조부모님 중 누구에게
먼저 증여받는 것이 세금이 적나요?

CASE

성인이 된 김청년에게 아버지와 할아버지가 종잣돈으로 각자 2억 원씩을 현금 증여하겠다고 한다. 이에 김청년은 증여세가 어느 정도 발생하는지, 그리고 아버지와 할아버지 중 누구에게 먼저 증여받는 것이 세금이 유리한지, 아니면 관계 없이 같은지 궁금하다.

증여세는 수증자(받은 사람) 기준으로 계산해야 한다. 즉, 김청년 입장에선 아버지와 할아버지 모두 직계존속이기 때문에 먼저 증여받는 경우에 증여공제 5,000만 원을 차감한 후 세율을 곱해 납부할 세금을 계산한다. 그런데 이 상황에서 가장 중요한 부분은 할아버지로부터 증여한 부분에 대해선 30%의 할증과세를 해야 하는 것이다.

다음 표를 보면 아버지에게 먼저 증여받고, 할아버지에게 나중에 증여받는 경우의 증여세는 5,900만 원이다(아버지로부터 증여받은 부분의 증여세는 [(2억 원-5,000만 원(증여공제))×20%-1,000만 원(누진공제)]=2,000만 원, 할아버지로부터 증여받은 부분의 증여세는 [(2억 원-0(증여공제)×20%-1,000만 원(누진공제))×130%(할증과세)]=3,900만 원).

그리고 할아버지에게 먼저 증여받고, 아버지에게 나중에 증여받을 때의 증여세는 5,600만 원이다(할아버지로부터 증여받은 부분의 증여세는 [(2억 원-5,000만 원(증여공제)×20%-1,000만 원(누진공제))×130%(할증과세)]=2,600만 원, 아버지로부터 증여받은 부분의 증여세는 [2억 원-0(증여공제)×20%-1,000만 원(누진공제)]=3,000만 원).

따라서 할증과세가 적용되는 할아버지로부터 먼저 증여받는 것이 증여세가 적다.

父로부터 先 증여받은 경우

구분	父로부터 先 증여 시	祖父로부터 後 증여 시
증여가액	2억 원	2억 원
증여공제	5,000만 원	0
과세표준	1억 5,000만 원	2억 원
세율	20%	20%
산출세액*	2,000만 원	3,000만 원
할증과세**	0	900만 원
납부할 세액	2,000만 원	3,900만 원
총 납부할 세액	5,900만 원	

祖父로부터 先 증여받은 경우

구분	祖父로부터 先 증여 시	父로부터 後 증여 시
증여가액	2억 원	2억 원
증여공제	5,000만 원	0
과세표준	1억 5,000만 원	2억 원
세율	20%	20%
산출세액*	2,000만 원	3,000만 원
할증과세**	600만 원	
납부할 세액	2,600만 원	3,000만 원
총 납부할 세액	5,600만 원	

* 산출세액은 과세표준×세율-누진공제액
** 할증과세는 세대생략 증여에 따라 산출세액의 30% 또는 40%(미성년자가 증여가액 20억 원 초과 시)를 추가로 납부하는 것

09

해외에서 생활하는 자녀가
부모님에게 각각 증여받은 경우에
증여세는 어떻게 계산하나요?

CASE

외국에서 생활하는 김청년은 5년 전 부친에게 2억 원을 증여받았는데 이번에 모친이 추가로 2억 원을 증여하려고 한다. 이 경우 증여세 계산 시 해외에서 생활하는 것이 영향을 미치는지 여부와 과거 부친이 증여한 것과 관계없이 증여세를 계산해야 하는지, 아니면 부부는 일심동체라는 말처럼 한 사람으로 보고 10년 이내 합산과세해야 하는지 궁금하다.

이 사례에서 중요한 부분은 다음과 같다.

첫째, 김청년이 세법상 거주자인지 여부다. 거주자 개념은 국적과는 관계없이 국내에 주소를 두거나 183일 이상 거소를 둔 개인을 거주자로 본다(상속세 및 증여세법 제2조). 다만, 국내에 주소가 없는 경우에도 다음 하나에 해당하는 경우에는 주소가 있는 것으로 보아 거주자로 본다.

① 계속하여 183일 이상 국내에 거주할 것을 통상 필요로 하는
직업을 가진 때
② 국내에 생계를 같이하는 가족이 있고, 그 직업 및 자산 상태에
비추어 계속하여 183일 이상 국내에 거주할 것으로 인정되는
때
③ 국외에서 근무하는 공무원 및 내국법인(거주자)의 해외지점이
나 영업소 또는 내국법인이 100% 직접 또는 간접 출자한 해
외 현지법인에 파견된 임직원
④ 외국 항행 선박이나 항공기의 승무원으로서 그 승무원과 생
계를 같이하는 가족이 거주하는 장소가 국내에 있는 때
위에서 열거한 거주자 이외의 개인은 비거주자로 본다.

둘째, 부부는 한 사람으로 본다는 것이다.

이런 내용을 사례에 대입해보면 우선 김청년이 비거주인 경우라
면 증여공제를 받을 수 없으며, 5년 전 부친이 증여한 것과 이번에
모친이 증여하는 것은 한 사람이 증여한 것으로 보아서 10년 이내
동일인에게 증여받은 것으로 간주하여 증여세를 합산해 계산하고
납부해야 한다.

증여세를 계산하면 5년 전 부친으로부터 증여받은 2억 원의 경
우에는 증여세를 3,000만 원[(2억 원-0원(증여공제))×20%-1,000만 원
(누진공제)=3,000만 원)]을 납부했을 것이다. 그리고 이번에 모친에게
2억 원을 증여받은 경우엔 4,000만 원[(4억 원(2억 원+2억 원)-0원(증여
공제))×20%-1,000만 원(누진공제)-3,000만 원(기납부세액공제)=4,000만 원]
을 추가로 납부해야 한다. 그러므로 총 7,000만 원의 증여세를 납

부하게 된다.

　하지만 수증자가 비거주자인 경우 유리한 부분이 있는데, 증여세는 수증자(받은 사람)가 납부해야 하는데, 이를 증여자(준 사람)가 대신 납부해주면 그 부분에 대해서도 증여로 보아 증여세를 추가로 납부해야 한다. 그런데 수증자가 비거주자인 경우에는 증여자가 대신 납부해준 것에 대해 추가로 증여세를 납부하지 않아도 된다(상속세 및 증여세법 제4조의 2 ⑤). 일부 자산가들이 해외에 있는 자녀들을 위해 증여세 납부로 인한 재산 손실을 부모가 감당하고, 자녀들의 재산 증식을 극대화하기 위해 활용하는 방법이기도 하다.

　다음으로 김청년이 세법상 거주자에 해당하는 경우의 증여세를 계산해보자. 이 경우에는 증여공제 5,000만 원을 받을 수 있다. 5년 전 부친으로부터 2억 원을 증여받은 경우에는 증여세를 2,000만 원[(2억 원-5,000만 원(증여공제))×20%-1,000만 원(누진공제)=2,000만 원]을 납부했을 것이다. 그리고 이번에 모친에게 2억 원을 증여받은 경우에는 4,000만 원[(4억 원(2억 원+2억 원)-5,000만 원(증여공제))×20%-1,000만 원(누진공제)-2,000만 원(기납부세액공제)= 4,000만 원]을 추가로 납부해야 한다. 따라서 총 6,000만 원의 증여세를 납부하게 된다.

　수증자가 비거주자인 경우보다 증여세가 1,000만 원 적다. 하지만 이 경우에는 증여세를 수증자(받은 사람)가 납부해야 하는데, 이를 증여자(준 사람)가 대신 납부하면 그 부분에 대해서도 재증여로 보아 증여세가 1회 더 발생한다. 재증여에 해당하면 총 증여가액은 4억 6,000만 원으로 보아 증여세는 5,200만 원[(4억 6,000만 원-5,000

만 원(증여공제))×20%-1,000만 원(누진공제)-2,000만 원(기납부세액공제)=5,200만 원을 납부해야 한다. 따라서 총 증여세 7,200만 원을 납부하게 된다.

자녀가 해외에서 생활할 경우 비거주자로 볼 것인지, 거주자로 볼 것인지에 따라 증여세에 미치는 영향이 크다고 할 수 있다. 만약 자녀들이 단순 해외 유학 중이고, 유학을 마치고 국내로 들어올 계획인 경우에는 거주자로 볼 가능성이 높다. 하지만 해외에서 취업하는 등의 경우에는 비거주자로 볼 가능성이 높다.

10

증여받은 재산을 되돌려줘도 세금이 발생하나요?

CASE

부동산을 다수 보유하고 있는 홍길동은 그중 앞으로 가치가 올라갈 것으로 예상되는 토지를 자녀에게 2025년 4월 1일에 증여하고, 증여 신고와 증여세 및 취득세를 납부했다. 그런데 자녀가 토지를 증여받은 이후 심경에 변화가 생겨 홍길동 씨에게 예전처럼 하지 않는 것 같아 증여한 것을 취소하고, 그 토지를 반환받으려고 한다. 이 경우 세금이 어떻게 발생할까?

사전증여를 꺼리는 가장 큰 이유에 해당하는 상황이 발생한 것이다. 자녀들이 부모로부터 미리 받을 것을 다 받았다는 생각이 들면 이전보다 효도를 덜 하는 모습을 간혹 보게 되는데, 씁쓸한 현실이다. 자녀에게 괘씸한 생각이 든 홍길동은 증여를 취소할 수 있는데, 이에 따른 세금 문제는 반환하는 시기에 따라 달라진다.

첫째, 증여 신고 기한인 2025년 7월 31일 이내에 홍길동과 자녀 간의 합의로 그 증여받은 재산(금전은 제외)을 반환하는 경우엔 처음부터 증여가 없었던 것으로 본다. 따라서 수증자인 자녀가 납부한 증여세는 환급받을 수 있으나, 취득세는 환급되지 않는다. 증여세 신고 기한은 증여일이 포함된 달의 말일로부터 3개월 이내이다. 그리고 금전은 증여의 취소·반환이 가능하지 않다.

둘째, 증여 신고기한 경과 후 3개월 이내에 반환하는 경우, 즉 사례에서 보면 8월 1일에서 10월 31일 사이에 자녀가 홍길동에게 반환하면 처음 홍길동이 자녀에게 증여한 것은 증여로 보아 증여세를 과세하고, 자녀가 홍길동에게 반환하는 재산은 증여로 보지 않는다. 이 경우엔 1차 증여에 대한 증여세와 취득세는 환급되지 않고, 2차 증여에 따른 취득세는 납부해야 한다.

셋째, 증여 신고기한 경과 후 3개월 이후에 반환하는 경우, 즉 사례에서 보면 11월 1일 이후 자녀가 홍길동에게 반환하면, 그 반환하는 것도 다시 증여한 것으로 보아 증여세와 취득세를 납부해야 한다.

증여반환 시기에 따른 증여세 발생 여부

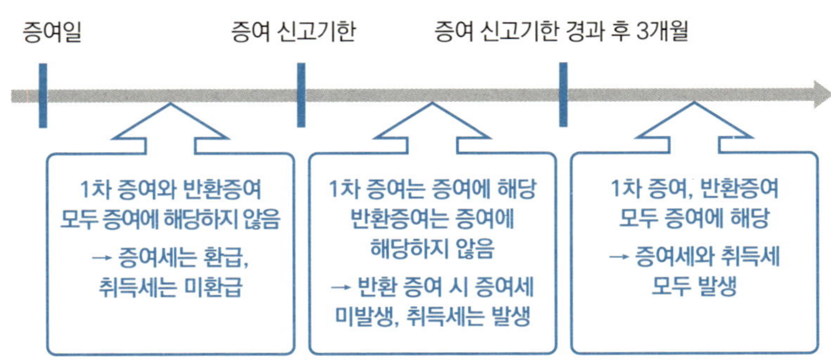

금전에 대해서는 이런 규정을 적용하지 않으므로 당초 증여와 반환하는 행위 모두 기간에 관계 없이 증여로 본다. 그러므로 금전의 증여는 취소할 수 없다는 것을 명심해야 한다.

11

증여세 비과세 보험금:
보험금으로 장애인 자녀에게 증여하면
증여세가 비과세 가능합니다

교통사고로 하반신 마비 장애인 판정을 받은 20대 자녀가 있는 김복지 씨는 장애 때문에 소득 활동을 하지 못하는 자녀의 미래 생활비 준비 등에 대한 고민이 많다. 임대소득이 발생하는 상가를 마련해주려고 하니 우선 많은 증여세가 걱정이며, 그다음에는 좋은 임차인을 만나는 것도 힘들고, 상권 변동에 따른 임대소득 감소 등을 고려하면 이것도 좋은 것만은 아니라는 생각이 들었다. 이때 지인인 보험설계사로부터 '보험금으로 장애인 자녀의 생활비를 마련해주면 증여세가 없다'는 말을 들었다. 이게 정말 사실일까?

실질적으로는 증여재산에 해당하지만, 과세관청이 과세권을 포기해 증여세가 과세되지 않는 비과세 증여재산이 있다(상속 및 증여세법 제46조). 법에서는 9가지 정도의 유형을 열거하고 있으나, 대표적인 몇 가지만 알아보자.

1. 국가 또는 지방자치단체로부터 증여받은 가액

2. 사내근로복지기금, 우리사주조합 및 근로복지진흥기금이 증
    여받은 재산
3. 사회 통념상 인정되는 이재구호금품, 치료비, 피부양자의 생
    활비, 교육비 기타 이와 유사한 증여재산
4. 국가·지방자치단체 또는 공동 단체가 증여받은 재산
5. 장애인과 상이자를 수익자로 한 보험으로 연간 4,000만 원 이
    하의 보험금
6. 국가유공자 지원에 관한 법률에 따른 국가유공자의 유족이나
    의사상자 지원에 관한 법률에 따른 의사상자의 유족이 증여받
    은 성금 및 물품 등

김복지 씨의 경우엔 이 중 5번에 해당하는데, 자녀가 ① 장애인
복지법에 의하여 등록한 장애인, ② 국가유공자 등 예우 및 지원에
관한 법률에 따라 등록한 상이자, ③ 항시 치료를 요하는 중증환자
중 하나에 해당하면 적용이 가능하다.

그리고 여기서 중요한 점은 매년 4,000만 원 이하를 보험금으로
준다면 기간에 관계 없이 전액 비과세 증여재산에 포함된다는 것
이다. 이에 적합한 보험상품은 매년 일정한 보험금을 오랜 기간 수
령할 수 있는 연금보험이다. 연금보험의 보험금 수익자를 장애가
있는 자녀로 설정하고, 그 자녀가 매년 수령하는 연금액이 4,000만
원 이하라면 전액 비과세라는 것이다.

이 규정을 활용해 10년간 증여하면 총 4억 원을 증여세는 0원이
다. 그런데 일반증여로 4억 원을 증여하면 증여세는 6,000만 원[(4

억 원-5,000만 원(증여공제))×20%-1,000만 원(누진공제)=6,000만 원]으로 세금의 차이가 크다. 20년간 자녀가 수령할 경우에는 증여세 차이가 1억 2,000만 원이 된다.

장애인신탁:
신탁으로 장애인 자녀에게 증여하면
5억 원까지 증여세가 없나요?

CASE

교통사고로 하반신 마비 장애인 판정을 받은 20대 자녀가 있는 김복지 씨는 장애 때문에 소득 활동을 하지 못하는 자녀의 미래 생활비 준비 등에 대한 고민이 많다. 임대소득이 발생하는 상가를 마련해주려고 하니 우선 많은 증여세가 걱정이며, 좋은 임차인을 만나는 것도 힘들고, 상권 변동에 따른 임대소득 감소 등을 고려하니 이것도 좋은 것만은 아니라는 생각이 들었다. 이때 금융기관에 근무하는 지인으로부터 '신탁으로 장애인 자녀에게 목돈 5억 원을 증여해도 증여세가 없다'는 말을 들었다. 김복지 씨가 이를 활용하기 위해선 어떻게 해야 할까?

김복지 씨의 자녀가 ① 장애인복지법에 의하여 등록한 장애인, ② 국가유공자 등 예우 및 지원에 관한 법률에 따라 등록한 상이자, ③ 항시 치료를 요하는 중증환자 중 어느 하나에 해당하면 적용이 가능하다.

장애인이 가족으로부터 증여를 받는 경우 다음 3가지 요건을 모두 갖춘다면 증여세가 발생하지 않는다. 첫째, 증여받은 재산 전부를 신탁업자에게 신탁할 것, 둘째, 증여받은 장애인이 신탁의 이익 전부를 받는 수익자일 것, 셋째, 신탁 기간이 장애인이 사망할 때까지로 되어 있을 것 등이다(상속 및 증여세법 제52조의 2).

이 요건을 충족해 증여할 경우에는 증여가액 5억 원까지는 증여세가 비과세이고, 증여할 수 있는 자산도 부동산, 금전, 유가증권을 구분하지 않는다. 또한 증여자가 10년 이내 사망할 경우 일반 증여재산은 피상속인(사망한 자=증여자)의 상속재산에 10년 이내 증여한 재산도 포함해 상속세를 계산해 신고·납부해야 한다. 하지만 장애인신탁을 활용한 증여의 경우에는 상속재산에 포함되지 않아 향후 상속세를 절세하는 효과도 있다.

만약 김복지 씨의 상속세율이 50%일 경우, 장애인신탁을 통한 증여를 하지 않으면 5억 원에 대한 50%인 2억 5,000만 원의 상속세가 발생한다. 하지만 장애인신탁을 활용해 증여하면 증여세 0원, 이후 5억 원에 대한 상속세도 0원이다.

필자는 20년 이상 자산관리를 하면서 수많은 고객을 만나 상담했는데, 그중에는 장애인 자녀를 둔 부모도 많았다. 장애인 자녀를 둔 부모님의 한결같은 소원은 아이보다 자신이 하루 더 사는 것이라고 한다.

이는 장애인 자녀들의 생활비와 간병 등을 걱정해서 하는 말이다. 본인이 살아 있는 동안에는 자녀를 보살필 수 있으나, 부모가 먼저 사망한다면 장애인 자녀를 보살피는 것이 걱정될 수밖에 없다. 부모가 사망하면 자녀가 장애인 복지시설 등에서 보살핌을 받을 수 있도록 하고, 그에 따른 비용은 앞에서 본 장애인 자녀에 대한 보험금 연간 4,000만 원 증여세 비과세와 장애인신탁 증여를 통한 5억 원 증여세 비과세를 활용한다면 어느 정도는 부담 없이 마련할 수 있을 것이라고 생각한다.

현재 우리나라의 신탁 구조는 다음 그림에서 볼 수 있듯이 두 가지다.

장애인신탁을 활용한 증여 구조

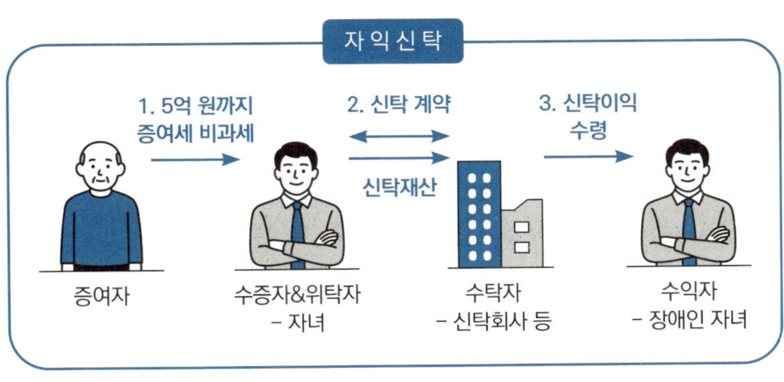

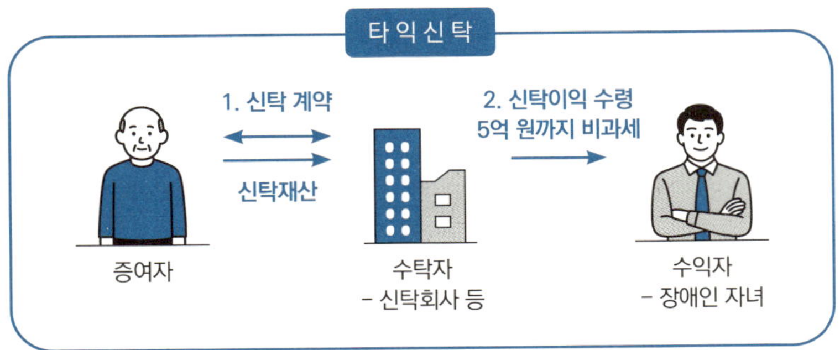

자익신탁은 가족이 장애인인 수증자(받는 사람)에게 재산을 증여하는 증여계약을 증여자와 수증자가 먼저 체결하고, 수증자인 장애인은 증여재산에 대해 신탁회사와 신탁계약(위탁자:장애인 본인, 수익자:장애인 본인)을 체결하는 구조이다. 이 경우 증여받은 재산 5억 원까지 증여세가 비과세이다. 자익신탁에서 주의할 부분은 위탁자이자 수익자인 장애인이 신탁 원본을 임의로 인출하는 것을 방지하기 위해 인출 가능 이유와 금액을 제한하고 있다는 것이다. 즉 장애인 본인의 의료비, 간병비, 특수교육비 및 월 150만 원 이하의 생활비 목적으로만 인출해야 하고, 만약 이 요건을 지키지 못했을 경우에는 증여세 비과세가 취소되어 증여세를 납부해야 한다.

타익신탁은 가족이 위탁자이고 장애인을 수익자로 하여 신탁회사와 신탁계약을 체결하는 것으로, 수익자인 장애인이 얻는 수익 5억 원까지는 증여세가 비과세이다. 이를 위해선 첫째, 장애인이 신탁의 이익 전부를 받는 수익자일 것, 둘째, 상속세 및 증여세법상 법정 신탁 요건을 충족해야 한다.

13

부채를 함께 증여하면
증여세가 적나요?

CASE

상가를 2채 보유하고 있는 홍길동은 1채를 자녀에게 증여하려고 한다. 자녀가 임대소득 등을 위해 상가를 구입하려면 많은 자금이 필요한데, 그 필요자금보다는 증여세가 적을 것으로 예상되기 때문이다. 증여하려고 하는 상가는 과거 5억 원에 취득했고, 현재 주변 거래 가격은 10억 원이며, 현재 임대보증금이 3억 원이다. 이때 부채인 임대보증금을 함께 증여하면 증여세가 적다고 하는데, 얼마나 감소할까?

부담부증여란 수증자가 증여받는 동시에 일정한 부담(채무 상환 등)을 조건으로 하는 증여계약이다. 이 경우 증여세는 수증자가 부담하는 채무 등을 제외한 나머지 부분에 대해서 발생하고, 채무 부분에 대해선 양도소득세가 발생한다.

이 사례에 대입하면 미래에 임대보증금 3억 원을 홍길동 씨가 상환하는 것으로 하고, 자녀에게 순수하게 10억 원의 상가를 일반증여하면 증여세는 [(10억 원-5,000만 원(증여공제))×30%-6,000만 원

(누진공제)=2억 2,500만 원]이다.

　하지만 부담부증여를 하면 임대보증금 3억 원은 미래에 자녀가 상환해야 하기 때문에 증여가액에서 그 금액을 차감한 7억 원에 대한 증여세는 1억 3,500만 원[(7억 원-5,000만 원(증여공제))×30%-6,000만 원=1억 3,500만 원]이다. 그리고 임대보증금 3억 원에 대해서는 홍길동 씨가 자녀에게 양도(매매)한 것으로 보아 양도소득세가 약 2,568만 원 발생한다. 그래도 일반증여의 증여세보다 부담부증여를 했을 경우의 증여세와 양도소득세가 약 6,431만 원 적은 것을 확인할 수 있다(일반증여와 부담부증여 비교 표 참조).

　이런 이익으로 인해 많은 자산가가 부담부증여를 통해 절세 플랜을 실행하고 있다. 하지만 여기서 중요한 부분이 있는데, 임대보증금 3억 원은 반드시 자녀가 상환해야 한다는 것이다. 만약 이를 부모가 대신 상환해준 것을 과세관청이 알게 되면 부담부증여로 과세한 것을 취소하고 일반 증여로 보아 감소한 세금 약 6,431만 원과 가산세를 부과한다. 현재 국세청에는 부담부증여만을 담당하는 세무공무원이 있을 정도이니 반드시 지켜야 할 부분이다.

일반증여 시 증여세 vs 부담부증여 시 증여세와 양도소득세 비교

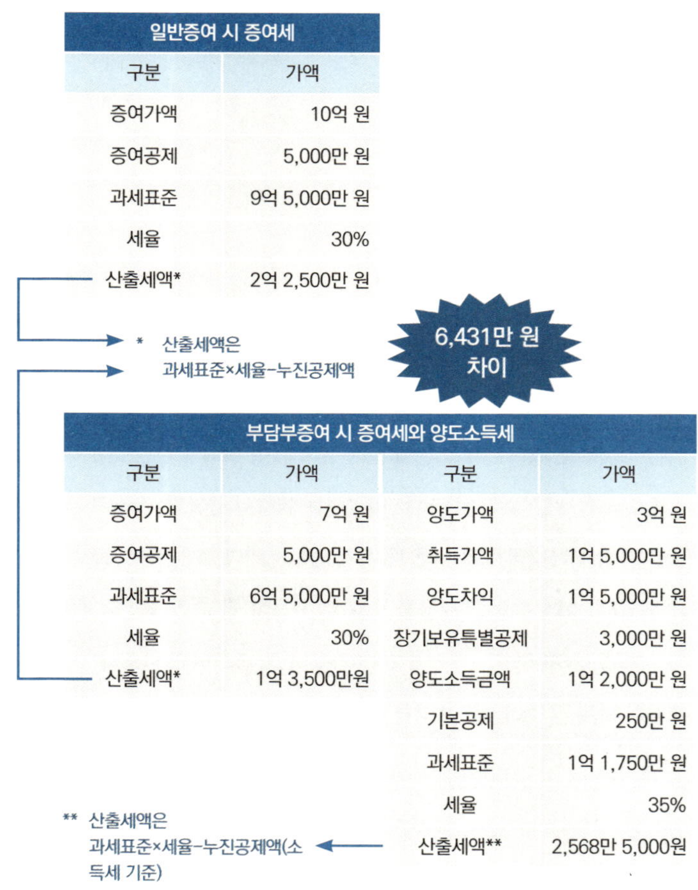

14

배우자에게 증여받은 후 매각하면 양도소득세를 줄일 수 있나요?

CASE

홍길동 씨는 오래전 구입한 토지가 택지개발지구에 포함되어 몇 년 안에 개발될 것이라는 소식을 들었다. 물론 개발이 되어 수익을 얻는 것은 좋은데, 많은 양도소득세를 납부하는 것은 아깝다는 생각이 들었다. 그리고 그 많은 세금은 과거에 가격이 매우 낮을 때 사서 양도차익이 크기 때문이라는 것을 알게 되었다. '어떻게 하면 세금을 줄일 수 있을까'를 고민하던 중 배우자에게 현 시세로 증여(10년간 6억 원 증여세 비과세)하고, 양도하면 양도차익이 적어져 세금이 줄게 될 것이라는 생각을 하게 되었다. 이렇게 해도 합법적일까?

양도소득세는 양도차익에 대해 과세를 하기 때문에 양도차익이 적다면 적은 세금을 납부할 수 있다. 양도차익을 낮출 수 있는 방법은 양도가액을 낮추든지, 아니면 취득가액을 높이는 방법이 있다. 당연히 취득가액을 높이는 것이 합리적인데, 이 경우에 활용할 수 있는 방법이 부부 간에는 10년 동안 6억 원까지 증여세 없이 증여할 수 있는 규정을 활용하는 것이다. 이는 현 시세로 남편이 아내에게 증여해 취득가액을 높인 후 양도하면, 남편이 계속 소유하고 있다가 양도한 경우보다 양도차익이 적어 양도소득세를 줄일 수 있을 것이라고 생각한다.

하지만 이 사례처럼 편법으로 과도하게 세금을 줄이려고 하는 경우에 반드시 고려해야 할 규정이 있는데 양도소득세 이월과세이다. 이는 거주자가 배우자나 직계존비속으로부터 증여받은 재산을 일정 기간 내에 양도할 경우 취득가액을 증여자가 실제로 취득한 금액으로 양도차익을 산정해 양도소득세를 계산하는 것이다.

이 규정이 적용되는 재산은 부동산과 부동산 취득권리, 주식이다. 적용기간은 부동산과 부동산 취득 권리는 증여받은 후 10년 이내 양도 시 취득가액을 증여자의 최초 취득가액으로 하고, 주식은 증여받은 후 1년 이내 양도 시 취득가액을 증여자의 최초 취득가액으로 한다.

부동산 양도소득세 이월과세에 대한 이해

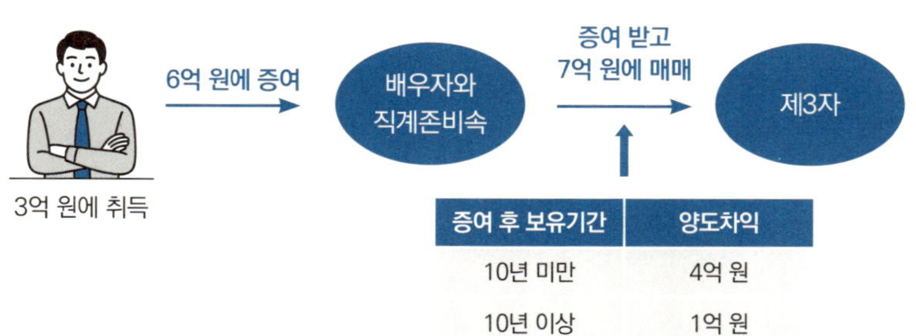

　10년 전 3억 원에 취득한 토지를 7억 원에 양도할 경우를 다음 표를 보면서 설명해보도록 하겠다. 일반적인 경우라면 양도차익 4억 원에 장기보유특별공제 등을 적용하더라도 양도소득세 1억 106만 원을 납부해야 하는데, 세금이 너무 많다고 생각할 수 있다. 이때 배우자에게 2년 전 6억 원에 증여하고, 배우자가 7억 원에 양도한다면 양도차익이 1억 원이고 양도소득세는 1,868만 원으로 세금의 차이가 크다는 것을 알 수 있다. 하지만 이런 경우에 양도세 이월과세 규정이 적용되어 배우자가 납부해야 하는 양도소득세는 1억 106만 원이다.

　여기서 우리가 다시 한번 상기해야 것은 향후 개발 등이 예상되어 많은 양도소득세가 납부하게 될 경우 양도소득세를 절세하기 위해선 증여 후 10년이 경과해 양도세 이월과세 규정이 적용되지 않아야 하는데, 이를 위해서는 일찍 증여해야 한다.

양도차익에 따른 양도소득세 계산 비교

[단위: 천 원]

구분	가액	구분	가액
양도가액	700,000	양도가액	700,000
취득가액	300,000	취득가액	600,000
양도차익	400,000	양도차익	100,000
장기보유특별공제	80,000	장기보유특별공제	증여 후 바로 양도 가정
양도소득금액	320,000	양도소득금액	100,000
기본공제	2,500	기본공제	2,500
과세표준	317,500	과세표준	97,500
세율	40%	세율	35%
산출세액*	101,060	산출세액*	18,685

* 산출세액은 과세표준×세율−누진공제액(소득세 기준)

소득세 과세표준 구간별 적용 세율

과세표준	세율	누진공제액*	비고
1,400만 원 미만	6%		
1,400만~5,000만 원	15%	126만 원	
5,000만~8,800만 원	24%	576만 원	
8,800만~1억 5,000만 원	35%	1,544만 원	각 세율의 10%에 해당하는 지방소득세 추가 발생함
1억 5,000만~3억 원	38%	1,994만 원	
3억~5억	40%	2,594만 원	
5억~10억 원	42%	3,594만 원	
10억 원 초과	45%	6,594만 원	

* 누진공제는 산출세액을 빠르고 정확하게 계산하기 위해서 사용한다.

15

증여세 세무조사 사례 1:
부담부증여 후 생활비, 교육비 등 지원받은 경우

직장생활을 하는 30대 이 과장은 모친 소유의 아파트를 증여받았다. 증여가액은 30억 원이며, 증여받을 당시 은행 대출이 15억 원 있었다. 이에 15억 원에 대한 부담부증여 증여세를 신고·납부했다. 그런데 국세청으로부터 증여세 신고가 잘못 되었으니, 덜 납부한 증여세와 가산세를 수정신고하고 납부하라는 통지서를 받았다. 왜 이런 일이 일어난 것일까?

부담부증여는 모친의 은행 대출을 이 과장이 떠안고 증여받는 것이기 때문에 아파트 가액에서 은행 대출을 제외한 부분에 대해서만 증여세를 납부하면 되고, 이후 떠안은 은행 대출은 이 과장이 상환해야 한다.

다음 표를 보면 일반증여를 받았다면 아파트 가액 30억 원에 대해 증여세 10억 2,000만 원[(30억 원-5,000만 원(증여공제))×40%-1억 6,000만 원(누진공제)=10억 2,000만 원]을 납부해야 하지만, 부담부증여를 했더니 15억 원에 대한 증여세 4억 2,000만 원[(15억 원-5,000만 원(증여공제))×40%-1억 6,000만 원(누진공제)=4억 2,000만 원을 납부하면 되기 때문에 증여세를 6억 원 절세할 수 있다. 이 부분이 부담부증여의 매력이라고 할 수 있다.

<table>
<tr><td colspan="2" align="center">일반증여인 경우 증여세</td><td colspan="2" align="center">부담부증여인 경우 증여세</td></tr>
<tr><td>구분</td><td>금액</td><td>구분</td><td>금액</td></tr>
<tr><td>증여가액</td><td>30억 원</td><td>증여가액</td><td>15억 원</td></tr>
<tr><td>증여공제</td><td>5,000만 원</td><td>증여공제</td><td>5,000만 원</td></tr>
<tr><td>과세표준</td><td>29억 4,000만 원</td><td>과세표준</td><td>14억 5,000만 원</td></tr>
<tr><td>세율</td><td>40%</td><td>세율</td><td>40%</td></tr>
<tr><td>산출세액*</td><td>10억 2,000만 원</td><td>산출세액*</td><td>4억 2,000만 원</td></tr>
</table>

* 산출세액은 과세표준×세율-누진공제액

그런데 사건은 그 이후에 발생했다. 이 과장은 증여세를 줄인 것은 기뻐할 일이지만, 그 이후 떠안은 대출금 15억 원에 대한 상환이 부담이 될 수밖에 없다. 일반적으로 부담부증여를 납세자가 신고하면 과세관청은 부채 상환에 대해 꼼꼼히 들여다본다. 과세관청은 이 과장에게 대출금 15억 원을 어떻게 상환하고 있는지 소명을 요구했고, 이에 이 과장은 급여를 받아서 전액 은행 대출을 상환하고 있다고 소명했다. 그런데 그 기간에 이 과장은 자녀들을 유학 보내고, 해외여행도 여러 차례 다녀온 것으로 드러났다. 그런데 이게 현실적으로 가능할까?

만약 대출 금리가 4%이고, 상환기간이 20년이라고 가정하면 이 과장은 매년 약 1억 1,000만 원(매월 약 920만 원)의 대출 원금과 이자를 직장에서 받은 급여 소득으로 균등하게 상환하면서 자녀 교육비, 유학비, 해외여행비, 생활비 등 가정생활을 위한 지출을 할 수 있을까? 일반적인 직장인이라면 어려울 수 있다.

그렇다면 이 과장은 어떻게 본인의 급여 소득으로 전액 은행 대출을 상환하면서 자녀 교육비, 유학비, 가족 해외여행을 위한 자금을 마련할 수 있었을까? 이 부분에 대해 과세관청이 세무조사를 실시한 결과, 모친으로부터 생활비, 자녀들 교육비와 유학비, 해외여행 경비 등을 증여받아 사용한 것으로 드러나 증여세를 추징당한 사례이다. 모친의 입장에서는 아들인 이 과장이 적은 월급으로 은행 대출을 상환하고 가족과 힘들게 생활하는 모습이 너무 안쓰러워 도와주고 싶은 생각이 들었을 것이다. 하지만 소득이 있는 자녀에 대한 생활비 등의 보조가 증여에 해당한다는 사실을 몰랐거나, '설마 과세당국이 이 사실을 알 수 있을까'라고 생각했을 가능성이 크다.

다시 한번 말하지만, 부담부증여를 한 경우에는 부채 상환에 대해 과세당국이 자금출처 조사를 꼼꼼히 한다는 것을 명심해야 한다. 당장의 증여세를 줄이기 위해 부채 상환에 대한 준비 없이 부담부증여를 활용하면 오히려 더 많은 증여세를 추징당할 가능성이 매우 높다.

16

증여세 세무조사 사례 2:
부담부증여 후 특수관계의 임차인에게
임대보증금 미상환한 사례

직장생활을 하는 30대 이 과장은 조모가 거주하며 생활하고 있는 모친 소유의 아파트를 증여받았다. 증여가액은 20억 원이며, 증여받을 당시 임대보증금이 10억 원 있었다. 이에 부담부증여를 통해 10억 원에 대한 증여세를 신고·납부했다. 그런데 국세청으로부터 증여세 신고가 잘못 되었으니, 덜 납부한 증여세와 가산세를 수정신고하고 납부하라는 통지서를 받았다. 왜 이런 일이 일어난 것일까?

대다수 국민은 집값 상승으로 '영끌'을 해도 내 집 마련이 쉽지 않은 상황에서 자산가인 부모의 도움으로 손쉽게 고가 아파트를 취득하고도 채무를 이용해 납세의무를 회피하는 사례가 있는데, 이 경우도 여기에 해당한다고 할 수 있다.

이 과장은 모친으로부터 20억 원 상당의 아파트를 증여받으면서 임대보증금 10억 원은 부채에 해당하기 때문에 부담부증여를 통해 증여가액 10억 원에 대한 증여세 2억 2,500만 원[(10억 원-5,000만 원

(증여공제)×30%-6,000만 원(누진공제)=2억 2,500만 원을 신고·납부했는데 무엇이 잘못된 것일까?

아파트 임대와 관련해 일반적으론 기존 임차인이 계약기간이 만료해 퇴거하게 되면, 새로운 임차인으로부터 임대보증금을 수령해 기존 임차인의 임대보증금을 상환한다. 그런데 이 과장의 경우 기존 임차인인 조모가 계약기간 만료로 퇴거했는데도 조모에게 임대보증금을 반환한 내역이 없으며, 새로운 임차인에게 수령한 임대보증금은 주식, 골드바 등 개인 자산 취득과 명품 구입 등의 사치생활 자금으로 사용한 것으로 드러났다.

이전 사례에서도 언급한 것과 마찬가지로 부담부증여를 신고하면 과세당국에선 부채 상환 등에 대한 사후관리를 하는데, 그 결과 임대차 계약서는 있지만 실제 임대보증금을 미반환한 것으로 확인되어 조사 대상으로 선정됐다. 그리고 조모로부터의 채무면제이익으로 증여세 3억 1,200만 원{[(10억 원- 0(증여공제:모친 증여에서 선공제함))×40%-1억 6,000만 원(누진공제)]×130%(세대생략 할증과세)=3억 1,200만 원+가산세}을 납부해야 하는 상황이 된 것이다.

만약, 기존 임차인이 조모가 아니라면 당연히 임대보증금 10억 원을 반환했을 것이다. 그런데 특수관계인이기 때문에 조모가 임대보증금 10억 원을 반환받지 않는 것으로 보고 그 부분에 대한 증여세와 가산세를 과세한 것이다.

17

증여세 세무조사 사례 3:
소득신고 탈루한 자금으로 증여했다가
적발되어 부모의 소득세 등을
추징당한 사례

CASE

직장생활을 하는 30대 김 과장은 30억 원 상당의 아파트를 부모로부터 증여받고 증여세를 신고·납부했다. 그런데 1년 후 김 과장의 부모님이 세무조사를 받아 많은 세금을 추징당하는 일이 발생했다. 왜 이런 일이 일어난 것일까?

과거에는 부동산 취득 자금에 대한 자금출처를 조사할 경우 취득자의 소득 등에 대해서만 조사했다. 그 과정에서 신고 소득이 부족한 자녀들의 경우엔 부모의 고가 부동산을 증여받고 증여세를 신고·납부하는 것으로 자금출처 및 세금 관계가 종료되는 경우가 있었다. 그러나 최근엔 고가 부동산 등을 자녀들에게 증여해준 경우에는 그 부동산을 증여해준 부모의 자금출처에 대해서도 세무조사를 하고 있다.

김 과장의 경우에는 부모님이 모두 개원을 한 의사로 건강보험 비급여 항목(미용 목적 진료: 성형외과, 피부과, 산부인과 등)이 많이 포함된 진료를 하는 병원을 운영 중이다. 그리고 일부 신분 노출을 꺼리는 환자들의 경우에는 진료비를 현금으로 수취해 매출을 누락했다. 그리고 김 과장의 부모님이 신고한 소득에 비해 고가 부동산을 취득했고, 사치성 소비 등을 많이 해 신고 소득과 지출 규모의 차이가 커서 자금출처에 대한 세무조사를 실시하게 된 것이다.

세무조사를 하게 된 계기는 다수 구입한 부동산 중 1채를 아들인 김 과장에게 증여했기 때문이다. 아마도 김 과장과 부모님은 증여세 신고를 제대로 하면 세무조사 등의 문제가 발생하지 않았을 것으로 생각했을 것이다. 그러나 김 과장의 부모님은 세무조사를 통해 5년간 매출을 누락한 부분에 대한 소득세와 가산세 수억 원을 추징당했다. 이 사건에서 시사하는 바는 부모가 자녀에게 증여하기 위해선 신고된 소득으로 형성된 재산을 증여해야 한다는 것이다.

그럼, 김 과장은 많은 증여세를 납부하면서 왜 부모님에게 아파트를 증여받았을까? 그건 김 과장의 입장에서 생각해볼 필요가 있다. 만약 김 과장이 이 아파트를 구입한다면 30억 원의 자금이 필요하지만, 부모에게 증여받으면 아파트 가액 30억 원에 대해 증여세 10억 2,000만 원[(30억 원-5,000만 원(증여공제))×40%-1억 6,000만 원(누진공제)=10억 2,000만 원]을 납부하면 된다. 김 과장 입장에서는 자금 마련의 부담이 3분의 1로 감소하는 효과가 있다.

18

증여세 세무조사 사례 4:
임의로 낮은 감정가로 증여세 신고 후
추징 사례

CASE

자산가인 70대 김부자 씨는 직장 생활을 하는 아들에게 내 집 마련을 해주기 위해 본인 소유 아파트 중 65억 원(기준시가 30억 원) 상당의 1채를 증여했다. 그리고 아들은 증여세를 신고하기 위해 해당 아파트의 가격 산정을 위해 감정평가를 실시해 40억 원의 감정평가 가격으로 증여세를 신고·납부했다. 그런데 1년 후 김부자 씨의 아들에게 과세관청으로부터 증여세 신고 시 증여가액 산정이 잘못되었으니, 수정신고하고 세금을 납부하라는 통지서를 받았다. 왜 이런 일이 일어난 것일까?

부동산을 증여받았을 경우 증여세를 납부하기 위해선 첫 단계가 적정한 부동산 가액을 산정하는 것이다. 김부자 씨 아들의 입장에서 증여가액을 신고할 때 기준가격은 너무 낮은 것 같고, 시가는 너무 높은 것 같아서 적정한 감정평가 금액으로 증여세 신고·납부를 한 것이다. 김부자 씨 아들이 감정평가를 한 이유는 상속세 및 증여세 제60조와 제61조에 이에 대한 기준이 명시되어 있기 때문이다.

상속세 및 증여세법 제60조【평가의 원칙 등】

① 이 법에 의하여 상속세 또는 증여세가 부과되는 재산의 가액은 상속개시일 또는 증여일 (이하 "평가기준일"이라 한다) 현재의 시가에 의한다.

② 제1항의 규정에 의한 시가는 불특정다수인 사이에 자유로이 거래가 이루어지는 경우에 통상 성립된다고 인정되는 가액으로 하고 수용·공매가격 및 감정가격 등 대통령령이 정하는 바에 의하여 시가로 인정되는 것을 포함한다.

③ 제1항의 규정을 적용함에 있어서 시가를 산정하기 어려운 경우에는 당해 재산의 종류·규모·거래 상황 등을 감안하여 제61조 내지 제65조에 규정된 방법에 의하여 평가한 가액에 의한다.

④ 제1항을 적용할 때 제13조에 따라 상속재산의 가액에 가산하는 증여재산의 가액은 증여일 현재의 시가에 따른다.

⑤ 제2항에 따른 감정가격을 결정할 때는 대통령령으로 정하는 바에 따라 둘 이상의 감정기관(대통령령으로 정하는 금액 이하의 부동산의 경우에는 하나 이상의 감정기관)에 감정을 의뢰하여야 한다. 이 경우 관할 세무서장 또는 지방국세청장은 감정기관이 평가한 감정가액이 다른 감정기관이 평가한 감정가액의 100분의 80에 미달하는 등 대통령령으로 정하는 사유가 있는 경우에는 대통령령으로 정하는 바에 따라 대통령령으로 정하는 절차를 거쳐 1년의 범위에서 기간을 정하여 해당 감정기관을 시가불인정 감정기관으로 지정할 수 있으며, 시가불인정 감정기관으로 지정된 기간 동안 해당 시가불인정 감정기관이

평가하는 감정가액은 시가로 보지 아니한다.

제61조【부동산 등의 평가】

① 부동산에 대한 평가는 다음 각호의 1에서 정하는 방법에 의한다.

1. 토 지 - 「부동산 가격공시 및 감정평가에 관한 법률」에 의한 개별공시지가
2. 건 물 - 건물의 신축가격·구조·용도·위치·신축연도 등을 참작하여 매년 1회 이상 국세청장이 산정·고시하는 가액
3. 오피스텔 및 상업용건물 - 건물에 부수되는 토지를 공유로 하고 건물을 구분 소유하는 것으로서 건물의 용도·면적 및 구분 소유하는 건물의 수(數) 등을 감안하여 대통령령이 정하는 오피스텔 및 상업용건물(이들에 부수되는 토지를 포함한다)에 대하여는 건물의 종류·규모·거래상황·위치 등을 참작하여 매년 1회 이상 국세청장이 토지와 건물에 대하여 일괄하여 산정·고시한 가액
4. 주 택 - 「부동산 가격공시 및 감정평가에 관한 법률」에 의한 개별주택가격 및 공동주택가격

이 규정은 부동산에 대한 평가 시 제60조에서 예시한 거래가격, 보상가격, 낙찰가격, 감정가격으로 대표되는 시가평가가 원칙이며, 만약 이런 시가가 없을 경우 제61조에서 규정한 보충적 평가방법으로 부동산에 대해 평가한다는 것이다.

김부자 씨의 사례에 이 법 조항을 대입하면 제60조제1항에서 규정한 시가 중 하나인 감정가를 만들기 위해 감정평가 기관에 저가 감정을 의뢰해 주변 거래가보다 낮은 감정가격 40억 원을 기준으로 증여세 15억 1,500만 원[(40억 원-5,000만 원(증여공제))×50%-4억 6,000만 원=15억 1,500만 원]을 신고·납부한 것이다. 하지만 과세관청은 그 감정가액이 주변 아파트 매매 가격의 61% 수준으로 그 차이가 매우 커서(20% 이상 차이) 저가 감정평가 법인을 '시가불인정 감정기관'으로 지정했다. 그리고 과세관청이 직접 감정평가를 의뢰해 감정평가 가액을 주변의 거래가액으로 바로 잡고 증여가액 65억 원에 대한 증여세를 27억 6,500만 원[(65억 원-5,000만 원(증여공제))×50%-4억 6,000만 원=27억 6,500만 원]으로 계산해 추가로 증여세 12억 5,000만 원과 가산세를 과세하게 된 것이다.

저가감정과 거래 가격에 따른 증여세 비교

저가 감정에 의한 증여세			거래 가격에 의한 증여세	
증여가액	40억 원		증여가액	65억 원
증여공제	5,000만 원	VS	증여공제	5,000만 원
과세표준	39억 5,000만 원		과세표준	64억 5,000만 원
세율	50%		세율	50%
산출세액*	15억 1,500만 원	12억 5,000만 원 +가산세	산출세액*	27억 6,500만 원

* 산출세액은
과세표준×세율-누진공제액

19

증여세 세무조사 사례 5:
가족법인에 아파트 증여하고 자녀들이
생활하도록 해 증여세 추징 사례

가족이 경영하는 중소법인의 주주로 되어 있는 홍길동(지분 100%)은 법인이 소유하고 있는 아파트(거래가 20억 원, 기준시가 10억 원 상당)에서 생활하던 중 증여세를 납부하라는 통지서를 받았다. 왜 증여세를 납부해야 할까?

이 사례에 대한 이해를 돕기 위해서 우선 특정법인에 대한 의미를 알 필요가 있다. 특정법인이란 지배주주와 그의 친족이 직·간접 지분 30% 이상을 보유한 법인을 말하는데, 가족이 운영하는 가족법인은 대부분 특정법인에 해당한다.

이런 특정법인과 특수관계인이 거래하면 형식은 거래이지만, 거래의 실질이 특정 주주에게 이익이 이전되는 구조이거나, 특정 주주의 지분 가치를 올려주는 것이라면 '실질적으로 주주에게 증여한 것과 같다'고 판단해 증여세를 부과하는 것이다. 그리고 주주별 증여의제이익의 계산은 [(자산수증이익-법인세 상당액)×주주별 지분율]로 하게 되어 있다.

이 규정을 사례에 대입하면 홍길동의 부친은 소유하고 있는 아파트를 홍길동에게 증여하고 싶은데, 아들인 홍길동에게 증여하면 증여가액에 대한 감정평가를 과세관청이 실시하면 증여세 6억 2,000만 원[(20억 원-5,000만 원(증여공제))×40%-1억 6,000만 원(누진공제)=6억 2,000만 원]이 예상되자, 이를 줄이고자 가족법인에서 기숙사 용도로 사용할 목적으로 증여했다. 하지만 사실은 자녀인 홍길동이 생활을 했기 때문에 증여세가 발생한 것이다.

홍길동의 부친이 가족법인에 아파트를 증여함으로써 법인은 자산수증이익에 대한 법인세를 납부해야 하고, 주주는 그만큼 기업가치가 상승했기 때문에 그 부분에 대해 증여세를 납부해야 한다. 이때 중요한 것은 법인에 증여 시 증여가액을 어떻게 결정할지 여부인데, 홍길동과 부친은 증여가액을 기준시가인 10억 원으로 신고하면서 법인세 2억 원과 증여세 2억 2,500만 원을 납부해 총 세금 4억 2,500만 원을 신고·납부해 일반적인 증여를 했을 때보다 총 세금을 1억 9,500만 원을 줄일 수 있었다. 이렇게 신고한 이유는 과세관청이 법인에 증여한 아파트에 대한 감정평가를 하지 않을 것으로 생각했기 때문이다.

하지만 과세관청에서는 감정평가를 통해 증여가액을 20억 원으로 계산해 추가로 법인에 2억 원과 특정법인과의 거래를 통해 이익의 규정을 적용해 홍길동에 대한 증여세 2억 3,500만 원을 추가로 부과해 총 세금 8억 6,000만 원을 과세하게 된 것이다(다음 표 참조).

일반증여인 경우 증여세

구분	금액
증여가액	20억 원
증여공제	5,000만 원
과세표준	19억 5,000만 원
세율	40%
산출세액	6억 2,000만 원

특정법인 자산수증이익의 법인세와 증여세

[단위: 천 원]

구분	금액	
법인의 자산수증이익(A)	1,000,000	2,000,000
법인세율	20%	20%
법인세(B)	200,000	400,000
홍길동 증여가액(C=A-B)	800,000	1,600,000
증여공제	50,000	50,000
과세표준	750,000	1,550,000
세율	30%	40%
산출세액(D)	225,000	460,000
총 납부할 세금(B+D)	425,000	860,000

결과적으로 홍길동의 경우엔 아파트를 20억 원에 일반증여를 받았다면 증여세 6억 2,000만 원을 납부하면 종결될 수 있었던 세금 문제가 가족법인을 활용해 세금을 조금 줄이겠다는 잘못된 생각으로 인해 8억 6,000만 원을 납부하게 되어 오히려 세금을 2억 4,000만 원 더 납부해야 하는 결과가 발생하게 된 것이다.

이 사건의 시사점은 특정 법인을 활용해 자산을 무상 이전하면서 증여세 등을 줄이려는 꼼수는 지금도 통하지 않지만, 앞으로는 과세관청이 더욱 면밀히 들여볼 것으로 예상되기 때문에 실행하지 않는 것이 합리적이다.

20

증여세 세무조사 사례 6:
아버지가 아파트와 현금을 함께 증여하면서 합산과세 피하기 위해 현금은 조부가 증여한 것으로 신고했다가 추징된 사례

CASE

직장생활을 하는 30대 이 과장은 부친 소유의 30억 원 상당의 아파트를 증여받았고, 그 과정에서 발생하는 증여세와 취득세 등을 납부하기 위해 조부로부터 현금 15억 원을 증여받아 증여세를 신고·납부했다. 그런데 1년이 지난 시점에 과세 관청으로부터 증여세를 추가로 납부하라는 통지서를 받았다. 이 과장은 증여세 신고 시 아파트 가격도 같은 아파트단지의 거래 가격으로 했고, 조부로부터 계좌이체를 통해 증여받은 사실도 확실한데 왜 추가로 증여세가 발생하는 것인지 매우 궁금하다.

이 사례의 가장 중요한 부분은 이 과장이 증여받은 재산 중 조부로부터 증여받은 현금 재산이다. 즉 조부가 손주인 이 과장에게 증여한 현금 15억 원의 출처를 확인하기 위해 조부의 재산·소득 등의 상황을 파악하고 자금 흐름을 추적한 결과, 부친의 자금이 조부를 거쳐 이 과장에게 간 것으로 확인되어 부친이 총 45억 원을 증여한 것으로 간주해 증여세를 추가로 과세한 것이다.

다음 표를 보면 부친이 45억 원 전체를 증여한 것으로 증여세 신고를 하면 증여세 17억 6,500만 원[(45억 원-5,000만 원(증여공제)×50%-1억 6,000만 원(누진공제)=17억 6,500만 원]을 납부해야 한다. 하지만 증여자를 부친과 조부로 나누면 부친으로부터 증여받은 30억 원에 대한 증여세 10억 2,000만 원[(30억 원-5,000만 원(증여공제))×40%-1억 6,000만 원(누진공제)=10억 2,000만 원]을, 조부로부터 증여받은 15억 원에 대한 증여세 5억 7,200만 원[[(15억 원-0(증여공제))×40%-1억 6,000만 원(누진공제)=4억 4,000만 원]×1.3(세대생략 할증)=5억 7,200만 원]을 납부하면 되어 총 15억 9,200만 원을 납부하면 된다. 결과적으로 증여세 1억 7,300만 원을 줄일 수 있었다.

하지만 이 경우에도 현금 증여자인 조부의 재산과 소득에 대한 현황을 파악한 결과, 증여자금에 대한 자금출처를 입증할 수가 없어 부친이 45억 원 모두 증여한 것으로 보고 과세한 것이다. 앞에서도 비슷한 사례가 있었던 것처럼 증여하기 위해서라도 자금출처를 확실하게 한다.

부친이 모두 증여한 경우 증여세

[단위: 천 원]

구분	금액
증여가액	4,500,000
증여공제	50,000
과세표준	4,450,000
세율	50%
산출세액	1,765,000

증여자를 분산한 경우 증여세

[단위: 천 원]

구분	금액	
증여가액	3,000,000	1,500,000
증여공제	50,000	0
과세표준	2,950,000	1,500,000
세율	40%	40%
산출세액	1,020,000	440,000
세대생략 할증	0	132,000
납부할 세액	1,020,000	572,000
총 납부할 세액	1,592,000	

이 과장이 부친과 조부로부터 증여받는 것으로 한 이유는 증여자를 분산함으로써 증여재산에 적용되는 세율을 50% ⇨ 40%로 낮춰 전체적인 세금을 줄이기 위해서였다. 조부가 증여한 15억 원의 현금에 대해 조부의 자금출처가 확실하다면 증여자를 분산해 증여하는 것은 매우 좋은 증여세 절세 전략이라고 할 수 있다.

3장

사례로 알아보는 현명한 상속 지분에 대한 이야기

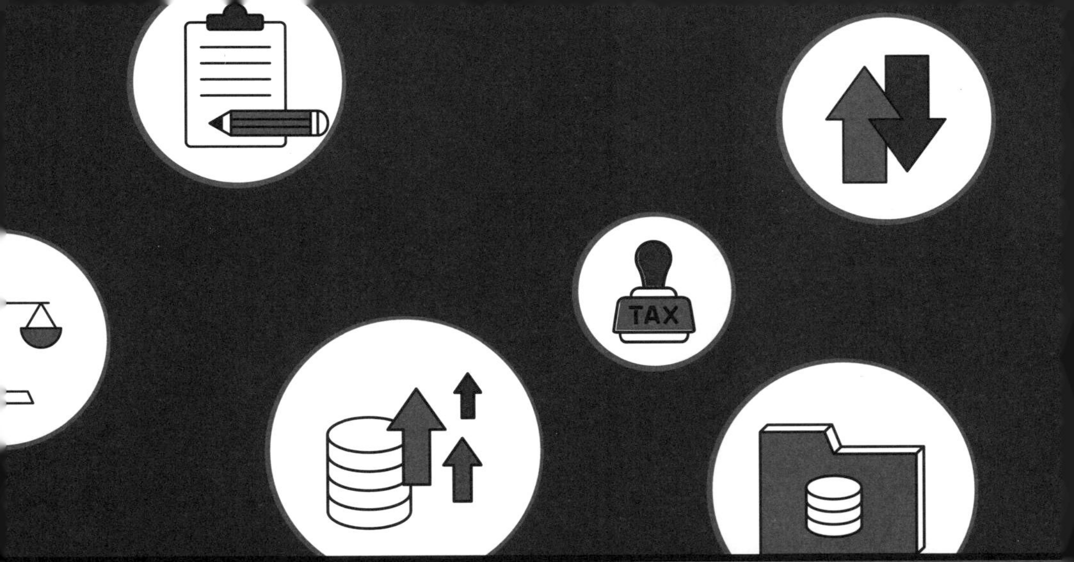

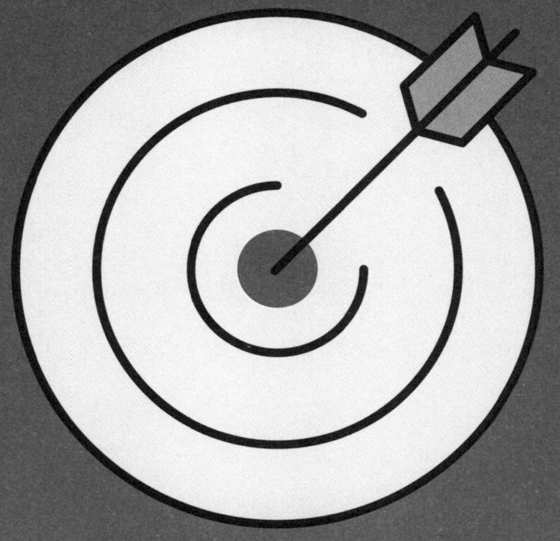

사망이 발생하면
유가족은 무엇을 해야 하나요?

전업주부인 김영희 씨는 경찰서로부터 남편이 교통사고로 사망했다는 소식을 들었다. 김영희 씨는 현재 시부모님과 생활하고 있으며, 자녀는 결혼한 아들과 손주, 그리고 미혼인 딸이 있다. 황망한 상태에서 장례를 치른 후 무엇을 해야 할지 몰라 답답해하고 있다. 이후 김영희 씨는 무엇을 해야 할까요?

노환 등으로 마음의 준비를 하고 있던 상황에서도 막상 상속이 발생하면 당황스러울 수밖에 없는데, 갑자기 사고가 발생한 경우엔 더더욱 그럴 것이다. 그러다가 기한 내에 김영희 씨를 비롯한 상속인들이 해야 할 일들을 못 하면 많은 불이익이 따를 수 있다. 이번 장에서는 상속인들이 시간의 흐름에 따라 해야 할 일에 대해 알아보도록 하겠다.

첫째, 1개월 이내(정확하게는 30일)에 주민센터 또는 시/구청에 사망신고를 해야 한다. 만약, 3월 1일에 사망했다면 3월 31일까지 사망신고를 해야 한다는 것이고, 이를 어기면 과태료가 발생한다. 어차피 피상속인(사망한 자)의 자산을 상속받기 위해선 사망신고가 첫 관문이니 기한을 넘겨 과태료를 납부하지 않도록 하는 것이 합리적이다. 그리고 이때 반드시 안심상속원스톱 서비스를 신청해 사망한 피상속인의 상속재산과 부채 등을 확인해야 한다. 상속을 받을지, 포기할지 등을 결정하기 위해선 피상속인의 금융거래, 토지, 자동차, 세금 등의 재산을 확인해야 하는데, 이를 개별 기관을 일일이 방문하지 않고 한 번의 통합신청으로 문자, 온라인, 우편 등으로 결과를 확인하는 서비스다. 그리고 결과를 확인한 것 중 더 자세한 내용을 알고 싶다면 해당 기관에 재차 문의하면 자세히 알려준다.

둘째, 안심상속원스톱 서비스를 통해 피상속인의 자산과 부채를 파악했으면 3개월 이내에 상속 포기, 한정승인 또는 단순승인을 할지를 결정하고 그에 맞게 가정법원에 신청해야 한다. 만약 아무런 결정 없이 3개월이 경과하게 되면 단순승인으로 간주되어 상속인이 피상속인의 자산과 부채를 모두 상속받은 후 부채를 상환해야 하는 부담을 떠안게 된다. 따라서 부채가 많으면 상속 포기를 하고, 자산이 많으면 단순승인 후 부채를 상환하면 된다. 그런데 자산은 확실하게 아는데, 부채 규모가 부정확할 경우 상속 포기를 하려니 확실하게 보이는 자산이 아까울 수 있다. 이때 선택하는 것이 한정승인이다. 이는 이후에 부채가 추가로 드러나 상속받은 자산보다 많더라도 상속받은 자산 범위 내에서만 상속인들이 책임지는 것이다. 그리고 한정승인을 선택할 경우에는 공동상속인들이 합의해 1인만 한정승인을 신청하고, 다른 공동상속인들은 상속 포기를 하는 것을 실무에선 많이 선택한다. 나중에 골치 아픈 상황이 발생해도 1인만 고생하면 되기 때문이다. 그리고 선순위 상속인들의 상속 포기로 상속인이 된 자의 경우에는 그 사실을 안 날로부터 3개월 이내에 상속 포기 또는 한정승인을 가정법원에 신청할 수 있다.

셋째, 6개월 이내에 상속세를 신고하고 납부해야 하며, 공동상속인 간 상속재산에 대한 협의분할을 완료해야 한다. 상속세 신고 시 상속세를 최대로 줄이기 위해 배우자공제를 최대한 활용해 상속세를 계산한 경우엔 최소한 그만큼은 배우자 몫의 상속재산으로 분할해야 한다. 또한 이 기간이 경과한 이후 공동상속인 간 받은 재산에 대한 변동이 있는 경우엔 상속재산의 분할이 아닌 공동상속인 간의 증여로 보고 증여세가 발생할 수 있다.

넷째, 상속서 계산 시 배우자공제를 적용한 재산만큼을 15개월 이내에 반드시 배우자 명의로 이전해야 하는데 부동산이면 등기이전, 금융자산이면 배우자 명의로 예금주 변경 등을 해야 한다. 그 이유는 상속인들이 상속세 신고를 마치면 그것으로 상속세 문제가 끝나는 것이 아니라, 그날부터 과세관청의 세무조사가 시작된다. 이때의 세무조사는 상속인들이 상속세 신고를 잘못했기 때문에 진행하는 것이 아니다. 상속세와 증여세는 납세자들이 자진신고를 하더라도 그것으로 납세의무가 종결되는 것이 아니라, 과세 당국이 조사 후 세금을 부과해야 종결되는 부과주의 과세 방식을 선택하고 있기 때문이다.

따라서 상속세를 조금이라도 납부한 경우엔 세무조사를 받게 된다는 것을 인지할 필요가 있다. 그리고 세무조사 시에 과세 당국이 주의 깊게 보는 부분이 상속재산에 대한 평가와 상속공제 부분이다(자세한 부분은 상속세 계산 부분 참조). 여기서 말하는 상속공제 중 배우자공제분만큼을 배우자 명의로 이전했는지를 파악하는 것이다. 6개월 되는 시점의 상속세 신고·납부 시에만 배우자공제를 많이 적용해 상속세를 줄여 신고·납부하고, 실제로는 자녀들이 모두 상속받은 경우(특히 배우자도 현재 재산이 많아 배우자의 2차 상속 발생 시에는 배우자공제를 받지 못해 상속세가 많을 것으로 예상되는 경우)와 공동상속인 간 상속재산을 협의 분할하는 과정에서 의견 충돌로 15개월 이내에 배우자공제액만큼을 배우자 명의로 이전하지 못할 수 있다. 그런데 세무조사 과정에서 이런 사실이 드러나면 과세관청은 최대 한도로 적용한 배우자공제액를 부인하고 기본 금액인 5억 원을 적용한 상속세를 계산한다. 그리고 이전 신고한 상속세와의 차액만큼의 본세와 가산세를 부과한다.

따라서 배우자공제 금액을 5억 원 초과해 상속세를 신고·납부한 경우엔 15개월 이내에 그 금액만큼을 반드시 배우자 명의로 이전해야 한다.

상속 발생 이후 기한 내 해야 할 일

1개월 이내	3개월 이내	6개월 이내	15개월 이내
사망신고, 안심상속원스톱서비스 신청	상속 포기 / 한정승인 신청	상속세 신고 / 납부	배우자 상속 공제액만큼 분할

상속이 발생하면 누가 상속을 받고, 재산은 어떻게 나누나요?

CASE

전업주부인 김영희 씨는 경찰서로부터 남편이 교통사고로 사망했다는 소식을 들었다. 김영희 씨는 현재 시부모님과 생활하고 있으며, 자녀는 결혼한 아들과 손주, 그리고 미혼인 딸이 있다. 황망한 상태에서 장례를 치른 후 무엇을 해야 할지 몰라 답답해하고 있다. 이후 김영희 씨와 가족은 남편의 재산을 분배하려고 하는데, 누가 얼마만큼을 상속받을 수 있을까?

먼저 누가 상속재산을 받을 수 있는지에 대해 알아보자. 우리나라 민법 제1000조에는 재산 상속을 받을 수 있는 우선순위를 열거하고 있으며, 선순위자가 상속을 받으면 후순위자는 받을 수 없다. 그리고 순위와는 무관하게 피상속인(사망한 자)이 유언장으로 재산상속을 받을 사람으로 지정한(유증)한 경우에도 상속받을 수 있다. 1순위자는 피상속인의 직계비속과 배우자인데, 이 경우 직계비속에 해당하는 사람으로는 자녀와 손자녀가 있다. 이렇게 직계비속이 여러 명이고 촌수가 다른 경우(자녀 1촌, 손자녀 2촌)엔 최근친자가 상속인이 된다. 따라서 자녀와 손자녀가 있을 경우에는 자녀가 상속인, 손자녀는 비상속인에 해당한다. 또한 배우자는 법률상의 배우자만 인정되고 사실혼 배우자는 해당하지 않는다. 따라서 결혼식을 하고 혼인신고 전 신혼여행 중 사고로 사망했다면, 많은 사람 앞에서 결혼식을 했더라도 사실혼이기 때문에 상속인의 지위를 얻을 수 없다.

2순위자는 피상속인의 직계존속과 배우자이다. 결혼을 해 가정생활을 하던 부부가 자녀가 없는 상황에서 사망으로 상속이 발생하는 경우이다. 3순위자는 형제자매로서 1순위와 2순위의 상속인이 없는 경우에 상속인의 지위를 얻는다. 이 경우 부모가 재혼 후 출생한 동성 이복형제(아버지는 같고, 어머니가 다른 경우), 이성 동복형제(아버지는 다르고, 어머니는 같은 경우)도 동등한 자격이라는 것이다. 그리고 1순위자와 2순위자가 상속을 포기한 경우에도 상속인이 된다. 4순위자는 4촌 이내의 방계혈족으로서 1순위자, 2순위자, 3순위자가 없거나, 이들이 상속을 포기한 경우에 상속인이 된다. 혈족으로 피상속인과 혈연관계인 친족 중 4촌 이내자인데, 보통 친삼촌, 외삼촌, 이모, 고모와 친사촌, 외사촌, 이종사촌, 고종사촌이 여기에 해당한다. 이 경우엔 공동상속인의 숫자가 상당히 많이 늘어날 수 있다.

따라서 이 김영희 씨 가족의 경우엔 배우자인 김영희와 자녀(딸과 아들)이 공동상속인이 된다.

이번엔 상속재산을 분배하는 원칙에 대해 알아보자. 민법 제1012조와 제1013조에는 상속재산의 분할에 대한 원칙을 정하고 있다. 첫 번째가 유언에 의한 분할이고, 만약 유언이 없다면 두 번째로 공동상속인 간 협의에 의한 분할이고, 세 번째가 법원에서 정하는 대로 분할하는 방법이다. 좀 더 자세히 알아보도록 하자.

첫째, 유언에 의한 분할이다. 이 경우에는 특히 두 가지를 주의해야 한다. 우선 유언장의 형식적 적법성인데, 민법에서는 유언장의 적법성을 판단 시 그 내용이 아닌 형식을 적법성의 조건으로 보고 있기 때문이다. 즉, 내용이 진정성이 있다 하더라도 형식을 충족하지 못하면 그 유언장은 무효가 된다. 민법에서는 유언의 방식을 5가지로 정하고 있으며, 각각의 방식마다 요구하는 형식 요건이 다르기 때문에 그 요건에 맞춰 유언해야 한다.

그리고 반드시 고려해야 할 부분이 유류분이다. 유언장으로 공동상속인 중 특정인에게만 재산을 상속함으로써 다른 공동상속인들이 최소한으로 상속받을 수 있는 재산인 유류분을 침해하는 경우가 있다. 하지만 이 경우엔 유류분을 침해당한 공동상속인들이 상속을 더 많이 받은 가족을 상대로 침해받은 유류분만큼을 돌려달라고 소송을 제기할 수 있다. 이런 상황이 된다면 가족 간의 화목함, 우애 등을 더 이상 기대하기 어렵기 때문에 피상속인의 상속재산으로 가족 간 분쟁이 발생하지 않으려면 이 부분을 반드시 지켜야 한다.

둘째, 협의에 의한 재산 분할이다. 공동상속인 간 다수결 원칙이 아닌 만장일치로 찬성해야 분할이 가능하다. 그러다 보니 현실적으로 협의가 안 되는 경우가 많다. 그 이유는 사례에서 보면 자녀들인 아들과 딸이 재산분할에 합의해야 하는데 과거 증여 이력, 재산의 형태, 위치 등에 대한 합의를 하기가 어려울 수 있기 때문이다. 예를 들어 부동산이 2필지인데 각각 면적이 같더라도 가치는 다를 것이고, 누구나 가치가 높은 부동산을 갖기를 원할 것은 자명한 일이기 때문이다. 그리고 합의하는 과정에서 과거에 '누나는 뭘 받았지 않냐?' '너도 뭐 받았잖아?' 등 옥신각신 의견 충돌이 발생하고, 결국에는 법적 소송으로 확대될 가능성이 높다. 따라서 협의에 의한 재산 분할은 공동상속인 중 누군가의 양보와 희생이 없다면, 성공적인 재산분할 가능성이 매우 작다고 할 수 있다. 과거에는 여성과 동생들에게 양보와 희생을 강요한 것도 사실이다.

셋째, 법원에서 판결로 분할하는 방법이다. 결국 상속재산 분할에 공동상속인이 합의하지 못한 경우 법원에서 법정 비율인 배우자 : 자녀 1 : 자녀 2 = 1.5 : 1 : 1로 나누는 것이다. 그런데 상속재산을 확정하는 과정에서 과거에 가족 간 증여세 신고를 하지 않고 증여한 사실 등이 드러나 추가적인 세금 등을 납부하는 경우가 자주 발생한다. 결국 법원의 판결로 분할하는 것은 예상하지 못했던 불이익이 발생할 수 있고, 공동상속인 간의 가족관계는 '남보다 못한 관계'가 될 가능성이 매우 높다. 우리가 막장 드라마에서 많이 볼 수 있는 상황인데, 이런 상황을 피상속인(사망한 자)은 원하지 않을 것이다.

피상속인이 평생 일군 재산을 자녀들에게 물려주는 이유는 그 재산을 가지고 자녀들이 우애 있고, 화목하게 지내는 데 도움이 되었으면 하는 마음일 것이다. 하지만 오히려 그 재산으로 분쟁이 발생한다면, 차라리 재산을 안 주는 것이 나을 수도 있다. 이것이 재산승계 계획을 세워야 하는 이유이기도 하다.

상속의 순위

우선 순위	피상속인과의 관계	상속인 해당 여부	상속 지분
1순위	직계비속과 배우자	항상 상속인	배우자:직계비속=1.5:1
2순위	직계존속과 배우자	직계비속 없는 경우	배우자:직계존속=1.5:1
3순위	형제자매	1, 2순위 상속인 없는 경우	1:1
4순위	4촌 이내 방계혈족	1, 2, 3순위 상속인 없는 경우	1:1

상속재산 분배의 원칙

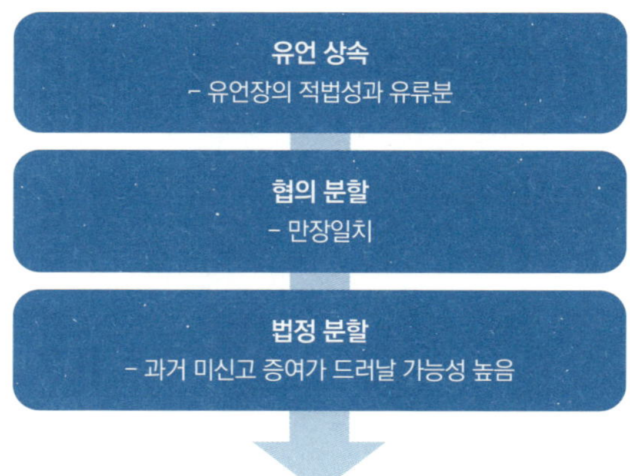

먼저 사망한 남편이나 부친을 대신해 할머니의 재산을 상속받을 수 있나요?

CASE

남편과 사별한 김영희 씨는 미성년자인 자녀(1남 1녀)와 힘들게 생활하고 있다. 시어머니는 꽤 많은 자산을 보유하고 있으나, 남편 사망 후 관계를 멀리하며 재산을 김영희 씨의 시동생에게 모두 준다는 유언장을 작성하고 사망했다. 김영희 씨는 시어머니의 재산을 일부라도 상속받는다면 생활이 나아질 것으로 생각한다. 어떻게 하면 시어머니의 재산을 상속받을 수 있을까?

이때 적용되는 규정이 민법 제1001조의 대습상속이다. 대습상속이란 상속인이 될 직계비속 또는 형제자매가 상속개시 전에 사망하거나 결격자가 된 경우, 그 직계비속이 있는 때에는 그 직계비속이 사망하거나 결격된 자의 순위에 갈음하여 상속인이 되는 것을 말한다. 상속개시 전에 사망한 자의 배우자는 대습상속인과 동순위로 공동상속인이 되고, 그 상속인 없는 때에는 단독상속인이 된다. 그러나 결격된 자의 배우자는 대습상속을 받을 수 없게 최근 조정되었다.

이때 대습상속인이 되는 배우자는 법률혼 배우자이어야 하며, 만약 사실혼 배우자라면 대습상속인이 될 수 없다. 또한 남편이 사망한 후에도 인척관계가 유지되는 배우자이어야 하기 때문에 재혼한 경우에는 인척관계가 소멸되어 대습상속인이 될 수 없다.

따라서 사례에서 보면 김영희 씨가 재혼하지 않았기 때문에 김영희 씨와 자녀들은 사망한 남편의 법정 상속분만큼을 받을 수 있다. 그런데 시어머니가 모든 재산을 시동생에게 상속한다는 유언장을 작성해 김영희 씨와 자녀들의 유류분을 침해했기 때문에 시동생을 상대로 유류분반환청구소송을 제기할 수 있다.

또한 여기서 김영희 씨가 유리한 상황을 만들 수 있는데, 시어머니가 유언장을 작성할 때 상속이 발생하면 유언장을 집행할 유언집행자를 지정해야 한다. 그런데 유언집행자를 지정하지 않았다면 상속인들이 모두 유언집행자가 될 수 있고, 상속인 간 합의가 이뤄지지 않는다면 유언장이 집행되기 어려울 수 있다.

김영희 씨 입장에서는 자녀들이 아직 미성년자이기 때문에 김영희 씨가 자녀들의 친권자로서 권리를 행사할 수 있고, 사실상 시동생과 동등한 위치에서 합의할 수 있어 충분한 재산을 상속받을 수 있을 것이다.

상속인이 결격자가 되는 경우는 민법 제1004조에 직계존속, 피상속인, 그 배우자, 선순위, 동순위의 상속인을 살해하거나 살해하려 한 경우와 사기·강박으로 유언을 철회하게 하거나 유언하게 한 경우 또는 유언장을 위조·변조·파기한 경우 등 민법이 정한 중대한 사유로 상속권을 잃은 것을 말한다.

그리고 대습상속인의 범위에서 직계비속과 형제자매가 다르다. 직계비속은 무한대로 내려갈 수 있다. 즉, 상속인이 먼저 사망했을 경우 그의 자녀, 자녀가 없으면 손자녀, 손자녀도 없으면 증손자로 내려갈 수 있다. 그러나 형제자매의 경우엔 1대만 내려간다. 즉, 상속인이 될 형제자매가 먼저 사망하면 그 형제자매의 자녀까지만 대습상속인이 될 수 있다.

양자 관련:
왜 어렸을 때부터 함께 살았는데
상속을 못 받나요?

CASE

사업을 하는 조 대표는 배우자가 아들을 낳은 지 얼마 지나지 않은 시점에 이혼 후 재혼했다. 그리고 재혼한 배우자와의 사이에서는 자녀를 낳지 않고, 아들을 키웠다. 또한 재혼한 배우자도 전 배우자가 낳은 자식을 친자로 생각하면서 키웠고, 아들도 재혼한 배우자를 친모로 알고 성장했다. 조 대표는 재혼한 배우자에게 미안한 마음이 있어 많은 재산을 재혼한 배우자 명의로 했고, 향후 재혼한 배우자가 사망하면 그 재산은 당연히 아들에게 상속될 것으로 생각하고 있다. 그런데 아는 변호사가 아들은 배우자의 재산을 상속받을 수 없다고 한다. 왜 그럴까? 그리고 아들이 상속받을 수 있는 방법은 없을까?

재혼한 가정에서 흔히 발생하는 상황이다. 앞에서 본 1~4순위 상속인의 범위를 이해하기 쉽게 설명하면 우리나라에서 상속받기 위해서는 우선 피상속인과 혈연으로 연결되어 있어야 한다. 여기에 해당하는 상속인이 자녀, 형제자매, 4촌 이내 방계혈족이다. 다음으로 법으로 연결되어 있어야 하는데, 여기에 해당하는 상속인이 배우자다.

사례에서 보면 조 대표의 아들과 현 배우자와는 혈족이 아닌 적모자(일명 새엄마)로서 인척 관계이며, 법으로도 연결되어 있지 않기 때문에 상속받을 수 없다. 만약 이런 가족관계에서 조 대표가 사망하면 그 자산을 현 배우자와 아들이 1.5 : 1로 상속받고, 나중에 현 배우자가 사망하면 배우자 명의의 재산은 배우자 친정의 형제자매들이 상속받게 된다. 그리고 친정의 형제자매 중 선 사망자가 있다면 조카들이 대습상속을 받게 된다. 이런 상황이 발생하면 조 대표 입장에서는 자신의 노력으로 일군 많은 재산이 처가로 대부분 이전되고, 정작 자신의 아들은 재산 상속을 얼마 못 받는 모습을 볼 수밖에 없다.

그리고 조 대표 배우자 친정의 경우에도 뜻밖의 많은 재산을 상속받게 되면 서로 재산을 더 가지려는 욕심이 생길 수밖에 없어 배우자의 형제자매 간, 또는 조카들 간 재산 분쟁이 발생하게 되어 배우자의 친정은 풍비박산이 될 가능성이 매우 높다. 조 대표 주변의 그 누구도 원하지 않는 상황이다.

이때 이런 상황을 해결하기 위해서는 조 대표의 현 배우자가 사망 시 배우자의 재산을 조 대표의 아들이 모두 상속받으면 된다. 그러기 위해서는 아들이 현 배우자의 상속인 자격을 취득해야 하는데, 이때 가능한 방법이 현 배우자가 아들을 입양하는 것이다. 입양은 혈연으로 연결되어 있지 않지만, 법으로 연결되어 상속인의 지위를 확보할 수 있다. 그리고 입양된 아들은 친모의 상속재산에 대해서도 상속받을 수 있다.

그럼 배우자가 아들을 입양하기 위해선 어떻게 해야 할까? 입양에는 일반 성인 입양과 친양자 성인 입양이 있다. 먼저 일반 성인 입양은 만 19세 이상 성인을 대상으로 법적 친자 관계를 형성하는 절차로, 친부모 동의 여부에 따라 신고 또는 가정법원 심판을 통해 진행된다. 양자가 성년이면 친부모의 동의를 받아야 하며, 소재불명 등 예외 시 동의 갈음 심판이 가능하다.

그 절차는 첫째, 친부모가 동의하는 경우에는 입양신고서 등 서류를 준비해 시·군·구청·주민센터에 신고하면 즉시 접수되어 약 1~2주 내 처리된다. 둘째, 친부모 동의가 불가한 경우에는 가정법원에 입양허가 심판을 청구하며, 심리 후 확정되면 1개월 내 신고해야 효력이 발생한다.

필요한 서류는 기본·가족관계·혼인관계증명서, 입양신고서, 입양동의서, 인감증명서, 신분증 등이 필요하고, 입양이 되어도 친생부모와의 법적 관계는 유지되며, 성과 본은 자동 변경되지 않는다.

다음으로 친양자 성인 입양은 일반 입양보다 조금 더 특별한 점이 있는데, 친양자 입양을 통해 양자는 양부모와 완전히 새로운 법적 가족 관계를 형성하게 되며, 원래의 친부모와 법적 관계는 완전히 종료된다. 따라서 친양자 입양은 입양된 자녀가 양부모의 친자식과 동일한 법적 지위를 갖게 되어 출생신고서에도 양부모가 부모로 기재된다. 이런 이유로 친양자 성인 입양은 보다 강력한 가족 관계를 원하는 경우에 선택되는 경우가 많다.

현 가족 관계 유지 시 미래 상속재산 분배

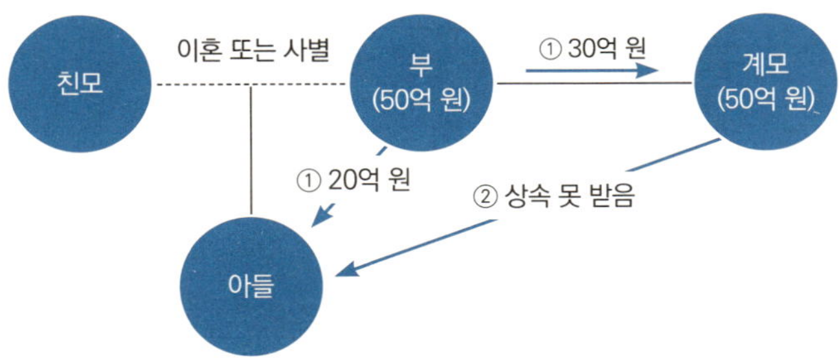

계모가 아들 양자로 입양 시 미래 상속재산 분배

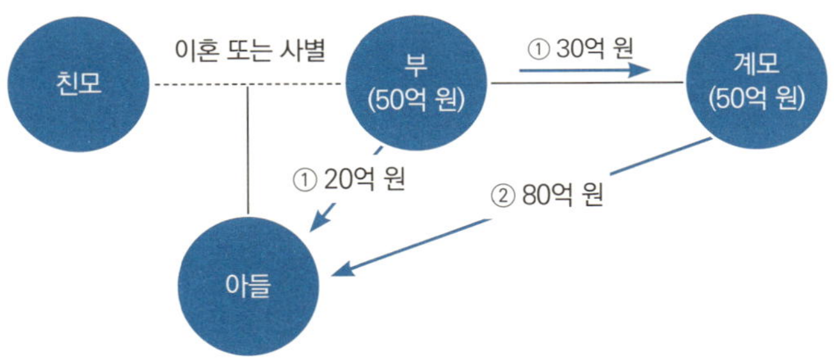

부친이 큰형만 재산을 준다고
상속 포기 각서 쓰라고 하는데,
써야 하나요?

CASE

자영업을 하는 차남인 김철수 씨의 부친은 소유하고 있는 건물을 장남에게만 주려고 한다. 증여로 주면 세금이 많아 상속으로 주려고 하는데 부친이 사망하면 자녀들 간 협의가 이루어지지 않을 것 같아 생전에 재산분배를 정리하기 위해 차남인 김철수 씨에게 상속 포기 각서를 작성하라고 압박하고 있다. 김철수 씨는 어떻게 해야 할까?

이와 관련해 민법 제1019조에는 상속 포기와 관련해 그 의사 표현을 할 수 있는 시기를 적시하고 있는데, '제1항에 보면 상속인은 상속개시 있음을 안 날로부터 3월 내에 단순승인이나 한정승인 또는 포기를 할 수 있다'라고 규정되어 있다. 즉, 이는 상속개시 전에 한 상속 포기는 효력이 없는 무효 행위라는 것이다.

그리고 대법원 판례(대법원 1994. 10. 14. 선고94다8334판결)에서도 '상속의 포기는 상속이 개시된 후 일정 기간 내에만 가능하고 가정법원에 신고하는 등 일정한 절차와 방식에 따라야만 그 효력이 있는 것이므로 피상속인이 사망하기 전에, 즉 상속이 개시되기 전에 공동상속인 간에 또는 피상속인과의 사이에 상속 포기 약정을 하더라도 그 포기 약정은 효력이 없다'라고 판시하고 있다.

그리고 제1043조에서는 '상속인이 수인인 경우에 어느 상속인이 상속을 포기한 때에는 그 상속분은 다른 상속인의 상속분 비율로 그 상속인에게 귀속된다'라고 규정되어 있다.

이 규정을 사례에 대입하면 부친의 뜻대로 김철수 씨가 상속 포기를 한다면, 김철수 씨 몫의 상속재산이 장남에게 귀속될 것이라고 생각할 수 있다. 그러나 상속개시 전에 한 상속 포기는 무효 행위이기 때문에 상속 포기가 없는 것으로 보고 형과 부친의 상속재산에 대한 분할을 할 수 있다. 따라서 김철수 씨 입장에서는 부친이 생존해 있는 동안에는 부친의 뜻을 받들어 효도를 하고, 부친의 상속이 발생하면 상속개시 전 상속 포기는 무효임을 근거로 장남에게 상속재산 분할을 요구할 수 있다.

물론 이런 선택이 최선의 모습은 아닐 것이다. 하지만 김철수 씨 입장에서는 자식으로서 부모의 뜻을 거역할 수도 없고, 그리고 많은 상속재산을 포기하는 것은 더욱더 싫을 것이기 때문에 어쩔 수 없이 선택하는 차선책이라고 할 수 있다.

그리고 상속재산 중 마음에 드는 것은 상속을 받고, 마음에 안 드는 것은 상속받지 않을 수 있을까? 상속재산은 크게 상속인에게 이익이 되는 적극재산과 상속인에게 부담이 되는 소극재산(채무)으로 나눌 수 있다. 많은 사람이 적극재산만을 상속받고 싶어 하지만, 상속인이 되면 적극재산과 소극재산이 모두 포괄적으로 상속인에게 승계되고, 상속인이 이들 재산의 일부분만을 상속 포기할 수는 없다. 즉, 소극재산인 채무만 포기하는 것은 불가능하다. 그리고 부동산 중 '건물은 상속받고, 토지는 상속받지 않는다'와 같이 적극재산 중에서도 일부만을 상속받고, 나머지는 상속 포기하는 것도 불가능하다.

부친 재산은 형이,
모친 재산은 동생이
상속받을 수 있나요?

자영업을 하는 차남인 김철수 씨는 최근 부친이 사망했고, 유가족으로는 형과 모친이 있다. 부모님이 자수성가한 분들이어서 꽤 많은 재산을 보유하고 있으며, 부친과 모친의 재산 규모가 비슷하다. 이에 형이 부친과 모친의 재산을 상속이 발생할 때마다 분할하는 것보다는 이번 부친의 상속재산은 본인이 상속받고, 나중에 모친의 사망으로 상속이 발생하면 그때 모친 재산은 모두 김철수 씨가 상속받는 것이 좋겠다고 제안했다. 김철수 씨는 어떤 선택을 해야 할까?

이런 사례는 주변에서 많이 볼 수 있는 경우이고, 나중에 큰 분쟁이 발생하는 유형이다. 장남이 제안한 내용을 민법의 상속 포기와 관련해 생각하면, 부친의 상속재산에 대해선 김철수 씨가 지금 상속 포기를 하고, 미래 모친의 사망으로 인한 상속재산에 대해선 장남이 상속 포기를 하겠다고 지금 약속하는 것이다. 그런데 이는 앞에서 공부한 상속의 포기의 요건을 충족하지 못한다.

　그 이유는 김철수 씨가 현재 부친의 상속재산에 대한 상속 포기를 하는 것은 유효한 상속 포기에 해당하지만, 장남이 미래 모친의 상속재산에 대해 상속 포기를 하는 것은 상속개시 이전에 하는 행위이기 때문에 그 상속 포기 행위는 무효이다. 따라서 장남은 미래에 모친 상속 발생 시 모친의 상속재산에 대해 재산 분할을 요구할 것이다.

　물론 김철수 씨와 장남의 관계가 좋고, 장남이 약속을 지켜 모친이 사망 시에 상속 포기를 한다면 아름다운 결말을 맞을 수 있다. 그런데 장남이 부친의 상속재산을 탕진하거나, 모친의 상속재산이 부친의 상속재산보다 많다면 장남의 입장에서는 본인 지분을 추가로 요구할 수도 있다. 그리고 모친이 유언 없이 사망했다면 공동상속인인 장남의 동의가 있어야만 상속재산의 분할이 가능하기 때문에 결국 모친 재산 중 일부를 장남에게 분할해야만 한다.

　따라서 피상속인을 기준으로 '부친 재산은 장남이, 모친 재산은 둘째가 상속 받는다'는 내용의 사전 상속재산 분할 합의는 하지 않는 것이 합리적이다.

07

종신보험:
상속을 포기해도
사망보험금을 받을 수 있나요?

직장생활을 하는 김 과장은 사업을 하던 부친이 최근 사망했다. 장례를 치르고 상속 관련 절차를 진행하기 위해 부친의 자산과 부채를 확인했더니, 부채가 자산보다 많고 부친의 지인들로부터 빚을 갚으라는 독촉도 받고 있다. 이에 김 과장과 상속인들은 상속 포기를 고민하고 있는데, 부친이 가입한 보험의 사망보험금도 상속인들이 받지 못하는지 궁금하다. 상속을 포기해도 사망보험금은 받을 수 있을까?

사망보험금은 상속 포기와 관계없이 수익자로 지정된 자가 수령할 수 있다. 그 이유는 보험 계약자가 피보험자의 상속인을 보험수익자로 하여 체결한 생명보험 계약에 있어서 피보험자의 상속인은 피보험자의 사망이라는 보험사고가 발행한 때에는 보험수익자의 지위에서 보험사에 대하여 보험금 지급을 청구할 수 있다. 이 권리는 보험 계약의 효력으로 당연히 생기는 것으로서 상속재산이 아니라, 상속인(수익자)의 고유재산이기 때문에 상속 포기를 하더라도 사망보험금을 받을 수 있다. 다만, 사망보험금을 수령한 경우 상속세 과세 대상에 포함되어 상속세는 납부해야 한다. 또한 사망보험금을 수령했다 하더라도 상속 포기의 효력은 유효하다.

대법원 판례에 의하면 상속 포기는 피상속인의 재산과 채무를 포함한 모든 권리와 의무의 승계를 거부하는 의사 표시로 그 효력은 '상속재산'에만 미친다. 따라서 사망보험금청구권은 상속인의 고유재산이며, 나아가 상속인이 고유재산인 사망보험금을 수령하는 행위는 민법 제1026조 제1호에서 정한 상속재산에 대한 처분행위에 해당하지 않는다. 따라서 상속인이 사망보험금을 수령하더라도 이는 단순승인으로 간주되지 않으며 이미 완료된 상속 포기의 효력에는 아무런 영향이 없다(대법원 2023. 3. 26. 선고 2019다300934).

많은 부채를 안고 사업을 하는 가장의 입장에서는 자신이 갑자기 사망하더라도 남은 가족들의 최소한의 생활비, 자녀 교육비를 마련해주려는 마음이 있을 것이다. 그리고 남은 가족은 사업에 대해 모르기 때문에 사업을 승계해 부채를 상환하기는 어려울 것이다. 이런 경우 남은 가족은 상속 포기를 통해 부채 상환의 부담을 줄이고, 수익자로 지정되어 있는 보험의 사망보험금을 수령한다면 가족 생활비, 자녀 교육비 등으로 활용할 수 있다.

하지만 이런 사망보험금의 특징을 악용하려는 사람들이 있다. 대표적인 경우가 납세의무 승계를 피하면서 재산을 상속받기 위해 피상속인이 상속인을 수익자로 하는 보험 계약을 체결하고 피상속인의 사망으로 상속인이 보험금을 수령할 때 다음에 해당하면 체납 국세 등에 대한 납세의무를 승계한 것으로 본다. 첫째, 상속인이 한정승인 또는 상속 포기하거나 둘째, 국세 및 강제징수비를 체납한 피상속인이 해당 보험의 보험료를 납입한 경우의 어느 하나에 해당하면 수령한 사망보험으로 피상속인의 체납 세액을 납부해야 한다.

따라서 김 과장의 경우엔 부친이 체납한 국세가 있고, 김 과장이 수령하는 보험의 보험료를 부친이 납부했다면 상속을 포기해도 사망보험금을 수령하고 부친이 체납한 국세는 승계해 납부해야 한다. 하지만 부친의 개인 채무에 대해선 상환할 의무가 없다.

상속 포기 후 수령한 사망보험금을 승계해야 할 채무

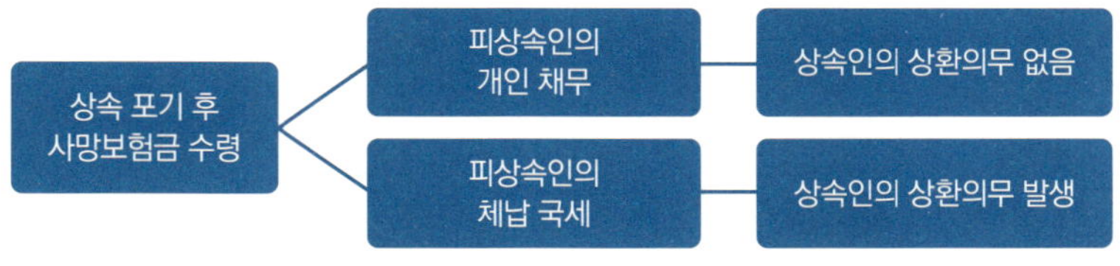

08

기여분을 주장하면
상속재산을 더 받을 수 있나요?

CASE

자영업을 하는 박찬호 씨는 최근 40억 원 정도의 재산을 소유한 부친이 사망해 부친의 상속재산을 모친, 동생과 함께 분할해야 한다. 박찬호 씨는 부친의 자산 형성에 자신이 다른 가족보다 현격히 기여했기 때문에 모친과 동생보다 더 많은 재산을 상속받고 싶다. 그러려면 어떻게 할까?

'기여분'이란 공동상속인 가운데 피상속인 재산의 유지나 증가에 대하여 특별히 기여했거나 피상속인을 부양한 사람이 있는 경우에 기여한 만큼의 재산을 가산하여 상속분을 인정하는 제도를 말한다 (한국법제연구원 법령용어 참조).

그럼, 누가 기여분을 주장할 수 있는가? 이에 대해 민법 제1008조의2 제1항에는 기여자의 의미에 대해 설명하고 있다. '기여자'란 공동상속인 중 상당한 기간 동거·간호, 그 밖의 방법으로 피상속인을 특별히 부양하거나 피상속인의 재산의 유지 또는 증가에 특별히 기여한 사람을 말한다. 쉽게 설명하면 자신이 기여자라고 주장하며 더 많은 재산을 상속받기 위해서는 다음 두 가지 조건을 충족해야 한다. 첫째, 상속인이어야 한다. 둘째, 자신의 특별한 기여의 결과로 재산의 유지 또는 증가가 있어야 한다.

여기서 중요한 것은 '특별한'이라는 의미이다. 예를 들어 배우자가 '가정 살림을 잘해서 재산이 증가했다'라는 이유로 기여분을 주장할 수 있을까? 이에 대해 민법 제826조 제1항에서는 '부부 가사 노동은 부부의 동거·부양·협조 의무 범위의 행위이므로 특별한 기여에 해당하지 않는다'라고 규정하고 있다. 그런데 같은 수준의 동거·부양을 하더라도 자녀가 했다면 특별한 기여에 해당할 수도 있다. 즉, 기여분을 주장하는 사람과 피상속인의 관계가 매우 중요하다.

그럼, 특별한 기여에 해당하는 예를 몇 가지 알아보자. 첫째, 피상속인이 경영하는 사업에 무상으로 노무를 제공하거나 자신의 재산을 제공하여 상속재산의 유지·형성에 기여하는 경우이다. 둘째, 통상의 부양, 간호의 정도를 넘어 그러한 요양이나 간호로 상속재산이 유지되는 경우(예를 들어 요양이나 간호의 비용을 기여자가 부담하여 상속재산의 손실이 없었던 경우)가 있다.

그럼, 박찬호 씨는 자신의 기여분을 얼마만큼 주장할 수 있을까? 이에 대해 민법 제1008조의2 제1항에서는 기여분은 원칙적으로 공동상속인 간의 협의로 결정한다고 규정하고 있다. 하지만 공동상속인 간 협의가 이뤄지지 않으면 기여분을 주장하는 박찬호 씨가 가정법원에 기여분을 결정해줄 것을 청구할 수 있다.

만약, 박찬호 씨의 기여분이 인정된다면 그 이후 부친의 재산분할을 어떻게 해야 할까?

이에 대해선 공동상속인 중에서 기여자가 있는 경우에는 상속개시 당시의 피상속인 재산가액에서 공동상속인의 협의로 정한 기여분을 공제한 것을 상속재산으로 보고 법정 상속 지분율(배우자:자녀=1.5:1)에 따라 산정한 가액을 각자의 상속분으로 한다. 이때 기여자의 경우에는 기여분을 가산하여 상속분을 계산한다.

이를 계산식으로 풀어보면 다음과 같다.

[(상속재산의 가액-기여분)×각 상속인의 상속지분율]
+기여자인 경우 기여분

기여분을 주장하지 않을 경우와 주장할 경우 공동상속인의 상속재산이 얼마만큼인지 알아보자.

박찬호 씨가 기여분을 주장하지 않는다면 모친은 17억 2,000만 원(40억 원×1.5÷3.5=17억 2,000만 원), 동생과 박찬호 씨는 각각 11억 4,000만 원(40억 원×1÷3.5=11억 4,000만 원)을 상속재산으로 받았을 것이다.

하지만 박찬호 씨가 기여분을 주장하고, 그 가액을 5억 원을 인정받는다면 가족들의 상속재산 분배는 다음과 같이 달라진다. 모친은 15억 원[(40억 원-5억 원)×1.5/3.5=15억 원], 동생은 10억 원[(40억 원-5억 원)×1/3.5=10억 원], 박찬호 씨는 15억 원[(40억 원-5억 원)×1/3.5+5억 원(기여분)=15억 원]이 된다. 결국, 기여분 주장으로 모친과 동생의 상속재산은 감소하고 박찬호 씨의 상속재산은 3억 6,000만 원 증가하게 된다.

09

유류분반환청구소송이
무엇인가요?

CASE

자영업을 하는 박찬호 씨는 최근 부친이 35억 원의 재산을 남기고 사망해 부친의 상속재산을 모친, 동생과 함께 분할해야 한다. 그리고 평소 부친이 유언장을 작성했다는 말도 하지 않았다. 박찬호 씨와 동생 모두 결혼해 배우자가 있는데, 부친 상속재산을 어떤 기준으로 분할해야 하는 것일까?

민법 제1012조와 제1013조에는 상속재산의 분할에 대한 원칙을 정하고 있다. 첫 번째가 유언에 의한 분할이고, 만약 유언이 없다면 두 번째로 공동상속인 간 협의에 의한 분할이고, 세 번째가 법원에서 정하는 대로 분할하는 방법이다. 자세히 알아보도록 하자.

유언에 의한 분할이란 피상속인(사망한 자)이 유언장을 작성해 자신의 재산 분할 기준을 표현하고, 상속인들이 그대로 재산을 분할하는 것을 말한다. 이 경우에는 두 가지를 주의해야 한다. 먼저 부친이 생전에 적법한 유언장을 작성하고, 유언집행자를 지정할 필요가 있다. 유언집행자가 없더라도 유언장의 효력에는 문제가 없지만, 유언장의 집행은 유언집행자로 지정된 사람이 하는 것이 원칙이다. 유언집행자가 지정되어 있지 않을 경우에는 공동상속인들이 유언집행자가 될 수 있다.

그런데 사례에서는 부친이 유언장을 작성했다는 말을 들은 적이 없는 것으로 되어 있어 유언에 의한 재산 분할은 할 수 없다. 그러면 박찬호, 모친, 동생이 공동상속인으로 협의를 통해 상속재산을 분할하면 된다. 하지만 공동상속인들이 모두 만족하는 재산 분할 조건이나 기준 등이 필요한데, 이는 쉽지 않을 것이다. 사람은 비합리적이기 때문에 내가 받는 것은 적고 나쁘게 보이고, 다른 사람이 받는 것은 많고 좋게 보여 협의하기가 쉽지 않다.

공동상속인 간 협의가 이뤄지지 않으면 마지막으로 법원에서 분할해주는데, 현재 민법에서는 공동상속인 간 법정상속비율은 동등하게 정하고 있으며, 배우자의 경우엔 5할을 더하는 것으로 하고 있다. 즉 그 비율은 모친:박찬호:동생=1.5:1:1이다.

민법 제1115조에는 이 비율을 기준으로 산정한 금액의 2분의 1을 유류분이라고 하고 있으며, 이보다 적게 상속받았을 경우 더 받은 공동상속인을 상대로 유류분반환청구소송을 하게 되는 것이다.

결국 유류분 문제는 적법한 유언장을 작성했다 하더라도 발생할 수 있다. 부친의 상속재산이 35억 원이기 때문에 법정상속 지분은 모친:박찬호:동생=15억 원:10억 원:10억 원이다. 그런데 부친이 모친과 동생 지분을 장남인 박찬호 씨에게 모두 상속해준다는 유언장을 작성했을 경우에 모친과 동생이 부친의 유언을 받아들이면 아무 문제도 발생하지 않는다. 하지만 부친의 유언장에 불만을 갖게 되면 모친과 동생은 박찬호 씨를 상대로 유류분만큼의 재산을 요구할 수 있는데, 그 금액은 모친 7억 5,000만 원, 동생 5억 원에 상당하는 재산이다. 이는 민법에서 적법한 유언장의 조건으로 내용이 아닌 형식을 요구하고 있기 때문이다.

이런 이유로 상속이 발생하면 상속재산 분할과 관련해 공동상속인들 간 다툼이 많이 발생하는데, 유언장이 있으면 유류분 문제가, 유언장이 없다면 만장일치의 합의안을 도출하기가 매우 어렵기 때문이다. 견물생심이라고 사람은 자기 주머니에 들어온 돈을 다시 꺼내어 남에게 주는 것을 좋아하지 않는다. 박찬호 씨도 부친이 유언장으로 모든 재산을 자신에게 주었기 때문에 모친과 동생의 유류분만큼도 자기의 재산이라고 생각해 흔쾌히 모친과 동생의 요구를 받아들이지 않을 가능성이 매우 크다. 결국 모친과 동생은 자신들의 요구가 받아들여지지 않았기 때문에 박찬호 씨를 상대로 유류분반환청구소송을 제기하게 된다. 가족 간의 재산 분쟁이 발생하는 전형적인 모습이다.

따라서 만약 부친이 장남인 박찬호 씨에게 다른 공동상속인보다 더 많은 재산을 상속해주고 싶더라도 다른 공동상속인들의 유류분을 침해하지 않는 범위에서 유언장으로 상속재산을 분할해주어야 한다. 사례의 경우 모친과 동생에게 각각 7억 5,000만 원과 5억 원을 상속해주고 나머지를 박찬호 씨에게 상속해준다면 모친과 동생은 유류분만큼은 상속받았기 때문에 박찬호 씨를 상대로 유류분반환청구소송을 제기할 수 없다.

그럼, 유류분반환청구소송은 언제까지 청구할 수 있을까?

민법 제1117조에 의하면 유류분은 첫째, 피상속인이 사망한 이후부터 유류분 반환을 청구할 수 있다. 즉, 상속개시 전에는 할 수 없다는 것이다. 둘째, 피상속인이 사망한 날로부터 최소한 10년 이내에 유류분반환청구소송을 진행해야 하고, 상속이 개시된 때로부터 10년을 경과할 경우 소멸시효가 완성된다. 셋째, 피상속인이 사망 전에 특정인에게만 증여한 사실을 알고 있었다면 피상속인 사망 후 1년 이내에만 유류분반환청구소송이 가능하다. 넷째, 피상속인이 사망 전에 특정인에게만 증여한 사실을 피상속인 사망 후 알게 되었다면, 그 사실을 안 날로부터 1년 이내에 유류분반환청구소송이 가능하다. 하지만 이 경우에도 피상속인 사망 후 10년 경과하면 유류분반환청구소송이 불가능하다.

최근 유류분과 관련해 헌법재판소의 2024년 4월 25일 결정으로 형제자매의 유류분권은 단순 위헌으로 효력을 상실하게 했다. 그 외의 경우로 부모에게 패륜 행위를 한 자녀의 유류분, 자녀를 양육할 의무를 다하지 않은 부모의 유류분, 폭행 등 귀책 사유로 이혼소송 중인 배우자의 유류분에 대해서는 헌법불합치 결정을 내렸다.

유류분 청구 가능 시기

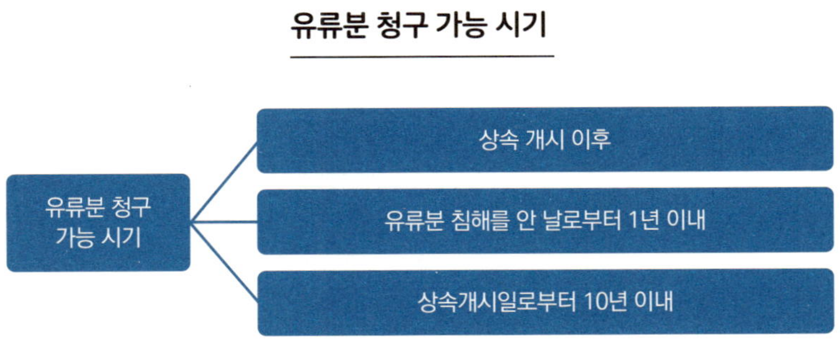

상속권 상실 선고(2026년 1월 1일 시행): '구하라'법이 무엇인가요?

지난 2019년 연예인 구하리 씨가 사망하는 사건이 발생했다. 그런데 사망 사실보다는 구하라 씨의 재산을 누가 상속받을 것인가에 더 많은 관심이 모아졌다. 결과적으로 어려울 때 딸을 버리고 집을 나간 친모가 모두 상속받는 어처구니없는 일이 발생했다. 이런 현실에 많은 국민이 분노했다. 하지만 당시 법으로는 친모의 상속을 막을 방법이 없었다. 그래서 두 번 다시 이런 일이 발생하면 안 된다는 국민의 소원을 담아 민법을 개정했다. 그 부분이 민법 제1004조의2(상속권 상실 선고)이다. 이 내용에 대해 알아보자.

민법 제1004조의2(상속권 상실 선고)

① 피상속인은 상속인이 될 사람이 피상속인의 직계존속으로서 다음 각 호의 어느 하나에 해당하는 경우에는 제1068조에 따른 공정증서에 의한 유언으로 상속권 상실의 의사를 표시할 수 있다. 이 경우 유언집행자는 가정법원에 그 사람의 상속권 상실을 청구하여야 한다.

1. 피상속인에 대한 부양의무(미성년자에 대한 부양의무로 한정한

다)를 중대하게 위반한 경우

  2. 피상속인 또는 그 배우자나 피상속인의 직계비속에게 중대한 범죄행위(제1004조의 경우는 제외한다)를 하거나 그 밖에 심히 부당한 대우를 한 경우

② 제1항의 유언에 따라 상속권 상실의 대상이 될 사람은 유언집행자가 되지 못한다.

③ 제1항에 따른 유언이 없었던 경우 공동상속인은 피상속인의 직계존속으로서 다음 각 호의 사유가 있는 사람이 상속인이 되었음을 안 날부터 6개월 이내에 가정법원에 그 사람의 상속권 상실을 청구할 수 있다.

  1. 피상속인에 대한 부양의무(미성년자에 대한 부양의무로 한정한다)를 중대하게 위반한 경우

  2. 피상속인에게 중대한 범죄행위(제1004조의 경우는 제외한다)를 하거나 그 밖에 심히 부당한 대우를 한 경우

'구하라법'의 취지는 자녀를 키우지 않고 부양의무를 저버린 부모가 상속받는 일을 막기 위한 법이다. 과거에는 양육을 전혀 하지 않아도, 오랜 기간 연락조차 없던 부모라도 자녀가 사망하면 법적으로 상속권을 주장할 수 있었는데, 앞으로는 이를 못 하게 하는 법 조항이다.

이 법 조항은 상속권 상실 제도를 도입했는데, 현행 민법의 상속 결격 사유에는 부양의무를 다하지 않은 부모는 상속 결격에 해당하지 않는다. 그래서 2026년부터는 부양의무를 중대하게 위반한 모든 상속인에 대해 법원이 상속권 상실을 선고할 수 있는 제도를

만든 것이다. 상속권 상실이 결정되면 상속재산을 받을 수 없고, 당연히 유류분 청구도 할 수 없게 된다.

그럼 부양하지 않았다는 기준은 무엇인가? 상황에 따라 다르겠지만 ① 자녀를 사실상 전혀 양육하지 않은 경우, ② 양육비·생활비 지급 등 부양 의무를 지속적으로 회피한 경우, ③ 심각한 방임·학대·폭력이 있었던 경우, ④ 피상속인에게 중대한 정신적·신체적 피해를 준 경우 등이 대표적인 예라고 할 수 있다.

이 제도는 법원에서 선고해야 하는 것이기 때문에 누군가가 선행해서 청구해야만 한다. 법원에 상속권 상실을 청구할 수 있는 사람은 피상속인이 유언장으로 유언집행자를 지정했다면 그 유언집행자, 피상속인의 유언집행자가 없다면 다른 공동상속인이 청구할 수 있다. 상속권 상실 청구는 상속 사실을 안 날로부터 6개월 이내 해야 한다.

어떤 재산이
유류분 산정에 포함되나요?

CASE

자영업을 하는 박찬호 씨는 최근 부친이 사망해 부친의 상속재산을 모친, 동생과 함께 분할해야 한다. 그런데 본인과 동생은 결혼할 때 부친이 결혼자금을 도와준 적이 있다. 그리고 박찬호 씨는 자영업을 시작할 때 부친이 사업자금을 도와주었다. 이렇게 오래전 받은 결혼자금, 사업자금도 유류분 산정 시포함해야 하는가?

유류분 계산 시 포함되는 재산은 민법 제1111조 및 제1114조에 규정되어 있는데, 다음에 열거하는 재산을 모두 합산하면 유류분반환청구소송의 대상 재산이 된다. 유류분반환청구소송을 신청하는 입장에서는 이 금액이 클수록, 반대로 유류분반환청구소송을 당하는 입장에서는 이 금액이 적을수록 유리할 것이다.

첫째, 피상속인의 사망으로 상속이 개시되었을 때 남아 있는 재산으로써 피상속인의 채무자와 공동상속인 중 기여분을 공제한 순

재산이다.

둘째, 피상속인 사망 전 1년간 제3자 또는 다른 상속인에게 증여한 재산을 말하며, 여기서 제3자에는 학교 등 단체도 포함한다.

셋째, 피상속인 사망 1년 이전 증여한 재산은 기본적으로 유류분 계산에 포함되지 않으나, 차후 상속인들이 손해를 입을 것을 알고도 제3자가 증여받은 재산은 사망 1년 이전의 것도 유류분 산정 대상 재산에 포함한다.

넷째, 다른 상속인이 피상속인이 생전에 사업자금, 해외 유학자금, 혼인 자금 등 증여받은 금액은 특별수익으로 유류분 산정 대상 재산에 포함된다. 특별수익은 민법 제1114조의 적용이 배제되어 상속개시 전 1년간 증여 여부와 관계없이 유류분 산정 재산에 포함된다. 반면 유류분반환청구를 신청하는 상속인이 과거에 피상속인으로부터 받은 특별수익이 있다면 해당 금액은 유류분 계산 시 차감해야 한다.

그럼, 여기서 과거에 공동상속인 중 특정인에게 증여한 재산이 있을 경우에는 유류분 산정 시 재산의 가치평가는 피상속인 사망일을 기준 시가로 평가해 산정해야 해야 한다(대법원 2005. 6. 23 선고 2004다51887 판결).

예를 들어 10년 전 장남에게 5억 원의 아파트를 증여했고, 지금 피상속인이 사망한 시점에서 아파트 가격이 20억 원이 되었다면, 20억 원을 증여받은 것으로 하여 유류분 산정 재산에 포함해야 한다. 그리고 현금 등 금융자산을 증여했다면 피상속인의 화폐가치로 환산한 시가로 유류분 산정 재산에 포함해야 한다. 이 경우에는 증여일로부터 피상속인의 사망일까지 물가 변동율을 반영해 계산해야 한다.

그리고 증여받은 재산을 피상속인이 사망하기 전 매각한 경우에도 역시 피상속인의 사망일 기준 시가로 반환청구 금액을 산정한다. 이 사례에 대입하면 장남이 증여받은 아파트를 피상속인 사망 전 10억 원에 제3자에게 매각했더라도 유류분 산정 대상 재산은 피상속인 사망 시점의 시가인 20억 원이 유류분 산정에 반영된다.

유류분 산정 시 포함되는 재산의 범위

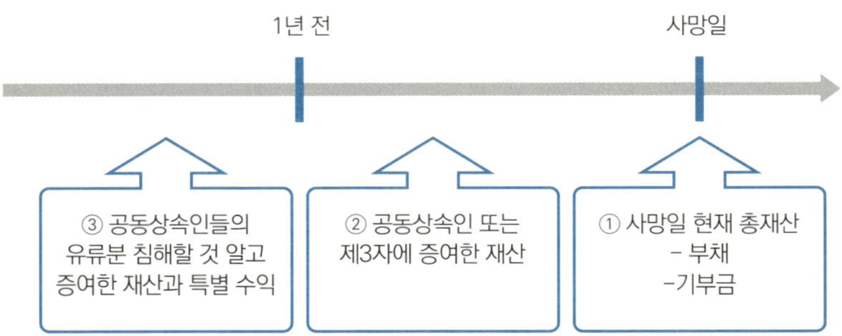

4장

사례로 알아보는 상속세 절세 이야기

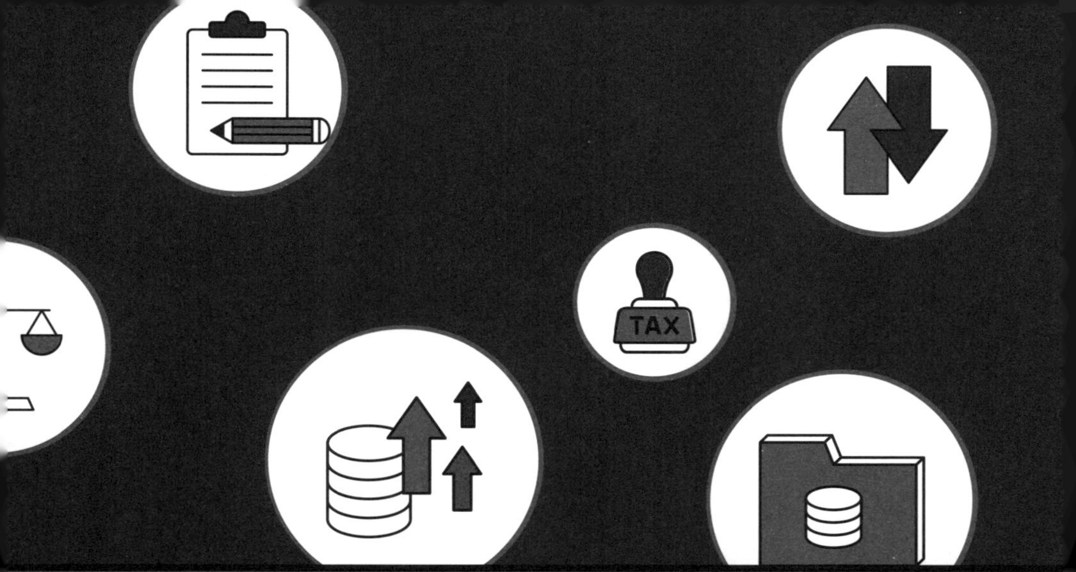

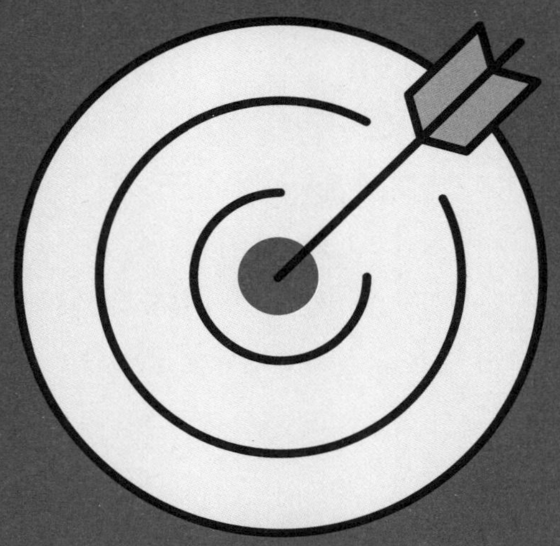

상속세 계산 구조를 알면 절세할 수 있어요

부동산 자산가인 홍길동씨는 미래 자신의 상속세가 많을 것으로 예상하고 있다. 그러다 보니 자연스럽게 상속세 절세에 관심을 가질 수밖에 없어 여러 책을 사서 공부했지만, 내용이 너무 복잡해서 이해하기 어렵다. 무엇부터 공부하면 이해가 쉬워질 수 있을까?

상속세 절세를 위해서는 그 계산 구조를 먼저 이해할 필요가 있고, 상속세 계산 구조를 이해하면 합법적인 범위 내에서 절세할 수 있는 방법을 찾을 수 있다. 적은 재산을 상속해주면 당연히 세금은 적지만, 이것을 원하는 사람은 없을 것이다. 많은 재산을 상속해주어도 상속세를 줄이기 위해선 긴 시간을 갖고 현명한 계획을 수립하고 실행해야만 가능하다.

필자가 20년 이상 자산관리 업무를 하면서 상담한 많은 고객 중 안타까운 유형은 부친이 갑자기 사고로 사망했는데, 상속세를 어떻게 하면 줄일 수 있는지를 물어보는 경우이다.

상속세 계산 구조

	구분	내용
	총상속재산가액	– 본래의 상속재산(사망 또는 유증, 사인증여로 취득한 재산) – 간주상속재산(보험금, 신탁재산, 퇴직금 등) – 추정상속재산(상속개시일 전 1년 이내에 2억 원 또는 2년 이내에 5억 원 이상 재산 처분, 금전 인출, 채무부담으로 용도 불분명한 금액)
–	비과세 상속재산	국가, 지자체에 유증, 금양임야, 묘토 등
–	과세가액 공제액	공과금 장례비, 채무액
+	사전증여 재산가액	상속인(10년), 상속인 이외의 자(5년), (창업자금, 가업승계증여세과세특례의 경우에는 기간에 관계 없이 합산)
–	과세가액 불산입액	공익법인 출연한 재산, 공익신탁재산
=	상속세 과세가액	
–	상속공제금액	max[기초공제와 그 밖의 인적공제 합계, 일괄공제(5억 원)], 배우자상속공제, 가업, 영농상속공제, 금융재산상속공제, 재해손실세액공제, 동거 주택 상속공제(단,상속공제한도 주의)
–	감정평가 수수료	– 부동산, 서화, 골동품 등: 500만 원 한 – 비상장주식: 평가대상법인(신용평가사) 수 별로 각각 1,000만 원 한도
=	과세표준	
×	세율	10~50% 5단계 초과누진세율, 최대주주 할증과세
=	산출세액	세대생략 상속 30%(40%) 할증(대습상속 제외)
–	세액공제	증여세액공제, 외국납부세액공제, 단기상속세액공제, 신고세액공제(3%)
–	신고납부세액	
+	가산세	신고불성실, 납부지연가산세
=	총 납부세액	분납, 연부연납, 물납

불행하게도 이런 경우에는 상속세를 절세할 수 있는 방법이 거의 없다. 오히려 과거에 미신고 증여재산 등이 발견되어 더 많은 세금을 추징당하는 경우를 많이 봤다. 다시 한번 강조하지만, 상속세는 '그 상속이 임박해서는 세금을 줄일 수 없다'는 것을 명심하고 절세 전략을 미리 수립하고 실행해야 한다.

또는 최초 상속세를 신고할 때 최대한 정확하게 신고하고, 기한 내에 납부하는 것도 절세의 방법이다. 그 이유는 당장의 세금을 줄일 생각으로 과소 신고 등을 하면 상속세 신고 이후 과세 당국의 세무조사 과정에서 그 사실이 드러날 가능성이 높은데, 그렇게 되면 늘어난 상속세와 가산세를 추가로 납부해야 하기 때문이다.

우리나라는 세금 중에서 증여세와 상속세는 과세관청이 세금을 부과하고, 납세자가 납부해야 납세 의무가 종료되는 부과주의를 채택하고 있다. 이는 납세자들이 기한 내 자신 신고를 하는 것으로 납세의무가 종료되는 것이 아니라, 과세관청이 계산한 세금을 납부하는 것이 중요하다는 것이다.

담보대출 받아 상속세 납부하면 상속세를 더 많이 납부할 수 있어요

CASE

직장생활을 하는 김 과장은 1년 전 부친이 사망해 평소 알고 지내던 세무사를 통해 상속세를 신고하고 약 8억 원의 세금을 납부했다. 그런데 최근 과세 당국으로부터 부친의 상속세 신고 시 상속재산에 대한 평가가 잘못 되었으니, 수정 신고하고 세금을 추가로 납부하라는 통지서를 받았다. 김 과장과 동생, 모친은 이해할 수 없었다. 전문 세무사와 함께 상속세를 신고했는데 왜 이런 일이 발생한 것일까?

부친의 상속세를 신고할 때 상속재산은 모친과 거주 중인 아파트(주변 시세 10억 원), 그리고 꼬마빌딩(기준 시가 35억 원)과 토지(공시지가 5억 원) 등을 포함해 약 50억 원 정도여서 약 8억 원{[(50억 원-21억 원(배우자공제)-5억 원(일괄공제)]×40%-1억 6,000만 원(누진공제)≒7억 8,000만 원}에 해당하는 상속세를 신고하고, 대출을 받아 상속세 8억 원을 납부했다. 그런데 무엇이 잘못된 것인지 이해할 수 없었다.

상속세를 계산하기 위해서는 첫 단계가 상속재산에 대한 평가를

<h1 style="text-align:center">상속재산과 상속세</h1>

[단위: 천 원]

구분	금액
상속세 과세가액	5,000,000
배우자공제*	2,142,857
일괄공제	500,000
과세표준	2,357,143
세율	40%
산출세액**	782,857

*　5,000,000×1.5/3.5=2,142,857

**　과세표준×세율−누진공제

하는 것이다. 특히 우리나라는 가정의 재산 대부분은 부동산으로 구성되어 있기 때문에 부동산 재산에 대한 평가는 매우 중요하다. 이에 대해 세법에서는 다음과 같이 기준을 정하고 있다.

상속세 및 증여세법 제60조【평가의 원칙 등】

① 이 법에 의하여 상속세 또는 증여세가 부과되는 재산의 가액은 상속개시일 또는 증여일 (이하 "평가기준일"이라 한다) 현재의 시가에 의한다.

② 제1항의 규정에 의한 시가는 불특정 다수인 사이에 자유로이 거래가 이루어지는 경우에 통상 성립된다고 인정되는 가액으로 하고 수용·공매가격 및 감정가격 등 대통령령이 정하는 바에 의하여 시가로 인정되는 것을 포함한다.

③ 제1항의 규정을 적용함에 있어서 시가를 산정하기 어려운 경

우에는 당해 재산의 종류·규모·거래상황 등을 감안하여 제
61조 내지 제65조에 규정된 방법에 의하여 평가한 가액에 의
한다.

④ 제1항을 적용할 때 제13조에 따라 상속재산의 가액에 가산하
는 증여재산의 가액은 증여일 현재의 시가에 따른다.

⑤ 제2항에 따른 감정가격을 결정할 때에는 대통령령으로 정하
는 바에 따라 둘 이상의 감정기관(대통령령으로 정하는 금액 이
하의 부동산의 경우에는 하나 이상의 감정기관)에 감정을 의뢰하여
야 한다. 이 경우 관할 세무서장 또는 지방국세청장은 감정기
관이 평가한 감정가액이 다른 감정기관이 평가한 감정가액의
100분의 80에 미달하는 등 대통령령으로 정하는 사유가 있는
경우에는 대통령령으로 정하는 바에 따라 대통령령으로 정하
는 절차를 거쳐 1년의 범위에서 기간을 정하여 해당 감정기관
을 시가불인정 감정기관으로 지정할 수 있으며, 시가불인정
감정기관으로 지정된 기간 동안 해당 시가불인정 감정기관이
평가하는 감정가액은 시가로 보지 아니한다.

제61조【부동산 등의 평가】

① 부동산에 대한 평가는 다음 각호의 1에서 정하는 방법에 의
한다.

1. 토지 - 「부동산 가격공시 및 감정평가에 관한 법률」에 의한
   개별공시지가

2. 건물 - 건물의 신축가격·구조·용도·위치·신축연도 등을
   참작하여 매년 1회 이상 국세청장이 산정·고시하는 가액

3. 오피스텔 및 상업용건물 - 건물에 부수되는 토지를 공유로 하고 건물을 구분 소유하는 것으로서 건물의 용도·면적 및 구분 소유하는 건물의 수(數) 등을 감안하여 대통령령이 정하는 오피스텔 및 상업용 건물(이들에 부수되는 토지를 포함한다)에 대하여는 건물의 종류·규모·거래상황·위치 등을 참작하여 매년 1회 이상 국세청장이 토지와 건물에 대하여 일괄하여 산정·고시한 가액

4. 주택 -「부동산 가격공시 및 감정평가에 관한 법률」에 의한 개별주택가격 및 공동주택가격

이 규정을 요약하면, 법 제60조에서는 상속재산 가액 평사 시 시가(거래가·보상가·낙찰가·감정가)로 부동산 재산가액을 평가하는 것을 원칙으로 하고 있으며, 만약 시가가 없을 경우에 법 61조가 적용되어 공시지가, 기준시가 등으로 상속재산을 평가할 수 있도록 하고 있다.

이를 김 과장의 사례에 대입해보자. 김 과장과 가족은 세무사를 통해 상속세를 계산할 때는 부친이 상속해준 부동산에서 꼬마 빌딩은 기준시가, 토지는 공시지가로 평가해 상속세 8억 원을 신고했다. 그런데 납부할 현금이 없어 부친이 상속해준 꼬마빌딩에서 담보대출을 받아 그 돈으로 세금을 납부했기 때문에 이런 일이 발생한 것이다.

왜냐하면 부동산에 대한 담보대출을 받기 위해선 감정평가를 하기 때문에 부친의 꼬마건물에 대한 상속재산 평가를 기준시가가 아닌 시가 중 하나인 감정가액으로 다시 계산해 상속세를 신고하

고 납부해야 한다. 그런데 김 과장과 가족은 이런 규정을 모르고 처음에 기준시가로 계산한 상속세를 납부했다가 과세 당국의 세무조사 과정에서 시가인 감정가액이 있었던 것이 드러나 추가로 상속세를 납부하게 된 것이다.

그렇다고 기준시가로 상속세를 계산한 세무사를 탓할 수도 없다. 왜냐하면 세무사는 상속인들이 세금을 납부하기 위한 현금을 마련하기 위해 담보대출을 받는다는 것을 대부분 모를 것이기 때문이다.

상속재산가액 평가 원칙

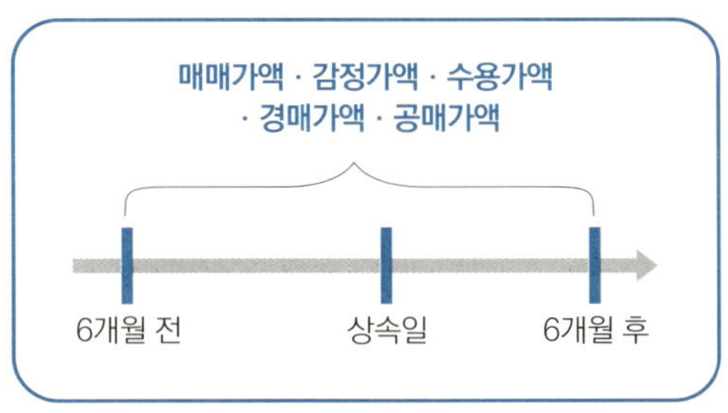

2025년부터는 국세청이 원룸도 감정평가를 의뢰한다는데 무슨 소리인가요?

최 부장은 최근 원룸 3채와 빌라 2채 등을 소유하고 주택임대사업을 하던 부친이 사망했다. 부친이 오랜 기간 소유하고 임대사업을 했기 때문에 시가라 할 수 있는 거래가·보상가·낙찰가·감정가액이 없어 기준시가로 상속세를 신고하고 납부했다. 그런데 과세당국이 자신들이 감정평가를 의뢰했으며, 그 감정가액으로 상속세를 수정신고하고 상속세를 추가로 납부하라는 통지서를 받았다. 시가가 없어서 상속세 및 증여세법 제61조에 따른 보충적 평가방법인 기준시가로 신고·납부한 것인데 무엇이 잘못된 것일까?

이에 대해 이해하려면 최근 국세청 조세 행정에 대한 이해가 필요하다. 국세청은 지난 2020년 1월 3일 [상속·증여세 과세 형평성 제고를 위한 꼬마빌딩 등 감정평가사업 시행안내]를 발표했는데, 다음과 같이 내용과 시행 배경을 설명했다.

'상속·증여세는 시가평가가 원칙이나, 비주거용 부동산은 시가 대비 저평가된 기준시가 등으로 신고해 형평성 논란이 있어 왔다.

이 제도를 시행함으로써 이런 불공정한 평가 관행을 개선해 과세 형평성을 제고하고, 납세자의 자발적인 감정평가를 유도해 자산가치에 맞는 적정한 세금을 신고·납부하는 등 성실 납세 문화 확산에 일조할 것을 기대한다는 것이 그 배경이다.

그 평가 대상은 비주거용 부동산(꼬마빌딩 등) 및 지목의 종류가 대지 등으로 지상에 건축물이 없는 토지(나대지) 등이다. 평가 절차는 과세 당국이 둘 이상의 감정기관에 의뢰하고, 평가가 완료된 후에는 평가심의위원회 심의를 거쳐 시가로 인정된 감정가액으로 상속·증여 재산을 평가하게 된다'는 것이다.

그리고 2024년 12월 3일 꼬마빌딩 감정평가 시행 성과에 대한 결과와 향후 방향에 대해 발표했다. 그 내용은 '국세청은 위 사업 시행 이후 2020~2023년 4년간 감정평가 의뢰 관련 총 156억 원 예산으로 기준시가로 신고한 꼬마빌딩 727건을 감정평가해 신고가액 4조 5,000억 원보다 3조 2,000억 원 많은 7조 7,000억 원을 과세해 예산 대비 약 205배의 추가 세금을 징수했다. 또한 꼬마빌딩을 상속·증여하면서 납세자가 스스로 감정평가하여 신고하는 비율이 큰 폭으로 증가(2020년 9.0% ⇨ 2024년 24.4%)하는 등 꼬마빌딩에 대해서는 시가에 근접해 과세하는 비율이 늘어나고 있다'는 성과를 발표했다.

이와 함께 앞으로는 (2025년 1월 1일 이후부터) 주거용 부동산을 감정평가 대상으로 추가할 뿐 아니라 더 나아가 현재 예산 부족으로 다음 연도로 상당 부분 이월되던 꼬마빌딩 감정평가를 확대하고 부동산 과다 보유 법인이 직간접적으로 보유한 골프장·호텔·리조

트 및 서화·골동품에 대해서도 감정평가를 강화하는 등 상속·증여
세 형평성 제고를 위해 더 많은 노력을 하겠다는 다짐도 발표했다.

최 부장의 사례가 이 경우에 해당하는 전형적인 모습이다.

배우자공제분만큼을 재산분할하지 않으면 상속세를 추징당합니다

CASE

직장생활을 하는 김 과장은 1년 전 부친이 사망해 평소 알고 지내던 세무사를 통해 이미 상속세를 신고하고 약 6억 원에 해당하는 세금을 납부했다. 그런데 최근 과세당국으로부터 부친의 상속세 신고 시 배우자공제 관련 재산 분할을 하지 않았으므로 부친의 상속세를 수정 신고하고 세금을 추가로 납부하라는 통지서를 받았다. 김 과장과 가족은 이해할 수 없다. 전문 세무사와 함께 상속세를 신고했는데 왜 이런 일이 발생한 것일까?

사람들은 당장의 세금을 줄이기 위해 배우자공제를 최대한 적용해 상속세를 계산하고 신고 및 납부를 하려고 한다. 김과장의 경우에도 부친의 상속재산 40억 원을 기준으로 모친의 법정 지분(40억 원×1.5÷3.5≒17억 원)만큼인 17억 원을 배우자공제로 계산해 최종 상속세를 6억 원{[(40억 원-17억 원(배우자공제)-5억 원(일괄공제)]×40%-1억 6,000만 원(누진공제)=5억 6,000만 원+지방세 10%≒6억 원)} 정도 신고·납부한 것이다.

상속이 발생하면 각각의 기한 내에 상속인들이 해야 할 일이 있다. 사례의 경우로 살펴보면 그중 하나가 배우자공제를 17억 원 적용해 상속세 신고를 했다면 상속일이 포함된 말일로부터 15개월(상속세 신고 후 9개월) 이내에 반드시 부친 재산 중 17억 원에 상당하는 재산을 모친 명의로 이전해야 한다. 부동산이면 소유권 이전 등기, 금융 재산이면 예금주 변경 등을 반드시 해야 한다.

그리고 상속인들이 상속세를 신고·납부하면 과세당국은 그때부터 세무조사를 시작하는데, 그 과정에서 기한 내에 배우자공제분(약 17억 원)만큼을 배우자 명의로 이전했는지를 반드시 확인한다. 만약 배우자공제분만큼을 이전하지 않았다면 과세당국에서는 배우자공제분을 5억 원으로 조정 후 상속세를 계산해 차액만큼을 추징한다.

상속 발생 이후 기한 내 해야 할 일

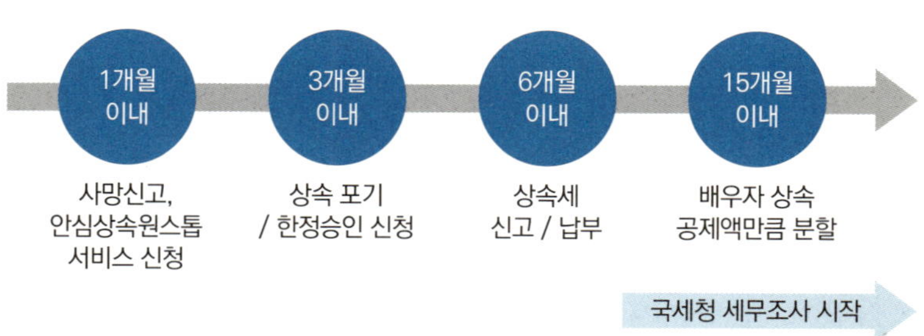

배우자공제 최대 적용 시 상속세

[단위: 천 원]

구분	금액
상속재산가액	4,000,000
배우자공제*	1,714,286
일괄공제	500,000
과세표준	1,785,714
세율	40%
산출세액**	554,286

* 4,000,000×1.5/3.5=1,714,286
** 과세표준×세율−누진공제

배우자 상속 포기 시 상속세

[단위: 천 원]

구분	금액
상속재산가액	4,000,000
배우자공제*	500,000
일괄공제	500,000
과세표준	3,000,000
세율	50%
산출세액**	1,040,000

* 배우자가 상속을 포기해도 법적 배우자가 있기 때문에 5억 원은 공제해줌
** 과세표준×세율−누진공제

상속세 및 증여세율

과세표준	세율	누진공제액*
1억 원 미만	10%	
1억~5억 원 미만	20%	1,000만 원
5억~10억 원 미만	30%	6,000만 원
10억~30억 원 미만	40%	1억 6,000만 원
30억 원 이상	50%	4억 6,000만 원

그럼, 왜 김 과장은 모친 명의로 기한 내에 부친 재산을 이전하지 않은 것일까? 많은 이유가 있을 수 있지만, 첫째는 모친의 현재 재산도 많은 경우이다. 우선은 부친의 상속세를 줄이기 위해 배우자공제를 최대한 적용한 상속세를 신고·납수했다. 이후에 모친 명의

로 배우자공제분만큼을 이전하면 미래 모친의 상속세를 납부할 시점에는 배우자공제를 받을 수 없어 상당히 많은 상속세를 납부해야 한다는 것을 알게 되었다. 이 경우에 김 과장과 가족은 '설마 국세청이 알겠어?'라는 생각으로 부친의 상속재산을 모두 자녀들만 상속받았다. 이 부분을 국세청이 세무 조사하는 과정에서 알게 되어 덜 납부한 상속세와 가산세를 부과하게 된 것이다(앞의 표 참조).

둘째는 상속세 신고 후 재산 분할 과정에서 김 과장과 가족들이 원만하게 재산분할이 안 되어 기한이 경과한 것일 수 있다. 부친이 물려준 재산이 금융재산이라면 분할하기가 쉬울 수 있으나, 부동산의 경우엔 물건의 종류, 지목, 입지, 모양 등에 따라 가치가 다를 것이다. 그리고 '내 눈에 좋은 부동산은 다른 사람 눈에도 좋게 보일 것'이기 때문에 원활하게 분할이 안 될 수 있다.

따라서 이런 상황을 예방하기 위해선 피상속인인 부친이 사망 전 유언장을 작성하거나, 유언 대용 신탁을 체결해 상속재산별로 누구에게 줄 것인지를 분명히 할 필요가 있다.

상속공제 적용 한도:
상속 임박해 미리 증여하거나,
비상속인에게 상속하면 상속세가
증가할 수 있어요. 왜 그런가요?

CASE

직장생활을 하는 김 과장은 5년 전 동생과 함께 부친으로부터 2억 원을 각각 증여받고 증여세를 신고하고 납부했다. 그리고 얼마 전 부친이 5억 원 정도의 부동산은 장손인 김 과장의 아들에게 유증한다는 유언장을 남기고 사망하였다. 김 과장 형제와 모친은 기본적으로 상속공제는 배우자공제 5억 원, 일괄공제 5억 원이면 총 10억 원을 공제받을 수 있기 때문에 과거 증여받은 재산이 10년 이내여서 상속재산에 합산되더라도 총 9억 원으로 상속세를 납부하지 않아도 될 것이라고 생각하고 있다. 그런데 과거 증여받은 재산 때문에 상속세가 발생한다고 하는데, 왜 그럴까?

상속세 및 증여세법 제18~23조에는 다양한 공제를 통해 상속세를 합법적으로 줄일 수 있는 제도를 마련하고 있다. 그러나 모든 공제를 무제한 적용할 수 있는 것은 아니며, 법 제24조에는 공제 총액의 한도를 규정하고 있어 공제액의 총합이 상속세 과세가액보다 지나치게 커지는 것을 방지하고 있다.

이 규정은 '사망으로 인하여 상속이 개시되는 경우에는 상속세 과세가액에서 기초공제, 배우자공제, 그 밖의 인적공제, 일괄공제, 금융재산 상속공제, 재해손실공제, 동거주택 상속공제 등을 차감하는 경우에는 상속공제의 총합계액은 공제 적용 한도액을 초과할 수 없다'고 정하고 있다.

상속공제 적용 한도를 구하는 공식은 다음과 같다(과세가액-①-②-③).

상속세 과세가액

① 선순위 상속인이 아닌 자에게 유증한 재산가액

⇨ 이유: 상속세 공제는 기본적으로 법정상속인을 중심으로 한 공제이므로 비선위자에게 이전한 재산은 공제 한도를 제한하는 요소로 본 것이기 때문이다. 김 과장의 아들에게 유증한 부분이 여기에 해당한다.

② 선순위 상속인의 상속 포기로 인해 다음 순위 상속인이 받은 재산가액

⇨ 예를 들어 1순위 상속인이 상속을 포기해 2순위 상속인이 상속받은 경우에는 상속 포기로 인해 얻은 다음 순위자의 상속재산가액만큼 공제 한도가 줄어든다. 이는 상속 포기를 통해 고액의 공제를 받기 위한 세부담을 회피하는 것을 방지하기 위한 목적이다.

③ 상속세 과세가액에 가산된 증여재산가액(단, 상속세 과세가액이

5억 원 초과인 경우만 적용)

이 상속공제 적용 한도를 김 과장의 사례에 대입해보자. 상속세 과세가액 9억 원에서 손자가 받은 상속가액 5억 원과 김 과장 형제가 사전증여받은 재산의 과세표준 3억 원((2억 원-5,000만 원)×2명=3억 원)을 차감하면 상속공제 적용 한도는 1억 원[(9억 원-5억 원-(2억 원-5,000만 원)×2명)=1억 원]이다.

만약, 사전증여재산이 없고, 손자에게 상속하지 않았다면 상속공제 적용 한도가 최소 10억 원(배우자공제 5억 원+일괄 공제 5억 원)이었을 것인데, 사전증여재산과 비상속인에게 유언장으로 상속함으로써 그 한도가 감소하게 된 것이다.

표 1.
사전증여 없고, 비상속인에게
상속하지 않았을 경우 상속세

상속세 과세가액	9억 원
배우자공제	5억 원
일괄공제	5억 원
공제한도	10억 원
과세표준	0
세율	0
산출세액	0

표 2.
사전증여하고, 비상속인에게
상속했을 경우 상속세

상속세 과세가액	9억 원
배우자공제	5억 원
일괄공제	5억 원
공제한도	1억 원
과세표준*	8억 원
세율	30%
산출세액**	1억 8,000만 원
기납부세액 ***	4,000만 원
납부할 세액	1억 4,000만 원

* 상속세 과세가액-공제한도
** 과세표준×세율-누진공제
*** 기증여 시 납부한 증여세

그럼 사전증여나 손자에게 상속하지 않은 경우(표 1 참조) 상속세
는 발생하지 않는다. 하지만 사전증여와 손자에게 상속함으로 인
해 감소된 상속공제 한도를 적용하면(표 2 참조) 추가로 납부할 상속
세가 1억 4,000만 원이 된다. 여기에 이미 납부한 증여세 4,000만
원을 포함하면 총 1억 8,000만 원의 세금을 납부해야 하는 결과가
된다.

이처럼 설명한 것처럼 상속재산이 많지 않은 경우에는 사전 증
여하는 것이 세금 부분에서 불리할 수 있다는 것을 명심할 필요가
있다.

간주상속재산: 사망보험금도 상속세를 납부해야 하나요?

CASE

직장생활을 하는 김 과장은 4개월 전 부친이 사망해 상속세 신고 등의 절차를 진행하고 있다. 그런데 상속세 신고를 도와주는 세무사가 부친의 사망보험금이 있으면 함께 상속재산으로 신고하고, 상속세도 납부해야 한다는 말을 했다. 사망보험금은 가장의 유고 시에 남은 가족의 생활비 등을 위해 가입하는 것인데, 이런 부분에도 상속세를 부과하는 것이 야박하다는 생각이 들었다. 상속세를 정말로 납부해야 하는가?

간주상속재산은 본래 상속재산이 아니어도 사망으로 상속인에게 귀속되는 재산을 실질과세 원칙에 따라 상속재산으로 보는 개념으로 보험금, 퇴직금, 신탁재산이 여기에 해당한다. 이에 대해 자세히 알아보도록 하자.

간주상속재산으로 보는 보험금은 보험계약자인 피상속인의 사망으로 받는 생명보험과 손해보험의 보험금을 말한다. 보험계약자가 피상속인이 아니어도 피상속인이 실질적으로 보험료를 납부했다면 피상속인을 계약자로 보아 적용한다. 좀 더 쉽게 설명하면 실질적으로 보험료를 납부한 사람(실질적 계약자)이 사망(피보험자 사망)으로 인해 수익자(상속인 등)가 받는 보험금이 여기에 해당한다.

만약 계약자가 배우자나 자녀 등 상속인이고 그들이 실질적으로 보험료를 납부하고 피보험자가 사망해 보험금을 계약자와 동일인인 수익자가 수령한 경우에는 상속재산에 포함되지 않는다. 이는 보험료를 납부한 사람과 보험금을 수령한 사람이 동일인이기 때문이다.

그리고 보험에 가입하고 중도에 보험료를 납부하는 계약자를 김부자에서 아들인 김 과장으로 변경한 경우에는 김 과장이 수령한 사망보험금을 김부자 씨와 김 과장이 납부한 비율로 안분해 김부자 씨가 납부한 보험료에 해당하는 비율만큼이 상속재산에 포함된다. 즉, 사망보험금 5억 원을 수령했는데, 납입한 보험료의 비율이 김부자 씨 : 김과장 = 60% : 40%라고 하면 5억 원의 60%인 3억 원은 김부자 씨의 상속재산에 포함되어 상속세가 발생하게 된다.

퇴직금·공로금 등도 피상속인에게 지급될 금액이 사망으로 상속인에게 지급되면 상속재산에 포함되고, 피상속인의 사망으로 위탁자의 상속인이 취득하는 신탁재산도 간주상속재산에 포함된다.

계약 관계인에 따른 사망보험금 관련 세금 정리

계약자	피보험자	수익자	발생세금
김부자	김부자	자	상속세
배우자	김부자	자	증여세
배우자(납입 능력 有)	김부자	배우자	세금 없음
자(납입 능력 有)	김부자	자	

07

추정상속재산이
무엇인가요?

직장생활을 하는 김 과장은 1년 전 부친이 사망해 상속세 신고 절차 등을 모두 거친 후 상속세를 신고 납부했다. 본인은 상속인이 해야 할 일을 모두 했다고 안심하고 있었는데, 최근 관할 세무서로부터 부친의 상속세 신고를 수정신고하라는 통지서를 받았다. 그 사유는 부친이 사망 전 대출 5억 원을 받은 기록이 있는데, 이에 대한 신고를 누락했다는 것이다. 도대체 이것이 무슨 말인가?

추정상속재산은 상속개시 전 재산 처분·인출·채무 중 사용처가 불분명한 금액을 상속인이 상속받은 것으로 추정해 상속세 과세가액에 산입하는 재산을 말한다. 이는 상속재산으로 추정하는 것이기 때문에 상속인들이 그 재산에 대해 상속 또는 사전증여받은 재산이 아니라, 피상속인이 자신을 위해 사용·처분했다는 것을 입증하면 상속재산에 포함되지 않을 수 있다. 여기서 중요한 것은 입증책임이 상속인들에게 있다는 것이다.

그럼 사용처가 불분명하면 모두 추정상속재산에 포함되는가? 그렇지는 않고, 그 요건은 다음과 같다.

첫째, 사용처가 불분명한 재산이 1년 내 2억 원 이상 또는 2년 내 5억 원 이상이면 적용되며, 현금·예금·유가증권, 부동산·부동산권리, 기타 재산, 채무로 구분해 계산한다.

둘째, 국가·지자체·금융기관이 아닌 자에 대한 채무로 상속인이 변제할 의무가 없다고 추정되면 과세가액에 산입한다.

그리고 세무조사 과정에서 추정상속재산에 해당하는 재산이 발견되면 전액 상속재산에 포함되는가? 이 부분에 대해서도 상속재산에 포함되는 금액의 계산식이 별도로 규정되어 있으며, 그 식은 다음과 같다.

추정상속재산은 미입증금액−Min(처분재산가액 등×20% 또는 2억 원)

사례를 예로 들어 설명하면 대출금액 5억 원 중 용도가 확인된 금액이 0원이기 때문에 미입증 5억 원 중 소명이 필요하지 않은 금액은 1억 원[Min(5억 원×20%(1억 원), 또는 2억 원)=1억 원]이다. 따라서 추정상속재산은 5억 원에서 소명이 불필요한 금액 1억 원을 뺀 4억 원이다.

결국 김 과장과 공동상속인들은 추정상속재산 4억 원에 대한 상속세 신고를 누락했기 때문에 추가로 상속세와 가산세를 납부해야 한다.

① 상속개시일로부터 1년 이내에 2억 원, 2년 이내에 5억 원 이상을 용도가
　불분명하게 사용한 경우
② 사용한 금액의 사용처를 80% 이상 소명하지 못한 경우

만약 이런 경우처럼 피상속인(부모)이 자신의 예금을 인출해 사용했다면 상속인(자녀)들은 피상속인의 생활비로 사용한 내역, 치료비 내역, 부채 상환 내역 등을 꼼꼼히 확인 후 입증해야 한다. 이렇게 사용처가 객관적으로 명백하면 추정상속재산에서 제외되어 추가적인 세금을 납부하지 않아도 된다. 또한 상속개시 전 10년 내 증여 재산은 상속세 과세가액에 가산되므로 추정상속재산과 사전 증여 재산을 구분해 관리해야 한다.

그리고 부모님의 예금 재산을 상속이 임박해서 인출할 경우 또 하나의 불이익이 발생할 수 있다. 그것은 금융재산 상속공제와 관련되어 있다. 상속재산 중 금융채무를 제외한 순금융재산에 대해선 상속공제를 할 수 있다. 공제 기준과 한도는 순금융재산이 2,000만 원 이하면 전액을 상속재산에서 공제하고, 2,000만 원 초과 1억 원 이하인 경우엔 2,000만 원, 1억 원 초과 10억 원 이하인 경우에는 순금융재산의 20%를 공제하고, 순금융재산이 10억 원을 초과할 경우에는 2억 원을 공제한다. 그런데 예금을 그대로 두지 않고 인출해 사용한 경우(자녀들에게 무신고 증여한 경우 등 포함)에는 금융재산 상속공제를 받을 수 없다.

결국 상속이 임박한데 재산을 처분해 불분명하게 사용하는 것은

상속세를 줄일 수 있는 방법에 해당하지 않을 수 있다. 더군다나 예금 등 금융재산을 불분명하게 사용하는 경우엔 추정상속재산에도 포함되고, 금융재산 상속공제를 받을 수 없어 오히려 상속세를 더 많이 납부해야 상황이 될 수도 있다.

금융재산 상속공제액

순금융재산	금융재산 상속공제액
2,000만 원 이하	순금융재산 전액
2,000만 원 초과 1억 원 이하	2,000만 원
1억 원 초과 10억 원 이하	순금융재산×20%
10억 원 초과	2억 원

미리 증여하면
상속세가 왜 적어지나요?

CASE

40억 원 정도의 재산을 보유한 60대 홍길동 씨는 본인의 사망 이후 자녀들이 상속세를 내야 하는 것에 대해 고민이 많다. 한편으론 '재산을 물려주는 것만으로도 감사해야 할 일'이라고 생각하지만, 힘들게 일군 재산이 세금으로 줄어드는 것은 받아들이고 싶지 않다. 그래서 최근 상속세 절세에 관심이 많은데, 지인이 자녀들에게 미리 증여하면 상속세가 적어진다고 했다. 그 이유는 무엇인가?

상속세 과세가액에 합산되는 재산에 과거 증여한 재산이 있는데, 사전증여재산을 상속재산에 합산하는 이유는 피상속인이 장차 상속세가 과세될 재산을 상속개시 전에 상속인에게 증여의 형태로 재산을 이전하면 상속재산가액이 작아지고, 누진세율에 따른 상속세 부담이 낮아질 수 있기 때문이다.

이에 대한 이해를 위해 다음 표를 보면 홍길동 씨가 보유한 재산을 배우자와 자녀들에게 지금 증여한다면 총 증여세가 6억 6,000

만 원이 발생한다. 그런데 지금 증여하지 않고 홍길동 씨가 보유하고 있으면 재산가액은 계속 증가할 것이다. 그리고 사망 시점의 재산 가액이 60억 원이라면 상속세는 약 10억 1,000만 원이 발생하고, 재산 가액이 80억 원이라면 약 15억 7,000만 원으로 상승하는 것을 알 수 있다. 따라서 증가할 것으로 예상되는 많은 상속세를 줄이기 위해 사전에 증여한 재산을 상속재산가액에 합산함으로써 조세부담의 공평을 도모하기 위해 위한 제도이다.

그럼, 사전에 증여한 재산은 조건 없이 모두 상속재산에 합산해야 할까? 그리고 이미 납부한 증여세는 어떻게 되는 것인가? 이에 대해 현행 상속세 및 증여세법에서는 합산 대상 증여재산의 범위를 정하고 있다.

첫째, 상속개시일 전 10년 이내에 피상속인이 상속인에게 증여한 재산가액
둘째, 상속개시일 전 5년 이내에 피상속인이 상속인이 아닌 자에게 증여한 재산가액

여기서 상속인과 상속인이 아닌 자의 구분은 상속개시일 현재를 기준으로 판단하며, 상속 포기를 하는 경우에도 이 사전증여재산 합산 규정이 적용된다.

지금 증여 시 예상 증여세

[단위: 천 원]

구 분	배우자	자녀 1	자녀 2
증여가액	1,500,000	1,000,000	1,000,000
증여공제	600,000	50,000	50,000
과세표준	900,000	950,000	950,000
세율	30%	30%	30%
산출세액*	210,000	225,000	225,000
총 증여세	660,000		

* 과세표준×세율−누진공제

재산가액 상승 후 예상 상속세

[단위: 천 원]

구분	금액	
상속세 과세가액	6,000,000	8,000,000
배우자공제	2,571,429	3,428,571
일괄공제	500,000	500,000
과세표준	2,928,571	4,071,429
세율	40%	50%
산출세액*	1,011,429	1,575,714

* 과세표준×세율−누진공제

그리고 이미 납부한 증여세와 관련해서는 사전에 증여한 재산을 상속재산가액에 포함할 경우 동일한 재산에 대해 증여세와 상속세가 이중 과세되므로, 이러한 이중 과세를 방지하기 위해 이미 납부한 증여세에 대해선 상속세 산출세액에서 기납부세액으로 공제한다.

그럼, 여기서 중요한 개념인 상속인과 비상속인을 구분해보자. 일반적인 가정의 경우에는 상속이 발생하면 가족 구성원 중 배우자, 자녀(양자 포함), 손자녀(대습상속인 경우만), 자녀의 배우자(대습상속인 경우만)가 상속인이고, 그 이외의 사람들은 상속인이 아닌 자이다. 상속인이 아닌 대표적인 가족이 며느리, 사위, 손자녀, 형제자매 등이다. 이를 쉽게 설명하면 자녀에게 사전증여한 경우에는 상속개시일 전 10년 이내 증여한 재산만 상속재산에 포함되고, 손주에게 증여한 재산은 5년 이내에 증여한 재산만 포함된다는 것이다.

그럼, 사전증여재산을 상속재산가액에 합산할 경우 그 재산가액 평가는 어느 시점의 가액을 기준으로 해야 할까? 그것은 증여일 현재의 가액을 기준으로 합산한다. 따라서 증여 이후 재산 가치가 상당히 크게 상승했다 하더라도 상승분만큼은 상속재산가액에 합산되지 않기 때문에 상속세 절세 효과가 발생해 사전증여를 적극 권유하는 이유이다.

사전증여재산의 상속세 과세가액 합산과 관련된 몇 가지 사례를 더 알아보자.

첫째, 피상속인 명의의 예금을 상속개시일 전에 인출해 상속인이 보관하는 경우에는 인출된 금전을 단순히 상속인 등이 보관하기 위한 것인지, 아니면 상속인 등에게 증여한 것인지에 대해서는 예금의 인출 경위 등 구체적인 사실을 확인해 판단해야 한다.

둘째, 부담부증여의 경우 가산하는 증여재산가액은 증여재산가액에서 인수한 채무액을 공제한 가액이 증여세 과세가액이므로 부담부증여재산을 상속재산에 가산하는 경우에도 마찬가지로 채무를 공제한 증여세 과세가액을 합산해야 한다.

셋째, 기간 제한 없이 무조건 가산하는 증여재산가액으로는 ① 창업 자금에 대한 증여세 과세특례를 적용받은 경우, ② 가업의 승계에 대한 증여세 과세특례를 적용받은 경우가 해당한다. 이 부분에 대해서는 〈가업승계편〉에서 자세히 설명하겠다.

넷째, 상속세 과세가액에 가산하는 증여재산에 대해 증여세를 신고·납부하지 않아 증여세가 부과되지 않은 경우에는 해당 증여재산에 대해 증여세를 먼저 과세하고, 그 증여재산가액을 상속세 과세가액에 가산하여 상속세를 부과한다. 그리고 상속세 재산가액에 합산되는 증여재산에 대한 증여세액은 상속세 산출세액에서 공제한다.

사전증여재산이라도 상속세 과세가액에 합산되지 않는 증여재산이 있는데, 열거하면 다음과 같다. ① 비과세 증여재산, ② 공익법인 등에 출연한 재산, ③ 공익신탁한 재산, ④ 장애인이 증여받은 5억 원 이내 재산, ⑤ 합산배제 증여재산, 전환사채 등의 주식 전환 등에 따른 이익의 증여, 주식 또는 출자 지분의 상장 등에 따른 이익의 증여, 합병에 따른 상장 등 이익의 증여, 기타 이익의 증여 등, ⑥ 자경농민 및 영농자녀가 증여받은 농지 등, ⑦ 증여자인 피상속인보다 수증자인 상속인이 먼저 사망한 경우, ⑧ 조세특례가 적용된 특정 채권 등이 있다.

사전증여 후 10년 이내 상속 발생 시 상속세 과세가액 포함 여부

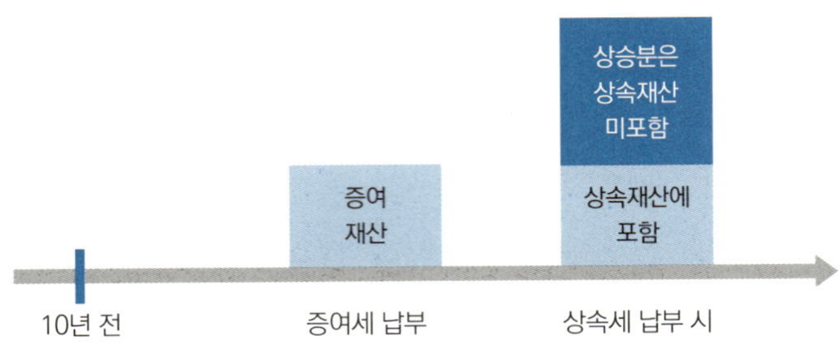

10년 전 사전증여 후 상속 발생 시 상속세 과세가액 포함 여부

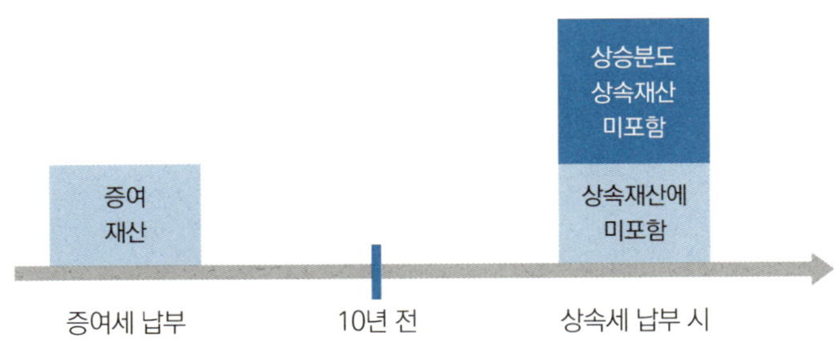

상속재산이 10억 원 미만이어도 경험이 많은 세무사를 통해 상속세 신고를 해야 합니다

CASE

직장생활을 하는 김 과장은 4년 전 부친이 사망해 상속세를 신고하기 위해 부친의 상속재산을 파악해보았다. 그 결과, 생활했던 아파트와 예금 등을 합해 약 8억 원 정도였다. 모친이 생존해 계시기 때문에 10억 원을 넘지 않으면 상속세가 없다는 말을 듣고 모친, 여동생과 상의해 상속세 신고를 하지 않았다. 그런데 4년이 지난 얼마 전 부친의 상속재산에 대한 세무조사를 하겠다는 통지서를 받았다. 어떻게 된 것일까?

이런 상황이 발생하는 대부분의 경우는 첫 번째는 사전증여재산이 있거나, 두 번째는 추정상속재산 문제이다.

상속인들이 상속세 신고를 하지 않자 과세관청이 세무조사를 통해 피상속인과 상속인들의 10년간 금융거래 내역을 추적해 증여로 추정되는 자금의 이체 내용을 파악했는데, 그 금액이 대략 4억 원 정도였다. 그럼 이 4억 원이 사전증여재산에 해당하지 않는다는 것을 상속인들이 입증해야 하는데, 오래전 일이기 때문에 자세한 내용을 모를 수도 있고, 실질적으로 증여를 받았는데 무신고했을 가능성도 매우 높다.

두 번째 추정상속재산이 문제가 되었다. 과세 관청이 세무조사를 하는 과정에서 부친이 사망하기 2년 전 모 지역의 토지를 처분하고 6억 원의 매각 자금을 수령했는데, 상속개시 시점엔 6억 원의 매각 자금이 없는 것을 알게 되었다. 이에 과세 당국이 상속인들에게 부친이 토지 매각 자금 6억 원을 어떻게 사용했는지를 입증하라고 한 것이다. 이것이 앞에서 공부한 추정상속재산에 대한 부분인데, 상속인들은 6억 원의 존재를 모르고 있었던 것이다.

이렇게 세무조사를 통해 대략적인 부친의 상속세 과세가액은 16억 8,000만 원[8억 원+4억 원(사전증여재산)+4억 8,000만 원(추정상속재산)=6억 원-MIN(6억 원×20% 또는 2억 원)]으로 산정되어 상속세 8,200만 원과 가산세를 납부해야 한다.

구분	금액
상속세 과세가액	16억 8,000만 원
배우자공제*	7억 2,000만 원
일괄공제	5억 원
과세표준	4억 6,000만 원
세율	20%
산출세액**	8,200만 원

* 16억 8,000만 원×1.5/3.5=7억 2,000만 원
** 과세표준×세율-누진공제(1억 6,000만 원)

이 사례는 많은 것을 시사한다.

첫째, 상속세는 세금이 0원이라도 '신고'는 필수라는 것이다. 만약 김 과장과 가족이 부친의 상속재산이 10억 원 이상이라는 것을 제때 알고, 경험 많은 세무사를 통해 신고했다면 세금은 8,200만 원보다 훨씬 적었을 것이다. 그리고 4년이 지난 시점에 세무조사를 받는 일도 없었을 것이다. 이 정도 상속재산을 신고했다면 과세관청은 상속세 신고서에 대한 서면 검토 후 간단한 소명 요청 등으로 마무리할 수 있는 일을 무신고함으로 인해 세무조사의 대상이 되어 많은 상속세와 가산세를 납부하게 된 것이다.

둘째는 사전증여재산, 추정상속재산은 상속인들이 개인적으로 판단하기 매우 어려울 수 있다는 것이다. '10년 이내 가족 간 계좌이체 내역', '부친의 부동산 처분 자금의 사용' 등에 상속인들이 자세히 알고 상속세 신고 시에 반영한다는 것은 불가능에 가까울 수 있다.

그렇기 때문에 상속세를 신고하는 과정에서 중요한 부분 중 하나가 어떤 세무사를 통해 상속세 신고를 하느냐이다. 무조건 당장의 세금만 줄이는 것이 능사가 아니고, 합리적인 금액의 세금은 납부하더라도 향후 세무조사 등의 위험을 최소화하는 것이 중요하다.

이를 위해서는 상속세 신고를 많이 한 경험이 풍부한 세무사를 선택하는 것이 합리적이다. 시험 문제의 유형 중 주관식 문제는 출제자의 의도에 적합한 답을 작성해야 고득점을 얻을 수 있는데, 상속세의 경우엔 주관식 문제에 가깝다고 할 수 있다. 그렇기 때문에 상속세 신고에 대한 경험이 많은 세무사가 적합한 답을 작성할 가능성이 높다고 할 수 있다.

기납부세액 공제 한도:
미리 증여했더니 증여세를 상속세보다
더 납부했어요. 왜 그런가요?

CASE

30억 원 정도의 재산을 보유한 70대 홍길동 씨는 본인의 사망 이후 자녀들이 상속세를 내야 하는 것에 대해 고민이 많다. 한편으론 '재산을 물려주는 것만으로도 감사해야 할 일'이라고 생각하지만, 힘들게 일군 재산이 세금으로 줄어드는 것은 받아들이고 싶지 않다. 지인이 자녀들에게 미리 증여하면 상속세가 적다고 해서 아는 세무사와 자녀들에게 사전증여하는 부분에 대해 상의했는데 세무사는 오히려 증여세가 상속세보다 더 많이 발생하니 사전증여를 하지 말라고 한다. 그 이유는 무엇인가?

이에 대한 해답은 앞에서 공부한 내용 중 이미 납부한 증여재산에 대한 증여세를 상속세 산출세액에서 기납부세액으로 공제할 때 한도와 관련되어 있다. 이것은 기납부한 증여세를 공제해주는 것이지, 환급해주는 것은 아니다. 이것이 무슨 뜻이냐 하면, 만약에 사전 증여재산을 합산해 계산한 상속세가 1억 원이고 이미 납부한 증여세 1억 5,000만 원이라면 납부할 상속세 1억 원에서 이미 납부한 증여세 1억 원만 공제해주는 것이고, 5,000만 원은 환급하지 않는다는 뜻이다. 따라서 이런 경우에는 사전증여를 함으로써 오히려 세금을 더 납부한 경우가 되었다.

왜 이런 상황이 발생했을까? 이와 관련해서는 3가지 이유가 있다고 생각한다. 첫째는 홍길동 씨가 보유한 재산 규모가 매우 큰 부자가 아닐 경우에 해당할 수 있다. 둘째는 홍길동 씨가 보유한 재산의 가치 상승이 크지 않은 자산일 수 있다. 셋째는 홍길동 씨의 나이가 많거나 건강이 좋지 않아 증여하고 가치 상승이 크게 되기 전에 사망하는 경우일 수 있다.

다음 표를 보면, 홍길동 씨의 재산 현재 30억 원을 배우자와 자녀 2명에게 증여 시 가장 적은 증여세는 5억 1,000만 원이다. 그런데 30억 원에 대한 상속세는 3억 2,500만 원이다. 이 경우 실질적으로 납부할 상속세는 없다. 하지만 납부한 증여세 5억 1,000만 원과 납부할 상속세 3억 2,500만 원 차이인 1억 8,500만 원은 환급받을 수 없어 더 납부한 세금이 되는 것이다.

지금 증여 시 예상 증여세

[단위: 천 원]

구 분	배우자	자녀 1	자녀 2
증여가액	1,500,000	750,000	750,000
증여공제	600,000	50,000	50,000
과세표준	900,000	700,000	700,000
세율	30%	30%	30%
산출세액*	210,000	150,000	150,000
총 증여세		510,000	

* 　과세표준×세율−누진공제(6천만 원) 반영

재산가액 상승 후 예상 상속세

[단위: 천 원]

구분	금액		
상속가액	3,000,000	3,500,000	4,000,000
배우자공제	1,285,714	1,500,000	1,714,286
일괄공제	500,000	500,000	500,000
과세표준	1,214,286	1,500,000	1,785,714
세율	40%	40%	40%
산출세액	325,714	440,000	554,286

* 과세표준×세율−누진공제(1.6억 원) 반영

그리고 표를 보면 홍길동 씨의 상속재산이 40억 원이 되어야 상속세가 5억 5,400만 원으로 사전증여하는 것이 세금이 적다는 것을 알 수 있다. 따라서 앞에서 예로 든 3가지 중 어느 하나라도 해당한다면 미리 증여하는 것보다는 상속을 통해 재산을 이전하는 것이 세금 부분에서 유리하다고 할 수 있다.

물론 상속으로 재산을 이전하면 상속인들이 '서로 많이 갖겠다. 서로 좋은 물건 갖겠다' 등 분쟁이 발생할 수 있으므로 이에 대한 대비로 정확하게 작성한 유언장이나 유언대용신탁을 통해 그에 대한 준비를 할 필요가 있다.

비상속인에게 증여:
아들보다 손주에게 증여하는 것이
상속세가 더 적나요?

CASE

100억 원의 재산을 보유한 70대 홍길동 씨는 본인의 사망 이후 배우자와 자녀들이 상속세를 내야 하는 것에 대해 고민이 많다. 한편으로는 '재산을 물려주는 것만으로도 감사해야 할 일'이라고 생각하지만, 힘들게 일군 재산이 세금으로 줄어드는 것은 받아들이고 싶지 않다. 그래서 최근엔 상속세 절세에 관심이 많은데, 지인이 아들보다 손주에게 증여하면 상속세가 적다고 하는데, 이게 무슨 말일까?

앞에서 공부한 사전증여재산의 상속세 과세가액 합산과 관련한 부분을 다시 한번 확인해볼 필요가 있다. 상속개시일로부터 상속인에게 10년 이내에 증여한 재산과 비상속인에게 5년 이내에 증여한 재산은 상속세 과세가액에 합산되는 증여재산이다. 하지만 상속인에게 10년 이전에 증여한 재산과 비상속인에게 5년 이전에 증여한 재산은 상속세 과세가액에 포함되지 않아 추가적인 상속세가 발생하지 않는다.

10년보다는 5년이 더 빨리 지나가는 것은 자명한 사실이다. 따라서 일찍 증여하지 못해 많은 상속세가 예상되는 경우엔 비상속인에 해당하는 며느리, 사위, 손주들에게 증여하는 것을 고민해볼 수 있다.

이해를 돕기 위해 예를 들어 설명해보자. 홍길동 씨가 7년 전 자녀에게 5억 원을 증여하고 사망한 경우와 7년 전 며느리 또는 손주에게 5억 원을 증여하고 사망한 경우의 상속세를 비교하면 다음 표와 같다. 먼저 [표 1]과 [그림 1]을 보면 자녀에게 5억 원을 증여하면 홍길동 씨의 재산은 95억 원으로 감소하지만, 증여 후 10년 이내에 상속이 발생했기 때문에 7년 전 증여한 재산 5억 원이 상속재산에 포함되어 홍길동 씨의 상속재산가액은 100억 원이 되고, 그에 대해 납부할 상속세는 27억 1,000만 원이 된다.

표 1. 상속인에게 7년 전 증여 후 상속 발생 시 예상 상속세

① 자녀에게 증여 시 증여세 [단위: 천 원]

수증자	자녀
증여가액	500,000
증여공제	50,000
과세표준	450,000
세율	20%
산출세액*	80,000
세대생략 할증	0
납부할 세액	80,000

* 과세표준×세율−누진공제

② 자녀에게 증여 후 상속세 [단위: 천 원]

구분	금액
상속재산가액	10,000,000
배우자공제	3,000,000
일괄공제	500,000
과세표준	6,500,000
세율	50%
산출세액*	2,790,000
기납부세액공제**	80,000
납부할 세액	2,710,000

* 과세표준×세율−누진공제
** 7년 전 납부한 증여세

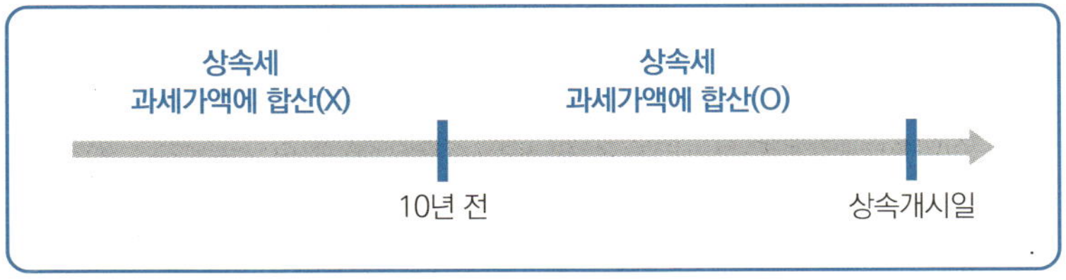

그리고 다음 페이지의 [표 2]와 [그림 2]를 보면 비상속인에 해당하는 며느리 또는 손주에게 5억 원을 증여하면 홍길동 씨의 재산은 95억 원으로 감소하고, 증여 후 5년이 경과해 상속이 발생했기 때문에 7년 전 증여한 재산 5억 원은 상속재산에 포함되어 않아 홍길동 씨의 상속재산가액은 95억 원이 되어 그에 대해 납부할 상속세는 25억 4,000만 원이 된다. 즉, 상속인에게 증여하는 것보다 비상속에게 증여하는 것이 상속세가 적다는 것을 알 수 있다.

표 2. 비상속인에게 7년 전 증여 후 상속 발생 시 예상 상속세

① 비상속인에게 증여 시 증여세

[단위: 천 원]

구 분	며느리	손주(성인)
증여가액	500,000	500,000
증여공제	10,000	50,000
과세표준	490,000	450,000
세 율	20%	20%
산출세액*	88,000	80,000
세대생략 할증	0	24,000
납부할 세액	88,000	104,000

* 과세표준×세율−누진공제

② 비상속인에게 증여 후 상속세

[단위: 천 원]

구 분	금 액
상속가액	9,500,000
배우자공제	3,000,000
일괄공제	500,000
과세표준	6,000,000
세 율	50%
산출세액*	2,540,000
기납부세액공제	0
납부할 세액	2,540,000

* 과세표준×세율−누진공제

그림 2. 비상속인에 증여한 경우 상속세 과세가액 합산 구분

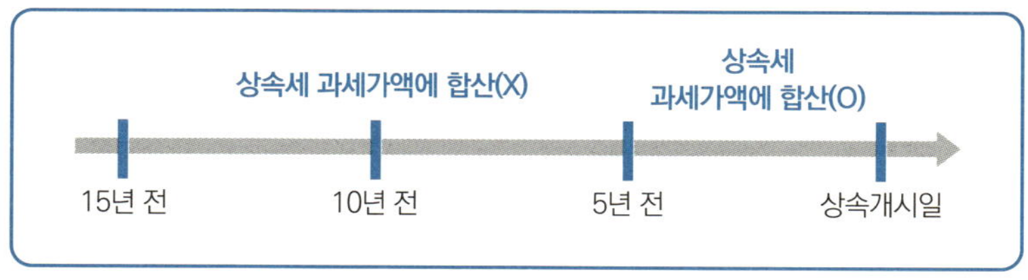

12

몸이 아픈 아내에게 증여하면 상속세를 줄일 수 있어요

30억 원 정도의 자산을 보유하고 배우자와 자녀 2명과 행복한 생활을 하던 홍길동씨에게 큰 불행이 찾아왔다. 평생의 반려자로서 자녀 교육과 재산 형성에 큰 공헌을 했던 배우자가 췌장암 판정을 받고 여생이 얼마 안 남았다는 것을 알게 되었기 때문이다. 그리고 배우자가 먼저 사망하고, 나중에 홍길동 씨가 사망하면 배우자 없기 때문에 상속세를 많이 납부해야 한다는 말을 들었다. 합법적으로 상속세를 줄일 수 있는 방법은 없을까?

우선, 홍길동 가정의 상속 발생 순서를 예상하면 배우자가 먼저 사망하고, 그 이후에 홍길동 씨가 사망할 가능성이 높다. 다음 표에 세금 계산을 한 것처럼 홍길동 씨가 사망했을 때 배우자가 생존해 있으면 배우자공제를 최대한 활용해 상속세를 3억 2,500만 원 납부한다. 하지만 배우자가 먼저 사망하면 배우자공제를 받을 수 없어 상속세를 8억 4,000만 원 납부해야 한다. 이런 이유 때문에 홍길동 씨는 조금이라도 상속세를 절세하고 싶어 하는 것이다.

이 경우에도 사전증여를 하는 방법이 있다. 일반적인 경우엔 상속인에게 10년 이내에 증여한 재산은 상속세 과세가액에 합산된다. 하지만 사전증여재산 중 일정 요건을 충족하면 합산이 되지 않는 경우가 있는데, '증여받은 상속인이 증여한 피상속인보다 먼저 사망한 경우'엔 증여한 피상속인의 상속세 과세가액을 산정할 때 사망한 상속인에게 증여한 재산은 합산하지 않는다'는 규정이다.

배우자에게 증여하지 않은 경우 예상 상속세

[단위: 천 원]

구 분	배우자공제 가능	배우자공제 불가능
상속재산	3,000,000	3,000,000
배우자공제	1,285,714	0
일괄공제	500,000	500,000
과세표준	1,214,286	2,500,000
세 율	40%	40%
산출세액	325,714	840,000

① 배우자 10억 증여 시 증여세

구 분	가 액
증여재산	10억 원
증여공제	6억 원
과세표준	4억 원
세율	20%
산출세액	7,000만 원

3억 3,000만 원

5억 1,000만 원

② 배우자 10억 증여 후 예상 상속세

구 분	가 액
상속재산	20억 원
배우자공제	0
일괄공제	5억 원
과세표준	15억 원
세 율	40%
산출세액	4억 4,000만 원

이 사례에 대입하면 홍길동 씨가 먼저 배우자에게 10억 원의 재산을 증여하면 증여세 7,000만 원[(10억 원-6억 원)×20%-1,000만 원(누진공제)=7,000만 원]을 납부하면 된다. 그리고 배우자가 먼저 사망하면 홍길동 씨는 상속을 포기하고, 자녀들만 배우자의 재산 10억 원을 상속받는다. 이 경우 상속세는 배우자공제 5억 원(홍길동 씨가 상속 포기해도 가능)과 일괄공제 5억 원을 공제하면 과세표준이 0이기 때문에 납부할 상속세가 없다. 그리고 미래 홍길동 씨가 사망하면 20억 원에 대한 상속세 4억 4,000만 원[(20억 원-5억 원)×40%-1억 6,000만 원(누진공제)=4억 4,000만 원]을 납부하면 된다. 이렇게 함으로써 상속세를 3억 3,000만 원 절세할 수 있다.

13

장학재단을 만들어 출연하면 상속세를 줄일 수 있나요?

70대 자산가인 홍길동 씨는 어렸을 때 배우지 못한 것에 대한 설움과 한이 많아 자녀들 교육에 최선을 다해 1남 1녀의 자녀들을 훌륭하게 성장시켰다. 그러다 보니 자녀들에게는 굳이 자신의 재산을 물려주지 않아도 좋을 것 같다는 생각을 하고 있다. 이런 홍길동 씨에게 지인이 장학재단을 설립하고 출연하면, 어려운 환경의 학생들을 도울 수 있어 보람 있고, 상속세도 발생하지 않아 자녀들도 좋아할 것이라고 했다. 정말로 장학재단 설립이 좋은 것일까?

상속세 및 증여세법 제16조에는 공익법인 등에 출연한 재산에 대한 상속세 과세가액 불산입 규정이 있는데, 세법에서 이 규정을 둔 목적은 피상속인의 재산이 공익적인 목적에 쓰이도록 장려하고자 세금 혜택을 주는 제도라고 할 수 있다. 그러다 보니 세법에서는 해당 요건을 꼼꼼히 정하고 있는데, 다음과 같다.

먼저 공익법인에 출연하는 재산의 종류와 출연 기한에 대해 알아보자. 첫째, 상속재산 중 피상속인이나 상속인이 종교·자산·학술 관련 사업 등 공익성을 고려하여 대통령령이 정하는 사업을 하는 자에게 출연한 재산이어야 한다. 둘째, 상속세 신고기한(상속일이 포함된 달의 말일로부터 6개월까지)까지 재산을 출연해야 한다. 셋째, 부득이한 사유로 상속세 기한까지 출연하지 못할 경우에는 그 사유가 없어진 날이 속하는 달의 말일부터 6개월까지 재산을 출연해야 한다. 여기서 말하는 부득이한 사유에는 법령상 또는 행정상의 이유로 소유권 이전 지연, 공익법인 설립허가 지연 등이 해당한다.

다음으로는 출연 요건에 대해 알아보자. 첫째, 공익법인에 재산을 출연하기 위해선 피상속인이 출연하거나, 2인 이상 공동상속인이 있는 공동상속인 간의 합의에 따라 출연해야 한다. 둘째, 상속인이 재산을 출연한 공익법인의 이사가 되고자 할 경우엔 이사 현원의 5분의 1을 초과할 수 없다. 셋째, 상속인은 공익법인 사업 운영 관련 중요 사항에 대한 결정을 할 권한을 보유할 수 없다.

마지막으로 출연 재산에 대해 알아보자. 출연 재산에는 부동산, 금융재산, 주식 등 모든 재산이 가능하나, 주식에 대해선 특별 규정을 정하고 있다. 특별 규정은 첫째, 공익법인이 보유할 수 있는 주식은 원칙적으로 회사 전체 주식의 10% 이내이다. 둘째, 상호 출자 제한 기업집단과 특수관계에 있는 공익법인의 경우에는 해당 회사 주식의 5% 이내만 보유할 수 있다. 셋째, 예외적으로 주식의 의결권을 포기하거나 자선, 장학, 사회복지를 주로 하는 공익법인일 때는 20%까지도 보유할 수 있다.

과장해서 설명하면 법인을 운영하는 대표가 법인 지분 100%를 공익법인에 출연하고 싶어도 할 수 없다는 것이다. 해외의 경우엔 이 부분에 대한 제약이 크지 않아 많은 법인이 공익법인을 활용한 가업승계를 하고 있으나, 아직 우리나라는 이 부분에 대해서만은 제약을 심하다. 공익법인을 통해 가업승계를 한 해외 사례 중 파타고니아의 사례를 살펴보자.

해외 아웃도어 브랜드인 '파타고니아(Patagonia)'의 창업자 이본 쉬나드는 회사 가치의 98%에 해당하는 의결권 없는 주식을 환경보호를 위한 비영리단체에 기부했다. 그리고 나머지 2%의 의결권 있는 주식은 '파타고니아 목적 신탁'에 귀속시켰다. 이를 통해 파타고니아는 회사의 경영권은 유지하면서 수익의 대부분을 환경보호에 사용할 수 있게 됐고 동시에 상속세 부담도 크게 줄일 수 있었다.

홍길동 씨가 전 재산을 출연해 장학재단을 설립함으로써 상속세를 절세하는 것은 혜택이라고 할 수 있지만, 불리한 점은 없을까? 세상에 장점만 있는 제도는 없다. 이 제도에도 약점이라고 할 수 있는 부분이 몇 가지 있다.

첫째, 홍길동 씨가 설립한 장학재단의 의사결정은 이사회에서 하는데, 이사회를 구성하는 이사 중 피상속인의 특수관계인들이 이사 현원의 5분의 1을 초과할 수 없다는 요건이 있다. 만약 홍길동 씨가 이사장이라면 4명의 이사는 자신과 특수관계인이 아닌 사람으로 구성해야 한다는 것이다. 초기에는 다른 이사들도 홍길동 씨의 결정을 최대한 존중하겠지만, 다른 이사들이 공모를 한다면 홍길동 씨의 뜻대로 장학재단을 경영하지 못하거나, 이사장직에서 쫓겨날 수 있다.

둘째, 공익법인에 재산 출연 후 피상속인이나 상속인들의 심경에 변화가 올 수 있다. 장학재단에 재산을 출연했음에도 불구하고, 장학재단의 재산을 자신들의 것이라고 생각해 장학재단의 재산을 사적으로 사용하고 유흥비로 탕진하는 경우가 발생하는 것이다. 상속세를 납부하지 않은 것까지는 좋았는데, 더 이상 자신들의 재산이 아니라는 현실 인식을 못하는 경우도 있다.

셋째, 공익법인을 활용한 상속세 등의 탈루 행위가 증가하고 있어 과세 당국에서는 출연 재산에 대한 사후관리를 강화하고 있다. 사후관리 대상이 되는 출연받은 재산에는 해당 재산 원본과 원본으로 취득한 재산, 해당 재산의 운용 수익으로 취득한 재산 및 해당 재산의 매각 대금으로 취득한 재산, 이를 반복하여 취득한 재산 일체를 포함하도록 하는 등 사후관리를 강화하고 있다.

따라서 공익법인을 설립하고 재산을 출연하는 목적이 단순히 상속세를 줄이기 위한 것이라면 현명한 방법이라고 할 수 없다. 진정으로 공익과 좋은 일에 자신의 재산이 잘 쓰이기를 바라는 마음과 그 마음을 자손들에게 성공적으로 전승할 수 있다면, 공익법인에 재산 출연을 통한 상속세 절세 플랜을 권유하고자 한다.

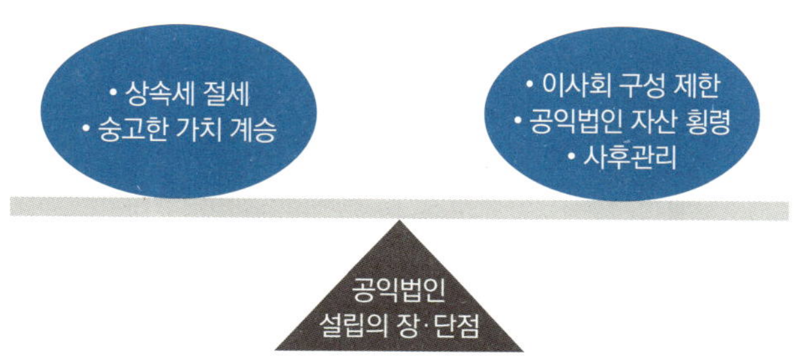

14

상속세 연대납부제도: 자녀가 납부할 상속세를 모친이 대신 납부해도 증여세가 발생하지 않나요?

CASE

김 과장과 가족은 부친이 사망해 상속세를 납부해야 한다. 부친의 상속재산은 약 40억 원 정도이며, 모친이 20억 원, 김 과장과 동생이 각각 10억 원씩 재산 분할을 했다. 예상 상속세는 약 6억 원인데, 이 상속세 6억 원{[(40억 원-17억 원(배우자공제)-5억 원(일괄공제)]×40%-1억 6,000만 원(누진공제)=5억 6,000만 원+지방세 10%≒6억 원}을 모친이 모두 납부할 수 있다고 하는데, 문제가 발생하지는 않을까?

상속세 및 증여세법 제3조의2 제1항은 상속인은 상속재산 중 각자가 받았거나 받을 재산을 기준으로 상속세를 납부할 의무가 있다고 규정하고, 같은 조 제3항은 공동상속인은 각자가 받았거나 받을 재산을 한도로 연대하여 납부할 의무가 있다고 규정하고 있다. 이 부분을 김 과장의 사례에 대입하면 상속세 6억 원을 모친이 3억 원, 김 과장과 동생이 각각 1억 5,000만 원씩 납부하는 것이 원칙이다.

하지만 공동상속인 관계인 모친과 김 과장 형제는 연대납세의무가 있기 때문에 모친이 상속세 6억 원 전부를 납부하더라도 김 과장과 동생에게 증여세가 발생하지 않는다. 물론 이 경우 모친이 대신 납부한 세금이 상속받은 재산을 초과한다면 자녀들 대신 납부한 상속세에 대해선 모친이 김 과장과 동생에게 증여한 것으로 보아 증여세를 납부해야 한다. 하지만 김 과장의 사례에서는 모친이 대신 납부한 세금(3억 원)이 상속받은 재산(20억 원)보다 적기 때문에 추가적인 증여세 문제가 발생하지 않는다.

그리고 이 제도를 활용하면 추가적인 이익이 있다. 그것은 모친이 김 과장과 동생의 상속세를 대신 납부해줌으로써 미래 모친의 상속세도 줄일 수 있다는 것이다. 그 이유는 모친이 김 과장과 동생의 상속세를 대신 납부해 모친의 재산 3억 원이 감소했기 때문이다. 현재 모친의 상속세율이 40%(과세표준 10억~30억 원)에 해당하기 때문에 상속세 1억 2,000만 원(3억 원×40%=1억 2,000만 원)을 줄일 수 있는 것이다.

여기서 한발 더 나아가 보자. 부친의 상속재산 분할 시 모친과 김 과장 형제는 각각 어떤 재산을 상속받는 것이 유리할까? 그건 모친은 금융 재산 위주로, 그리고 김 과장 형제는 부동산 재산 위주로 상속받는 것이 합리적이다. 그 이유는 모친이 6개월 이내에 상속세 6억 원을 납부하기 위해선 금융 재산이 있어야 하기 때문이다. 또한 모친은 상속받은 금융 재산을 생활비로 활용하면서 소진한다면 미래 상속세도 감소할 수 있다.

반대로 김 과장 형제는 시간의 경과에 따라 가치가 상승할 가능성이 높은 부동산 위주로 상속받는 것이 유리하다. 만약 부동산을 모친이 상속받으면 미래 모친의 상속세는 상당히 증가할 것으로 예상되기 때문이다. 그리고 김 과장 형제가 부동산을 상속받으면 취득세는 한 번 납부하지만, 모친이 상속받으면 모친 사망 시 취득세가 또 발생하기 때문에 총 두 번 납부하게 된다.

15

상속세가 많으면 나누어 납부하거나 부동산으로 물납할 수 있어요

CASE

부동산 자산가인 김부자 씨가 최근 사망했다. 유가족으로는 배우자와 3남매가 있으며, 상속재산가액은 150억 원 정도이다. 그리고 <상속재산에 따른 예상 상속세 현황> 표를 보면 예상 상속세가 약 53억 원 정도인 것을 알 수 있다. 유가족은 당장 53억 원의 상속세를 납부할 현금이 없는데 어떻게 세금을 납부해야 할까?

상속세는 상속 발생 후 6개월 이내에 신고하고 납부해야 하는데, 대부분의 가정에서는 그 세금을 납부할 금융자산을 가지고 있는 경우가 거의 없다. 이럴 때 활용할 수 있는 상속세 납부 방법에는 분납, 연부연납, 부동산 물납이 있다. 그럼 각각의 방법에 대해서 알아보자.

첫째, 분납 제도는 말 그대로 납부 기한 내에 상속세 전액을 납부하기 어렵다면 일부 금액을 나눠서 납부할 수 있도록 한 제도이다. 상속세 분납을 위한 요건은 ① 납부할 상속세가 1,000만 원 초과

시 신청 가능하고, ② 납부세액이 2,000만 원 이하이면 1,000만 원 초과 금액까지만 분할 가능하고, ③ 납부세액이 2,000만 원 초과인 경우 납부세액의 50% 이하 금액까지 분할 가능하다. 그리고 상속세를 법정 납부 기한(상속일이 포함된 달의 말일로부터 6개월)으로부터 2개월 이내의 기간 동안 나눠서 납부해야 하기 때문에 단기적인 분할 납부 제도라고 할 수 있다.

둘째, 연부연납 제도는 상속세를 최대 10년에 걸쳐 장기간 분할 납부(총 11회)할 수 있는 제도이다. 상속재산이 부동산·비상장주식 등 유동성이 크게 부족한 경우에 가장 많이 활용한다. 상속세 연부 연납의 요건은 매우 까다로운데 ① 납부세액이 2,000만 원을 초과하고, ② 매년 납부할 세액이 1,000만 원을 초과하도록 기간 설정해야 하며, ③ 상속세 신고 기한까지 연부연납 신청서를 제출해야 하며, ④ 필수적으로 납세 담보(부동산, 예금, 보증보험증권 등)를 제공해야 한다.

그리고 연부연납으로 상속세를 납부하게 되면 장기 분할 납부에 대한 대가라고 할 수 있는 연부연납 가산율 연 3.1%(2026년 기준)에 해당하는 이자를 납부해야 한다.

셋째, 상속세 물납제도는 상속세를 현금 대신 상속받은 재산으로 납부할 수 있는 제도이다. 상속인이 예금 등 금융자산이 부족해 상속받은 부동산이나 비상장주식 등으로 세금 납부를 하는 것이다.

상속세 물납제도를 이용하려면 다음 3가지 조건을 모두 충족해야 한다. ① 상속재산 중 부동산과 유가증권의 합계가 전체 상속재산의 50% 이상이어야 하고, ② 납부해야 할 상속세가 2,000만 원을 초과해야 하며, ③ 보유한 금융자산만으로는 세금을 납부할 수

상속재산에 따른 예상 상속세 현황

구 분	금 액
상속세 과세가액	150억 원
배우자공제*	30억 원
일괄공제	5억 원
과세표준	115억 원
세율	50%
산출세액**	52억 9,000만 원

* 15,000,000×1.5/4.5=5,000,000이지만,
그래도 한도는 3,000,000

** 과세표준×세율−누진공제

상속세 및 증여세율

과세표준	세율	누진공제
1억 원 미만	10%	
1억~5억 원 미만	20%	1,000만 원
5억~10억 원 미만	30%	6,000만 원
10억~30억 원 미만	40%	1억 6,000만 원
30억 원 이상	50%	4억 6,000만 원

없는 경우여야 한다. 이 3가지 요건 중 하나라도 부족하면 물납 신청이 거절될 수 있다.

상속세를 물납할 수 있는 재산은 모든 재산이 인정되는 것은 아니고 부동산, 상장주식, 비상장주식이 대상이 되지만, 공유지분이

거나 저당권이 설정된 부동산은 제외될 수 있다. 또한 관리가 어려운 재산, 예를 들어 임대 중이거나 소유권 분쟁이 있는 부동산은 물납 승인 대상에서 빠질 수 있다.

상속세를 물납하기 위해선 상속세 신고기한 내에 납세지 관할 세무서에 물납신청서를 제출해야 하고, 이후 세무서에서는 재산평가를 진행하고 물납 적정성을 판단한 뒤 승인 여부를 통보한다. 물납이 승인되면 해당 재산을 국고로 이전하고, 그 가액이 세금으로 충당된다.

상속세 물납제도의 가장 큰 장점은 현금 유동성 부족 문제를 해결할 수 있다는 것이다. 상속재산이 부동산 위주일 경우에는 현금을 마련하려고 부동산을 급매를 하거나 담보대출을 받는 부담을 덜 수 있다.

하지만 상속세 물납제도는 단점도 있는데 물납 재산이 평가금액보다 실제 시장가보다 낮게 인정될 수 있으며, 물납 후 환급은 불가능하다. 즉, 세금보다 높은 가치의 재산을 제출했더라도 차액을 돌려받을 수 없다.

연분연납이나 물납을 하는 것이 납세자에게 반드시 유리한 것만은 아니다. 연부연납의 경우에는 은행예금 이자율과 연부연납 가산금 이자율의 차이를 비교할 필요가 있고, 또한 일시 납부했을 경우의 기회비용 등을 고려한 후 연부연납 여부를 결정해야 합리적이다.

물납의 경우에도 물납하고자 하는 부동산 또는 유가증권의 시가와 상속세 결정 시의 평가액 등을 비교해 물납하는 것이 유리한지 아니면 처분해 현금으로 납부하는 것이 유리한지 검토한 후 결정하는 것이 합리적이다.

상속세 납부 방법

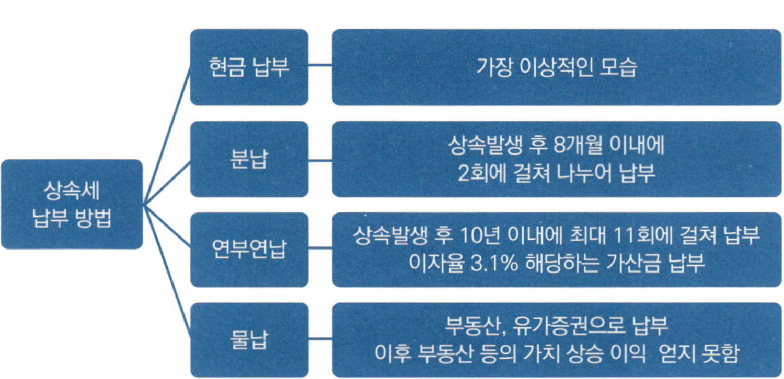

종신보험으로 상속세를 납부할 재원을 마련해야 상속세를 절세할 수 있어요!

CASE

김행복 씨는 배우자, 딸 2명과 생활하고 있다. 40억 원 정도의 상가건물과 15억 원 정도의 아파트 그리고 2억 원 정도의 예금을 갖고 있는 50대 초반의 피부과 개원의사다. 얼마 전 친구가 암으로 사망했다는 연락을 받고 장례식장에 다녀온 후 만약 자신에게 갑작스런 사고나 암이 발생해 사망한다면 우리 가족은 어떻게 될까 생각해보았다. 상가 건물에서 발생하는 임대소득으로 어느 정도 생활은 할 수 있을 것이라는 생각이 드니 안심이 된다. 그러나 과연 김행복 씨의 바람대로 아무런 지장이 없을까?

다음 〈상속재산에 따른 예상 상속세 현황〉 표를 보면 김행복 씨가 지금 사망한다면 상속세로 약 9억 3,000만 원 정도를 납부해야 하는데, 김행복 씨의 상속재산 중 예금은 2억 원 정도여서 상속세를 납부하기 위해선 약 7억 3,000만 원의 예금이 추가로 필요하다. 필요한 현금을 만들기 위해선 상가나 아파트를 팔거나 담보대출을 받아야 하는데 그렇게 되면 유가족이 임대수입으로 안정적인 생활을 할 수 없게 될 가능성이 높아 본인의 계획이 물거품이 될 수 있다.

그리고 김행복 씨가 지금 사망하지 않고 오랜 기간 경제활동을 통해 재산이 더 증가한 후 사망한다면 상속세 역시 함께 증가할 것이다. 표를 보면 상속재산이 70억 원이면 12억 7,000만 원의 상속세가, 상속재산이 100억 원이면 27억 7,000만 원의 상속세가 발생하는 것을 알 수 있다. 그런데 가정의 재산 구성을 지금처럼 부동산 위주로 한다면, 유가족은 미래 상속세 납부를 위한 재원을 마련하기 위해 많은 고생을 할 수밖에 없다.

상속재산에 따른 예상 상속세 현황

[단위: 천 원]

구분	금액		
상속세 과세가액	5,700,000	7,000,000	10,000,000
배우자공제*	2,442,857	3,000,000	3,000,000
일괄공제	500,000	500,000	500,000
금융재산공제**	40,000	40,000	40,000
과세표준	2,717,143	3,460,000	6,460,000
세율	40%	50%	50%
산출세액***	926,857	1,270,000	2,770,000

* 상속세 과세가액×1.5/3.5
** 예금×20%
*** 과세표준×세율−누진공제

이 경우에 생명보험을 이용해 상속세 납부 재원을 마련하는 방법을 생각해볼 수 있다. 예를 들어 김행복 씨를 피보험자로 하고 수익자를 유가족으로 한 사망보험금 10억 원의 종신보험을 가입하는 것이다.

이렇게 종신보험을 가입하고 보험을 유지하던 중 김행복 씨가 사망하면 수익자로 지정되어 있는 유가족이 사망보험금을 수령해 그 보험금으로 상속세를 납부하면 상속세 문제가 해결될 수 있는 것이다.

물론 김행복 씨의 사망으로 사망보험금을 유가족이 수령하게 되면 보험금도 상속재산에 포함(간주상속재산)되어 상속세가 늘어날 수도 있다. 그렇지만 현실에서는 피상속인이 많은 부동산만 남겨 놓고 사망하면 유가족은 상속세를 납부할 현금을 마련하기 위해 ① 부동산을 시가보다 낮은 가격으로 급매 처분하거나, ② 부동산 담보대출을 받아 상속세 납부 후 오랜 기간 그 대출을 상환하기 위해 고생하거나, ③ 부동산으로 상속세를 물납하는 방법을 선택할 수밖에 없다. 이는 자산 운용 측면에서는 손해라고 할 수 있다. 따라서 상속세가 조금 늘어나도 사망보험금으로 납부할 유동재산을 마련하는 것이 합리적이다.

또한 상속세는 상속인들이 연대하여 세금을 납부해야 하는데, 부동산을 지분으로 상속받은 경우 일부 상속인이 세금을 납부할 형편이 되지 못해 형제 간 불화가 발생하기도 한다. 따라서 미리 종신보험에 가입해 현금성 유동자산을 확보해둔다면 사망 시기와 관계없이 상속세를 납부할 수 있는 재원이 마련되었기 때문에 상속세를 납부하기 위해 부동산을 저가로 처분하거나, 부동산 담보대출 등을 받을 필요가 없어 김행복 씨의 사망 후에도 유가족의 화목을 지킬 수 있을 것이다.

그리고 앞에서 간주상속재산 부분에서 공부한 것처럼 사망보험금이 항상 상속재산에 포함되는 것은 아니다. 소득이 있는 가족이 그 소득으로 보험료를 납부하는 계약자와 보험금을 수령하는 수익자가 되고, 김행복 씨를 피보험자로 설정한 후 종신보험을 가입하면 미래 김행복 씨가 사망해 수익자가 수령하는 보험금은 상속재산에 포함되지 않기 때문에 추가적인 상속세가 발생하지 않는다(다음 표 참조).

참고로 다음 표에서 증여세가 발생하는 보험계약 형태는 계약자≠피보험자≠수익자인 경우다. 이 형태를 쉽게 설명하면 피험자가 사망해 수익자가 보험금을 수령했는데, 실질적으로 보험료를 납입한 사람은 계약자이고 이 사람이 수익자에게 보험금을 준 것으로 보기 때문이다. 그런데 그 시점에 계약자는 생존해 있기 때문에 증여세가 발생하는 것이다.

계약 관계인에 따른 사망보험금 관련 세금 정리

계약자	피보험자	수익자	발생세금
김부자	김행복	자	상속세
배우자	김행복	자	증여세
배우자(납입 능력 有)	김행복	배우자	세금 없음
자(납입 능력 有)	김행복	자	

여기서 종신보험으로 상속세를 준비하는 경우의 추가적인 이익에 대해 알아보자. 앞에서 우리는 절세의 3가지 유형에 대해 알아보았다. 그중 세 번째 유형에 대해 다시 한번 생각해보자. 이는 어차피 납부할 세금이라면 내 돈으로 세금을 전부 납부하기보다는 남의 돈으로 세금의 일부를 납부하고, 그 돈을 상환하지 않아도 된다면 남의 돈으로 납부한 부분만큼은 절세라 할 수 있다.

여기에 해당하는 방법이 종신보험이다. 만약, 김행복 씨가 10억 원의 상속세 납부 재원을 마련하기 위해 사망보험금 10억 원의 상속세 납부 전용 종신보험에 가입한다면 납입기간 동안 총 납부할 금액은 5억 2,000만 원(K생명보험, 10년납, 53세 남자 기준) 정도이고, 김행복 씨가 사망하면 10억 원의 사망보험금을 수령해 상속세를 납부하면 된다. 이 경우 납입한 금액을 초과한 4억 8,000만 원은 보험회사가 지급하는 것으로 상환할 의무가 없다. 그렇기 때문에 종신보험으로 상속세를 준비하는 것이 가장 합리적인 방법이라고 할 수 있다.

그리고 약정한 납입기간이 경과하기 전에 김행복 씨가 사망한다면 유가족은 10억 원의 사망보험금을 수령하고, 보험은 소멸되기 때문에 이후엔 보험료를 납입할 필요가 없다.

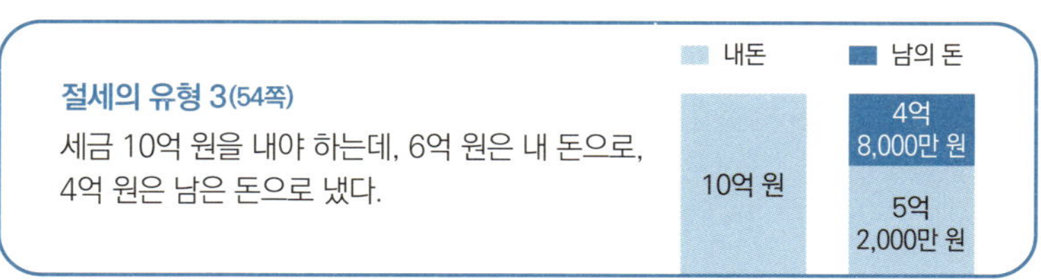

　다시 한번 강조하지만, 절세 플랜의 완결은 고생해서 수립한 계획과 실행을 통해 감소한 세금만큼은 납부해야 한다는 것이다. 그렇다면 납부할 세금의 일부라도 남의 돈으로 납부할 수 있는 종신보험이 합법적인 상속세 절세 플랜의 완결점이라고 할 수 있다.

17

상속 후 이익소각(감자): 법인 종신보험으로 상속세를 납부할 수 있어요

CASE

중소법인을 경영하는 김 사장은 자신의 사망 시 발생할 수 있는 상속세에 관심을 갖기 시작했다. 그동안은 건강에 자신이 있었는데, 최근 작은 병으로 입원 치료를 받고 난 후 생각이 많이 바뀌게 되었다. 그리고 자신이 보유한 자산을 보니 부동산과 본인이 경영하는 법인의 주식이 전부였다. 상속세는 현금으로 납부해야 하는데, 현금이 없는 것이 문제라는 생각이 들었다. 이때 경영컨설팅을 하는 지인으로부터 법인자금으로 상속세를 납부할 수 있고, 세무조사 등의 리스크가 없다는 말을 들었다. 어떻게 이것이 가능할까?

필자가 2025년에 출간한 《사례로 배우는 법인 성공 노하우》에서 언급했던 부분인데, 이익소각을 활용해 법인자금을 활용해 상속세를 합법적으로 납부하는 방법이다. 김 사장이 사망하면 보유하던 있던 법인 주식을 상속인(유가족)이 상속받게 되고, 그 시점의 가치를 기준으로 상속세를 신고하고 납부해야 한다. 그런데 사례에서 본 것처럼 김 사장이 상속한 자산은 부동산과 비상장주식이어서 상속세 납부를 위한 현금재산을 만들기 쉽지 않다. 이때 활용하는 방법이 김 사장이 상속한 주식을 상속인들이 법인에 매각해 현금을 수령하고 그 현금으로 상속세를 납부하는 방법이다.

　이 플랜에서 가장 중요한 것은 법인은 상속인들이 법인에 매각하는 주식을 사줄 수 있는 현금이 있어야 한다는 것이다. 그리고 법인에서는 이 현금을 마련하기 위해 김 사장을 피보험자로 하고, 법인을 계약자와 수익자로 설정한 종신보험에 가입해야 한다. 이 종신보험에 가입하면 보험료는 법인자금으로 납입하고, 김 사장이 사망하면 약정된 사망보험금을 법인이 수령한다. 그리고 그 사망보험금으로 상속인이 법인에 매각한 주식에 대한 대가를 지급하고, 법인은 매입한 주식(자사주)을 소각하면 된다. 다음 그림을 보면 이해를 높일 수 있을 것이다.

상속 후 이익소각으로 상속세 납부하는 과정

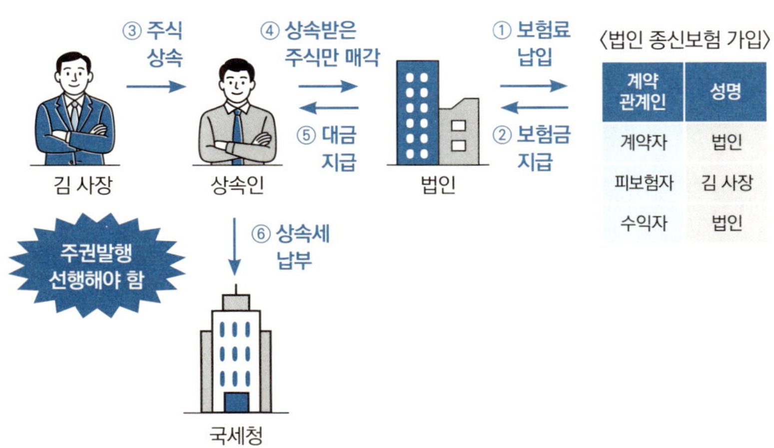

계약 관계인	성명
계약자	법인
피보험자	김 사장
수익자	법인

여기서 이익소각 또는 유상감자에 대해 자세히 알아보자. 이 두 가지는 법인이 보유하고 주식을 소각해 없애버리는 것을 말한다. 이 둘의 차이는 주식 수가 감소했으나, 자본금의 변화가 없으면 이익소각(액면가 상승)이고, 주식 수 감소에 따라 자본금이 감소하는 경우엔 유상감자이다. 이 둘을 구분해 실행하는 이유는 업종(건설업이 대표적)에 따라 자본금 요건을 지켜야 하는 경우가 있기 때문이다. 이하에서는 편의상 '이익소각'으로 부르기로 하겠다.

이 플랜을 완벽하게 실행하기 위해선 김 사장이 사망 전에 주권 발행을 해야 한다. 왜냐하면 상속인들이 법인에 주식을 매각할 경우 상속인들이 매각하는 주식의 취득 가격과 매각 가격 사이에 차이가 생겨 양도차익이 발생한다면 그 차익에 대해 배당소득세를 납부해야 하는데, 그 이유는 형태는 배당이 아니지만 배당으로 간주하는 의제배당에 해당해 세율 15.4~49.5%의 많은 배당소득세를 납부할 수 있다.

이 사례에서 상속인들이 김 사장이 사망하기 전부터 법인의 주주였다면 상속인들이 취득한 주식의 취득가격과 김 사장의 사망으로 상속받은 주식의 취득가격은 다를 것이다. 그리고 법인에 매각할 경우 가격은 상속받은 가격으로 매각해야 한다. 따라서 법인에 주식 매각 시 양도차익이 없어 추가적인 배당소득세를 납부하지 않기 위해선 김 사장이 상속한 주식만 법인에 매각해야 한다.

그런데 일반적인 경우에는 이를 구분할 수 없다. 따라서 김 사장이 사망 전에 주권 발행을 하면 각 주주별로 보유하고 있는 주식을 특정할 수 있고, 주식의 이동이 있으면 그 시점의 가격으로 취득가격을 정할 수 있다. 즉, 김 사장의 사망으로 김 사장이 보유하고 있던 주식을 유가족이 상속받는다면 자신들이 계속 보유하고 있었던 주식과 김 사장으로부터 상속받은 주식을 구분할 수 있게 된다. 그럼 결국 김 사장에게 상속받은 주식만 법인에 매각할 수 있게 되는 것이다.

그리고 법인에서 종신보험에 가입한 후 그 보험을 어떻게 활용해야 하는지가 궁금할 수 있다. 이는 법인에서 납입 기간 종료 이후에도 계속 법인 명의로 유지하면서 법인의 유동자금으로 활용할 수 있으며, 김 사장이 사망하면 법인에서 사망보험금을 수령해 상속인의 주식을 매입해주면 된다.

이 플랜의 최대 장점은 상속인들의 입장에서는 상속세를 개인 자금으로 준비하지 않아도 된다는 것이다.

18

상속재산이 30억 원 넘으면
5년간 사후관리할 수 있어요

CASE

개인사업을 하고 있는 홍길동 씨는 4년 전 부친이 사망해 상속세 신고와 납부를 모두 기한 내 마쳤으며, 그 과정에서 세무조사도 받았다. 이후 상속세 관련해서 모든 문제가 종료된 것으로 알고 있었는데, 얼마 전 갑자기 관할 지방국세청으로부터 급격한 자산 증가와 부채 상환에 대한 해명 자료를 제출하라는 안내 통지서를 받았다. 이미 4년 전 상속세 세무조사도 받았는데, 왜 이런 일이 일어난 것일까?

이 상황에 대한 이해를 위해선 국세청 사무처리 규정에 대해 알아야 할 부분이 있다. 상속세 및 증여세 사무처리 규정 제55조(고액상속인의 사후관리)에는 '지방국세청장(조사국장) 또는 세무서장(재산제세 담당과장)은 법 제76조 제5항의 고액 상속인에 대하여 연 1회 이상 자체 계획을 수립하여 사후관리하여야 한다'고 규정하고 있으며, 여기서 말하는 고액 상속인은 일반적으로 상속재산 30억 원을 기준으로 한다. 이 규정에 홍길동의 사례를 대입하면 그 이유를 쉽게 알 수 있을 것이다.

상속세는 신고·납부했다고 납세의무가 종료되는 것이 아니다. 신고를 하면 세무서에서 납세자가 신고한 내용과 세무서에서 수집한 부동산 취득·양도 자료, 금융재산 조회 자료, 보험금 및 퇴직금 지급 자료 등을 대조해 누락시킨 재산은 없는지, 신고할 때 공제받은 부채가 정당한지 등을 조사해 상속세를 결정한다. 그러므로 상속세 신고서와 관련 증빙서류는 상속세를 결정할 때까지 잘 보관해야 한다.

상속세가 결정되고 신고 누락 및 부당 공제 부분에 대하여 세금까지 추징당했더라도 모든 게 다 끝난 것은 아니다. 상속세를 결정할 때 채무로 공제받은 금액 중 상속인이 스스로의 힘으로 변제할 수 없다고 인정되거나, 다음 중 하나에 해당하는 경우에는 그 내용을 세무서에서 사후관리하고 있다가 채무를 변제하면 자금출처를 조사한다. 그리고 증여받은 사실이 확인되는 경우 그에 대하여 증여세를 부과하고 있다. ① 상속인이 30세 미만이고 부채 금액이 3,000만 원 이상으로서 상속인의 연간 소득의 2배를 초과하는 경우, ② 부채로 인정된 금액이 5,000만 원을 초과하는 경우이다.

그러므로 소득이 없거나 미성년자인 상속인이 전세보증금이나 은행 부채 등을 안고 부동산을 상속받은 경우에는 전세보증금을 반환하거나 부채를 상환할 때 자금출처 조사에 대한 대비책을 세워 놓아야 한다. 세무서에서 사후관리하고 있다는 사실을 잊고 잘못 처리하면 거액의 증여세를 추징당할 수도 있기 때문이다.

또한 상속재산가액이 30억 원 이상인 경우에는 상속인별로 상속개시 당시의 재산 현황과 상속개시 후 5년이 되는 시점의 재산 현황을 파악하여 비교 분석하고 있다.

채무를 상환할 것 같은 시기나 일정 시기가 지난 이후 채무가 상환된 경우, 상환한 자금의 출처 및 흐름을 조사해서 상속인이 스스로 상환할 소득이나 재원이 없는 경우 다시 세금을 부과하게 된다. 특히, 상속인이 상속 후 부동산을 취득하는 등 재산이 증가하면 조사 대상이 될 수 있다. 사례와 같이 정기적으로 채무 변동을 조사하는 경우도 있기 때문에 상속 이후에도 항상 자금 거래와 자산 취득

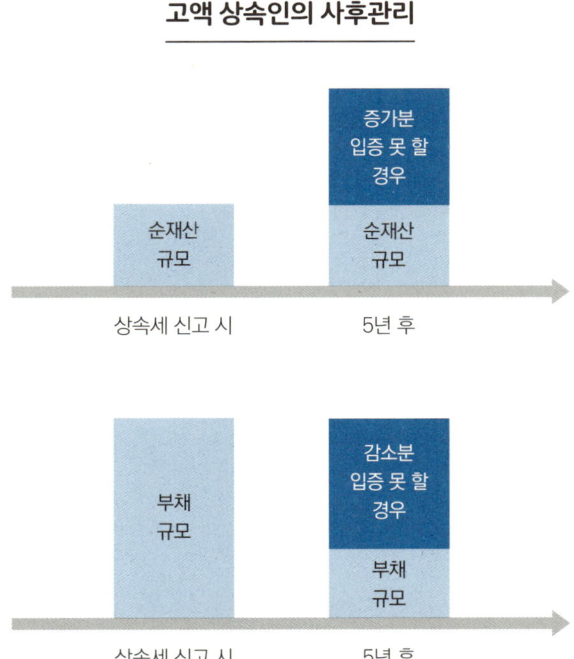

고액 상속인의 사후관리

에는 주의해야 한다. 그리고 이렇게 채무상환 해명 자료를 제출할 때는 채무 및 이자의 상환에 소요된 자금의 원천을 일자별, 금액별로 소명할 것을 요구하고 있으니 소득 증빙이나 예금 통장 내역 등으로 적극적으로 소명해야 한다.

분석 결과, 주요 재산의 가액이 상속개시일로부터 5년이 되는 날까지의 경제 상황 변동 등에 비춰 보아 정상적인 증가 규모를 현저하게 초과하고, 그 증가 요인이 객관적으로 명백하지 않은 경우에는 당초 결정한 상속세액에 누락이나 오류가 있었는지 여부를 조사한다. 예를 들어 피상속인의 상속재산 중 차명으로 보유하고 있던 재산에 대해 상속세 신고 시에는 상속재산에 포함시키지 않아 상속세를 적게 납부했다. 그런데 부친이 사망했는데도 계속 차명으로 관리하는 부분에 대해 불안한 생각이 들어 명의를 찾아오는 경우가 대표적이다.

따라서 30억 원 이상의 재산을 상속받은 경우에는 상속 후 5년이 지날 때까지 계속 관심을 기울여야 한다.

5장

신탁을 활용해 증여와 상속을 완성하자

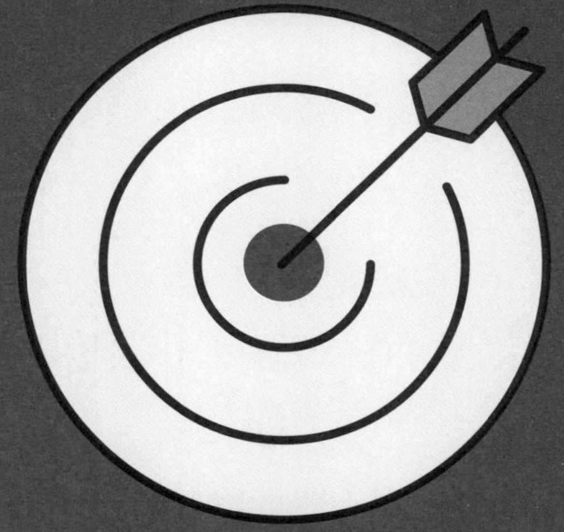

유언대용신탁 1:
내 건물의 임대소득을 자손들이 대대손손 받게 하고 싶은데, 어떻게 하면 되나요?

CASE

부동산 자산가인 홍길동 씨는 많은 임대소득이 발생하는 빌딩을 소유하고 있다. 그런데 본인 나이가 점점 많아지면서 이 빌딩을 자녀들에게 어떻게 승계할지 고민을 많이 하고 있다. 자녀들 공동 명의로 하면 나중에 건물 관리, 매각 등에 대해 자녀들 사이 의견 충돌이 있을 수 있고, 자녀 한 명에게 승계하면 다른 자녀들과의 형평성, 유류분 분쟁 등이 발생할 것 같아 선뜻 결정을 못하고 있다. 그리고 한편으로는 자녀들이 이 부동산을 처분하지 말고 대대로 승계되면서 이 빌딩에서 발생하는 임대소득을 후손들이 수령했으면 하는 생각도 있다. 이런 부분을 충족할 수 있는 좋은 해결 방안은 무엇일까?

해외의 경우 가문 대대로 빌딩이나 사업체를 보유하고 그 수익을 자손들이 얻게 하는 제도가 발전되었는데, 미국의 케네디 가문 사례를 함께 보면 쉽게 알 수 있다. 지난 2015년 〈포브스〉지에서 미국의 부자 가문 순위를 발표했는데, 정치 명문인 케네디 가문이 자산 10억 달러로 179위를 차지했다. 케네디 가문은 자손들의 잇따른 죽음과 그에 따른 많은 상속세 납부 등으로 재산 관리 측면에서 악재가 이어졌다. 더구나 큰 사업을 하지 않는 케네디 가문이 많은 재산을 지켜왔다는 것에 대해 많은 사람이 관심을 가질 수밖에 없다. 이에 대해 〈포브스〉는 "케네디 가문이 재산 손실을 막고 지킬 수 있었던 이유는 거미줄처럼 잘 설계된 신탁의 보호 때문"이라고 했다. 케네디 가문은 재산의 상당액을 신탁에 묶어두고 있는데, 이 부분이 핵심 이유라는 것이다.

케네디 가문이 부를 이루기 시작한 건 케네디 전 대통령의 부친 조셉 케네디 때다. 조셉 케네디는 자신이 이룬 부를 대대손손 안정적으로 관리하기 위해 신탁의 형태를 띤 패밀리 오피스인 '조셉 케네디 엔터프라이즈'를 설립해 가문의 자산 배분, 상속·증여, 가업승계, 세금 문제 등을 관리해 가문의 부를 지키는 역할을 하게 했다.

현재는 케네디 가문 외에 많은 가문에서도 이런 신탁 형태인 패밀리 오피스를 통해 가문의 재산관리와 운용을 통해 대대손손 영광을 누리고 있다. 금융 재벌인 모건 가문은 '하우스 오브 모건', 그리고 석유왕 록펠러 가문은 '록펠러 패밀리 오피스'를 통해 가문의 자산을 관리하는 모습은 대표적인 예라고 할 수 있다.

이런 신탁의 형태를 띤 패밀리 오피스의 가장 중요한 목적은 가문의 재산을 대대손손 안정적으로 지키는 것이며, 옛말에 '부자는 삼대를 못 간다'는 말에 대한 도전이라고 할 수 있다. 부자들의 재산을 잠식하는 위험 요소는 많지만, 그중 가장 큰 위험은 상속이다. 부자가 사망해 상속이 발생하면 그 재산은 후손들에게 나뉘고, 그 과정에 세금이 발생한다. 또한 재산관리에 있어 무능하고 씀씀

이가 헤픈 후손에게 재산이 넘어가면 모두 탕진할 위험이 매우 크다. 그리고 이혼이라는 변수도 무시할 수 없다. 특히 우리나라도 최근 이혼율이 증가하고, 그로 인해 재산 분할이 된다면 재산은 감소하게 된다. 그렇기 때문에 일반적으로 가문의 재산은 3대를 거치면 점차 줄어들기 마련이다.

재산관리 측면에서 보면 재산을 이루는 것도 힘들지만, 그 부를 지키는 것은 더 어렵다고 한다. 그렇기 때문에 재산관리의 핵심은 일군 재산을 지키는 수성이라고 할 수 있다. 이런 의미에서 신탁 형태의 패밀리 오피스는 효과적인데, 최근에는 체계적인 서비스를 제공하는 신탁회사가 패밀리 오피스의 역할을 하며 절세 전략과 부동산 투자 및 운용 등의 자산관리와 법률 및 의료 서비스, 그리고 진학과 유학 문제 등을 포함하는 서비스를 제공하고 있다.

따라서 홍길동 씨도 자신의 재산을 믿고 맡길 수 있는 신탁회사와 유언대용신탁 계약을 체결하면 된다. 계약 체결 시 신탁계약의 존속기간, 재산관리 및 운용 방법에 대한 지시, 그리고 수익자 지정과 지급 시기 등을 홍길동 씨가 결정할 수 있다. 수익자를 지정할 때 미국의 케네디 가문처럼 대를 이어서 신탁의 이익을 자손들에

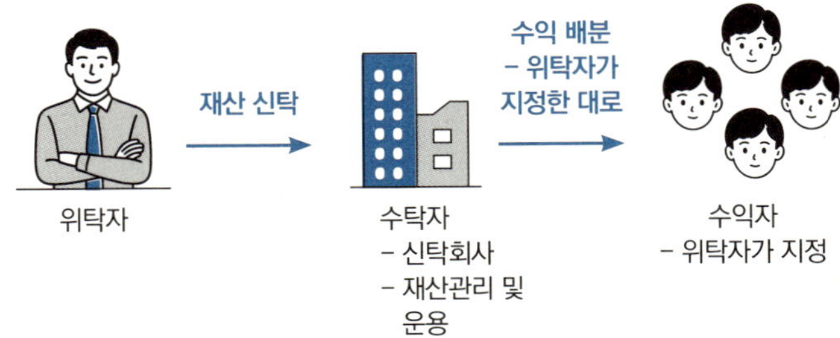

게 대대손손 배분(수익자 연속 신탁)할 수 있도록 지정할 수도 있다.
대를 이어서 재산의 이익을 상속해주는 방법은 일반 유언장으로는
할 수 없지만, 유언대용신탁으로는 가능하다.

유언대용신탁 2:
미리 많이 증여받은
며느리(사위)에게 남은 재산 안 주려면
어떻게 해야 하나요?

CASE

1남 1녀의 자녀와 함께 오랜 기간 식당을 운영한 김원주 씨는 많은 자산을 보유하고 있는데, 5년 전 40세인 아들에게 자신이 운영하는 30억 원 상당의 식당이 있는 건물을 증여했다. 그런데 건물을 증여받은 이후 아들이 돌변해 증여해준 건물에서 식당을 운영하는 김원주 씨에게 퇴거하라고 하고, 엄마인 김원주 씨를 상대로 소송을 제기하는 등 패륜적인 행동을 했다. 김원주 씨는 마음고생을 많이 하다가 췌장암이 발병하게 되었다. 설상가상으로 자신이 암 치료를 받던 중 아들이 위암으로 갑자기 사망하는 일이 발생했다. 아들에게 증여한 건물은 며느리에게 상속이 되었고, 며느리와 손주들(미성년자인 2명)은 김원주 씨를 찾아오지도 않는다. 김원주 씨는 자신의 병세가 악화되는 것을 느끼며 남아 있는 재산(약 14억 원 상당)은 그동안 많은 도움을 주지 못한 딸에게 주고 싶어 한다. 어떻게 해야 자신의 바람대로 딸에게 남은 재산이 무사히 갈 수 있을까?

이런 사례에서 우선 생각해야 할 부분은 상속인이 누구인지를 파악하는 것이다. 이 경우에는 상속인인 아들이 먼저 사망했기 때문에 아들의 유가족인 며느리와 손주 2명이 아들의 상속인 지위를 물려받아 대습상속인이 된다. 그리고 손주 2명은 미성년자이기 때문에 며느리가 친권을 행사하게 되어 상속 관련 협의는 며느리와 딸이 하게 될 것이다.

상속인이 결정되면 김원주 씨가 할 수 있는 방법은 '남은 재산 약 14억 원을 딸에게 준다'는 유언장을 작성하는 것이다. 앞에서 공부한 내용을 생각해보면 이 경우 중요한 부분은 크게 두 가지다.

첫째, 유류분을 고려해서 상속재산을 분할해야 하는데, 김원주 씨의 경우에는 이미 아들에게 증여한 30억 원의 건물이 아들의 유류분인 11억 원(44억 원÷2÷2=11억 원)을 초과하기 때문에 남은 재산 14억 원을 모두 딸에게 상속한다고 해도 유류분반환청구소송을 제기할 수 없기 때문에 이 부분에 대해서는 안심해도 된다.

둘째, 유언장 작성 시 유언집행자를 지정해야 한다. 유언집행자가 지정되어 있으면 그 집행자가 유언장의 내용에 따라 재산분할을 집행하면 되고, 만약 유언집행자가 없다면 공동상속인이 유언집행자가 되어 재산분할을 하게 된다. 그런데 이런 상황이 되면 결국 며느리와 딸이 협의해야 하는데, 며느리 입장에서는 과거에 증여받은 재산이 있더라도 선뜻 상속재산을 포기하는 내용으로 협의하지 않을 것은 쉽게 예상할 수 있다. 그럼 김원주 씨의 남은 재산 중 일부는 며느리에게 갈 수밖에 없다. 또한 유언집행자가 지정되어 있으면, 유언장의 내용대로 집행이 될 수 있을까? 만약 지정된 유언집행자가 먼저 사망하는 경우, 또는 유언집행자가 김원주 씨의 사망사실을 모르는 경우에는 유언장의 내용대로 유언집행을 하기는 어려울 것이다. 그럼 이 경우에도 결국 유언집행자가 없는 것과 같은 상황이 될 것이다. 결국 유언장 작성을 통해 상속재산을 분할하는 것이 완벽한 방법은 아니라는 것이다.

그럼 어떤 방법을 선택하는 것이 가장 합리적이고 현명할 것인가? 그 방법이 유언대용신탁을 활용해 상속하는 방법이다. 이것은 쉽게 말하면 일반적인 유언에 의한 상속은 피상속인이 변호사 등 앞에서 유언장을 작성하는 것이라면, 유언대용신탁은 유언장을 신탁업을 하는 금융기관 앞에서 신탁계약으로 작성하는 것이다. 이에 대한 이해를 위해는 신탁에 대해 먼저 알아볼 필요가 있다.

신탁이란 일정한 목적에 따라 재산의 관리와 처분을 남에게 맡긴다는 뜻이다. 당연히 맡기는 게 이롭기 때문에 맡기는 것인데, 가령 돈을 불리거나 맡은 재산을 유지·관리하는 업무를 하는 회사가 신탁회사이다. 여기서 재산을 맡기는 사람을 위탁자, 맡긴 재산을 관리하는 이를 수탁자(신탁회사), 위탁자가 지정해 신탁의 이익을 얻는 사람을 수익자이다. 수익자는 위탁자 자신이 될 수도 있고(자익신탁), 제3자를 지정할 수도 있다(타익신탁).

이런 신탁의 구조를 유언에 적용한 것이 유언대용신탁이라고 할 수 있다. 유언대용신탁 계약을 하기 위해서는 피상속인(재산을 주는 자)이 재산을 맡기는 위탁자가 되고, 맡긴 재산을 유지·관리하는 금융회사가 수탁자가 되며, 위탁자(피상속인)가 자신의 상속재산을 주고 싶은 사람을 수익자로 지정하는 유언대용신탁 계약을 위탁자와 수탁자가 체결한다. 그리고 미래 위탁자의 상속이 발생하면, 수탁자인 신탁회사는 위탁자가 유언대용신탁 계약에서 정한 방법 또

는 지급 시기 등 조건에 맞춰 수익자에게 재산을 상속해주는 방법
이다.

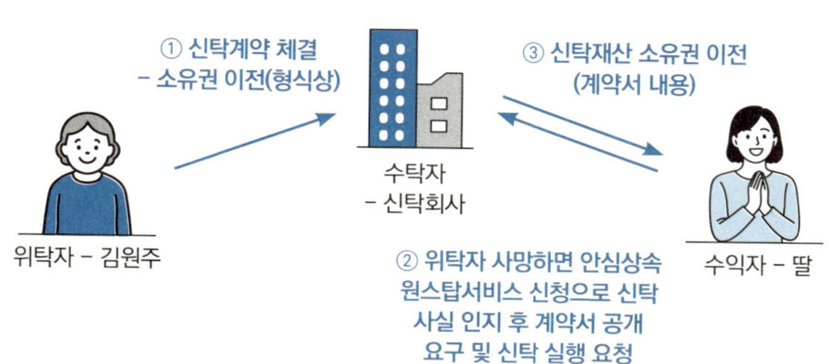

위탁자의 재산을 수탁자가 유지·관리하기 위해 위탁자 명의의
재산을 수탁자 명의로 이전해야 하는데, 이는 실제 소유권의 이전
이 아니라 신탁계약을 위한 단순 명의이전이다. 예를 들어 김원주
씨 소유의 부동산이 ○○신탁회사로 소유권이 이전되더라도, 해당
부동산의 등기부등본에는 소유권이전등기원인을 '신탁재산의 귀
속'이라고 기재함으로써 신탁회사가 실소유자가 아니라는 것을 알
수 있다.

유언대용신탁을 활용하면 위탁자인 피상속인이 자신의 재산을
원하는 방식으로 상속할 수 있어 재산에 대한 통제가 가능하기 때
문에 상속인들 간 재산 분쟁을 예방할 수 있다. 이 사례에서 김원주

씨가 신탁회사와 유언대용신탁 계약을 체결하면서 수익자를 딸로 지정하고, 본인이 사망하면 수탁자인 신탁회사가 유언집행자가 되어 위탁자(김원주 씨)가 생전에 작성한 신탁 약서의 내용(유언장)대로 집행하는 것이다. 미래 김원주 씨가 사망하면 수탁자인 신탁회사는 신탁 계약서의 내용에 따라 신탁회사 명의로 되어 있는 부동산을 딸의 명의로 소유권을 이전하게 된다. 그리고 이 과정에서 며느리와 손주들이 이의를 제기할 수 없어 안전하게 김원주 씨의 뜻대로 분쟁없이 딸에게 재산을 상속해줄 수 있다.

그럼 수탁자인 신탁회사는 위탁자(피상속인)의 사망 사실을 어떻게 알고 수익자에게 신탁재산을 이전해줄 수 있을까? 그것은 앞에서 설명했던 신탁 계약을 하게 되면 명의상 소유권이 수탁자인 신탁회사로 이전되는 점 때문에 가능하다.

즉, 김원주 씨가 사망하면 상속인들은 사망신고 후 안심상속원스탑 서비스를 신청해 피상속인의 자산과 부채를 파악하게 되는데, 이때 신탁 계약을 체결한 재산이 있으면 해당 신탁회사를 알 수 있고, 상속인들이 해당 신탁회사에 방문해 신탁 계약의 자세한 내용을 알 수 있게 된다. 이런 과정에서 신탁회사는 위탁자인 피상속인의 사망 사실을 자연스럽게 알게 되고, 위탁자가 생전에 작성한 유언대용신탁 계약의 내용대로 신탁재산(상속재산)을 수익자에게 집행하면 유언대용신탁은 소멸되고, 재산상속은 마무리되는 구조이다.

이를 통해 김원주 씨는 딸에게 미안한 마음을 어느 정도는 해소할 수 있고, 딸과 며느리의 재산 분쟁도 막을 수 있다.

유언장과 유언대용신탁의 비교

구 분	유언장	유언대용신탁
근거법	민법	신탁법
방식	자필증서, 녹음, 공정증서, 비밀증서, 구수 증서	신탁계약서 작성
상속 설계	법적 효력 위해서는 엄격한 요건 충족해야 함 연속 유증(대를 이어 연속해 재산 승계) 불가	내가 원하는 대로 상속 설계 가능 제2, 제3의 상속인 설정 가능
법적 안정성	엄격한 법적 요건 필요 → 무효 가능성, 분쟁 위험 높음	계약 형식, 금융기관 집행 → 집행력과 안정성 높음
유언집행	유언집행자	신탁회사가 신탁 계약서 내용대로 수익자에게 배분, 집행
재산관리와 유연성	재산 관리 없으며 단순 재산 분배	있음(고령자는 노후 재산관리, 미성년자는 일정 연령까지 재산관리), 조건부 지급 등도 가능
추천 상황	재산 규모 작고, 단순한 재산 분배 원할 때	분쟁 우려 있거나 맞춤 설계 필요, 안정적 상속 원할 때
내용 변경 시	신규 유언장 작성	신탁 계약서 변경

유언대용신탁 3: 재산관리를 잘 못하는 자녀에게 안정적으로 생활비를 주면서 재산도 지키고 싶은데 어떻게 하면 되나요?

CASE

상당한 재산을 보유하고 있는 김부자 씨는 외아들 때문에 고민이 많다. 어려서부터 돈 걱정 없이 키웠더니 경제관념이 없고, 일을 할 생각을 하지 않으며 사치와 도박 등에만 관심이 많기 때문이다. 김부자 씨는 자신이 사망하면 많은 재산을 외아들이 상속받게 될 것이고, 이후 재산을 잘 지키지 못해 탕진할 가능성이 높은데 이에 대한 대책은 무엇이 있을까?

역사적으로도 많은 재산을 물려받은 자손들이 관리를 하지 못해 가산을 탕진하는 경우는 부지기수다. 이런 경우를 대비해 활용할 수 있는 방법이 재산의 소유와 관리를 분리하는 방법을 선택하는 것이다. 즉 실질적인 소유는 자손들로 이어지지만, 그 관리는 제3의 전문 금융기관에게 위탁하는 것이다. 이 경우에도 활용하는 금융상품이 유언대용신탁이라고 할 수 있다.

김부자 씨가 생존해 있는 동안에는 자신이 자산관리를 잘할 수 있으며, 외아들의 생활비 등을 도와줄 수 있을 것이다. 그러나 본인이 사망하면 재산은 외아들이 상속받을 것이고, 그럼 재산관리를 하지 못하는 아들이 탕진할 것은 충분히 예상할 수 있다. 이에 김부자 씨가 신탁회사와 아들을 수익자로 한 유언대용신탁 계약을 체결한 후 본인이 사망하면, 신탁회사가 재산관리를 하며 외아들에게 김부자 씨가 지정한 방식대로 생활비 등을 지급한다.

그리고 아들의 상황 변화에 따라 옵션을 추가할 수 있다. 예를 들어 '손주가 태어나면 생활비를 ○○○원으로 인상한다', '아들이 취업하면 축하금 ○○○원을 지급한다', '아들이 사망하면 첫째 손주에게 아들에게 지급하던 금액을 대신 지급한다' 등 김부자 씨가 미래 자손들과 자신이 물려준 재산의 관리를 위해 평소 생각했던 내용을 유언대용신탁 계약 체결 시 추가하는 것이다. 이로써 김부자 씨는 사망한 이후에도 재산을 계속 통제할 수 있어 무능한 자손으로 인해 재산이 탕진되는 것을 예방할 수 있다.

유언대용신탁 계약 체결 후 수령 프로세스

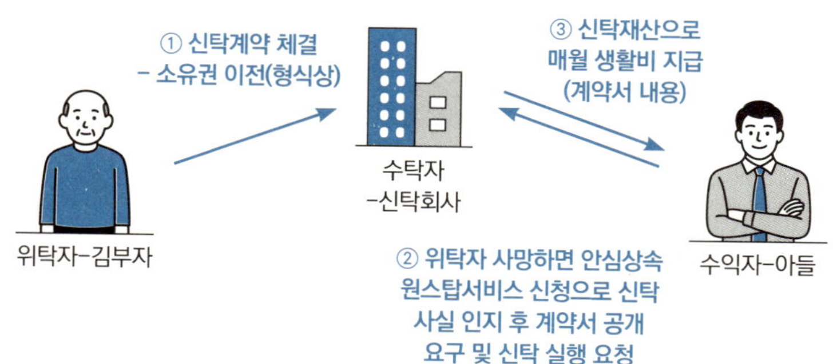

보험금청구권 신탁 1:
이혼한 전남편이 내 사망보험금을
딸 대신 관리하지 못하게 할 수 있나요?

30대 후반인 김영희 씨는 전남편과 이혼하고 딸과 둘이 생활하고 있다. 최근 김영희 씨는 과거에 치료했던 유방암이 재발했으며, 설상가상 다른 장기로 암이 전이되어 상황이 매우 좋지 않다. 이에 김영희 씨는 자신의 남은 생이 길지 않다는 것을 예감하고 딸의 미래에 대한 준비를 하기 시작했다. 자신이 사망하면 재산은 딸에게 상속이 될 것이지만, 딸은 아직 미성년자이어서 재산 관리는 딸의 아빠인 이혼한 전남편이 하게 될 것이다. 현재 전남편은 다른 사람과 재혼해 결혼 생활을 하고 있는데, 그 사람이 딸에게 상속해준 재산을 오롯이 딸을 위해서만 사용하지 않을 것 같은 불안감이 있다.

그리고 김영희 씨가 딸을 위해 준비한 재산 중 종신보험의 사망보험금이 있다. 김영희 씨가 사망하면 사망보험금을 딸이 수령하게 되어 있는데, 이 역시도 이혼한 전남편이 관리한다면 결국은 자신의 사망보험금을 이혼한 전남편이 수령하는 결과가 되기 때문에 이것만은 막고 싶다. 또한 자신이 사망하더라도 사망보험금을 바로 지급하지 않고, 보험사에서 관리하면서 금액을 안정적으로 운용해 딸이 대학교에 입학하면 매년 등록금과 생활비 형식으로 나눠주기를 원한다. 어떻게 해야 가능할까?

이런 경우에 활용할 수 있는 제도가 보험금청구권 신탁이다. 보험금청구권 신탁이란 보험계약의 보험금 수령 권한(일반적으로 종신보험의 사망보험금 수령할 수 있는 권리인 보험금청구권)을 개인이 아닌 제3자인 신탁회사에 맡기는 것을 말한다. 즉, 피보험자가 사망하면 사망보험금을 개인이 아닌 사전에 계약한 신탁회사가 수령해 위탁자인 피보험자가 생전에 계약했던 조건에 따라 사망보험금을 관리하고, 수익자에게 분배하는 구조이다.

실무적으로는 김영희 씨가 신탁회사와 보험금청구권 신탁을 계약하면서 수익자를 딸에서 신탁회사로 변경하는 절차를 거쳐야 한다. 이후 자신이 사망한 후 신탁회사가 수령한 사망보험금에 대한 운용 지시(투자형, 안정형 등)를 할 수 있다. 그리고 딸이 대학에 입학하면 등록금, 생활비, 용돈 등을 얼마씩 지급하라고 지시할 수 있다. 그럼 전남편이 자신의 사망보험금을 수령하는 상황을 막을 수 있게 되고, 자신의 사망보험금을 사랑하는 딸의 교육비, 생활비 용도로만 오롯이 사용할 수 있게 된다.

사랑하는 자녀를 위해 가입한 종신보험의 사망보험금을 본래의 목적대로 사용하기 위한 최후의 보루로 활용할 수 있는 것이 보험금청구권 신탁이다. 특히 오늘날처럼 이혼과 재혼이 늘어나는 사회 상황에서는 그 중요성이 앞으로 더 커질 것으로 생각한다.

보험금청구권 신탁 계약 시 수익자 변경 내용

계약자	김영희		계약자	김영희
피보험자	김영희	➡	피보험자	김영희
수익자	딸		수익자	신탁회사

보험금청구권신탁 계약 미체결 시 보험금 수령 프로세스

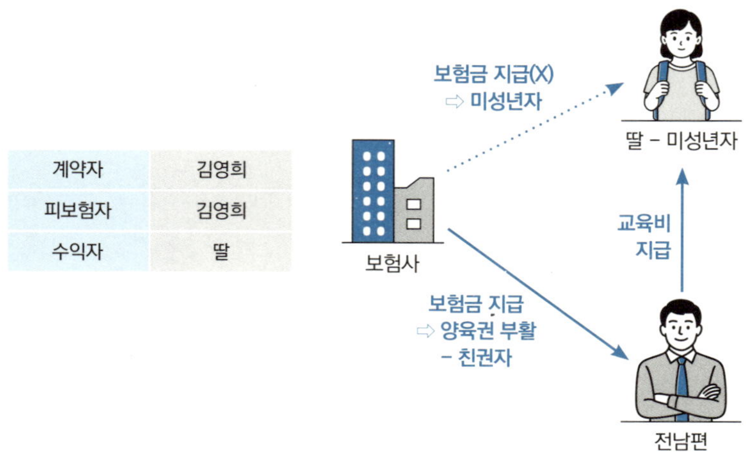

보험금청구권 신탁 계약 체결 시 보험금 수령 프로세스

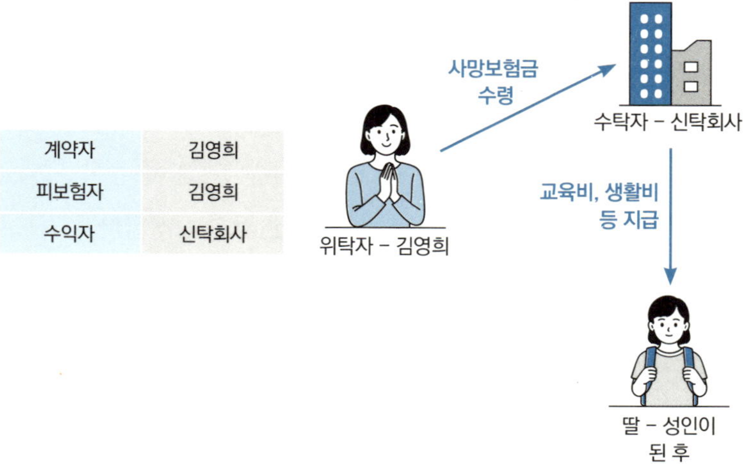

보험금청구권 신탁 2:
내 사망보험금을 손자들에게
매년 생일 선물로 주고 싶은데,
어떻게 하면 되나요?

CASE

70대 후반인 홍길동 씨는 자녀들이 어릴 때 자신의 사망에 대비해 가입한 종신보험의 사망보험금을 손자들을 사용하고 싶어졌다. 자녀들은 모두 결혼했기 때문에 본인의 사망보험금을 활용해 자녀들의 교육비 등을 준비하려고 했던 목적은 의미가 없어졌기 때문이다. 홍길동 씨는 손자들에게 할아버지가 사망 후에도 생일날 또는 대학 입학 등 축하할 일이 있는 경우에 '하늘나라에서 주는 선물'을 만들고 싶은데, 어떻게 가능할까?

홍길동 씨의 고민을 해결할 수 있는 방법도 앞에서 설명한 보험금청구권 신탁이다. 홍길동 씨가 신탁회사와 자신의 사망보험금의 보험금청구권 신탁 계약을 체결하면서 수익자를 손자들로 지정하면 된다. 그리고 손자들에게 수익을 지급하는 조건으로 '손자 ○○의 생일에 ○○원을 지급한다.' '손자 ○○○이 대학에 입학하면 ○○○원을 지급한다', '손자 ○○○이 결혼을 하면 ○○○원을 지급한다' 등을 하면 된다.

사망보험금을 일시에 수령해 자금을 활용하는 것도 수령하는 가족 입장에서는 의미가 있을 수 있으나, 이런 방식은 기억에서 금방 사라질 가능성이 높다. 하지만 보험금청구권 신탁을 활용해 기념일에 축하금으로 매년 지급한다면 할아버지에 대한 손자들의 기억은 오랫동안 지속될 수 있을 것이고, 할아버지의 사랑에 대해 깊은 감사를 하게 될 것이다. 어떻게 보면 이런 모습이 재산 승계에 대한 참교육의 시작이자, 명문가문으로 나아가는 첫걸음이라고 생각한다.

세금 부분에서 생각해보면 할아버지의 사망보험금을 손자들이 신탁으로 받는 것은 세대생략상속에 해당한다. 이 경우 납부할 세금의 30%에 해당하는 세금을 추가로 납부하지만, 순차적으로 상속되었을 경우 두 번 납부할 세금을 한 번만 납부하면 되기 때문에 절세 효과도 발생한다.

보험금청구권 신탁 계약 시 수익자 변경 내용

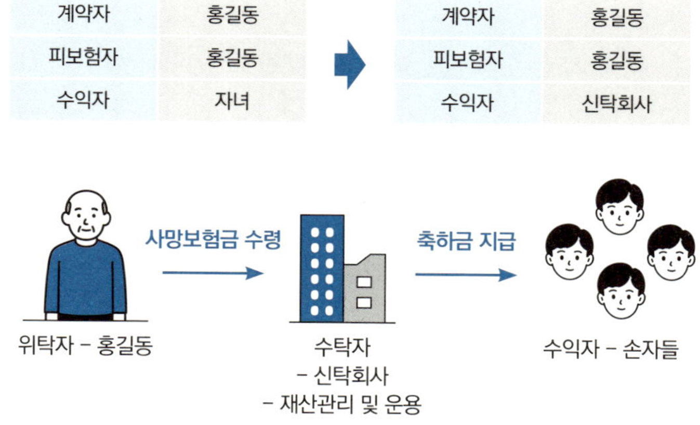

증여안심신탁:
신탁을 활용해 증여하면
재산을 지킬 수 있나요?

CASE

자수성가 해서 많은 재산을 일군 김부자 씨는 자녀들에게 재산을 증여하고 자 한다. 하지만 아직 변변한 직장도 없고, 사회 생활 경험도 많지 않은 자녀 들이 그 재산을 지키지 못할 수 있다는 것 때문에 주저하고 있는데, 지인으로 부터 신탁을 활용해 증여하면 재산을 안전하게 지킬 수 있다는 말을 들었다. 신탁을 활용하면 어떻게 가능한지 궁금하다.

'해제조건부·부담부증여 계약과 증여신탁을 복합적으로 활용'하 면 해결할 수 있다. 해제조건부·부담부증여 계약이란 증여자(주는 사람)인 김부자 씨가 수증자(받는 사람)인 자녀들에게 재산을 증여할 때 효도 및 부양의 조건 등을 붙이는 것을 말하고, 수증자인 자녀가 그 조건을 성실히 이행하지 않을 때는 증여계약을 해제하여 다시 증여자인 김부자 씨에게 재산을 반환하는 것을 말한다(민법 제556 조*, 제557조, 제561조**에 근거, 다음 페이지 주석 참고).

해제 조건과 부담의 내용에는 여러 내용이 있을 수 있는데, 증여자인 김부자 씨가 자녀들에게 재산을 증여하면 ① 수증자인 자녀들은 반드시 신탁을 설정하여 신탁재산으로 유지해야 한다거나, ② 김부자 씨에게 정기적으로 용돈 또는 생활비를 지급해야 한다는 등의 조건을 붙일 수 있다.

신탁을 설정하지 않고 재산을 증여하게 되면 수증자인 자녀들이 해당 재산을 처분하거나, 타인에게 소유권을 이전하거나, 담보대출을 받는 등 마음대로 할 수 있는데 '신탁 설정을 조건으로 하는 해제조건부·부담부증여 계약에 따라 증여신탁을 설정'하면 김부자 씨의 고민거리를 일정 부분 해결할 수 있다.

증여신탁을 이해하기 위해선 신탁 관련 용어에 대한 이해가 필요하다. 먼저 위탁자는 법률관계에서 자신의 재산이나 업무를 타인에게 맡기는 사람을 말한다. 수탁자는 신탁을 맡아 관리·운용하는 사람으로, 법에 따라 권한을 가지며 대출·비용 부담·사업 운영 등 필요한 행위를 할 수 있다. 수익자는 신탁에서 발생하는 수익과 원본을 받는 사람으로, 위탁자가 지정한 자이다.

따라서 신탁이란 일정한 목적에 따라 재산의 관리와 처분을 남

---

*　민법 제556조(수증자의 행위와 증여의 해제)①수증자가 증여자에 대하여 다음 각호의 사유가 있는 때에는 증여자는 그 증여를 해제할 수 있다.

　　• 증여자 또는 그 배우자나 직계혈족에 대한 범죄행위가 있는 때
　　• 증여자에 대하여 부양의무 있는 경우에 이를 이행하지 아니한 때(이하 생략)

**　민법 제561조(부담부증여) 상대부담이 있는 증여에 대해서는 본절의 규정 외에 쌍무계약에 관한 규정을 적용한다.

에게 맡긴다는 뜻이며 당연히 맡기는 게 이롭기 때문에 맡기는 것이고, 대부분의 경우 돈을 불리거나 재산을 관리하려고 전문가에게 맡기는 것을 말한다.

조건부증여신탁의 경우엔 재산을 불리는 부분보다는 유지·관리를 위해 활용하는 경우가 많다. 조건부증여신탁에서 ① 신탁을 설정하는 위탁자 겸 수익자는 재산을 증여받은 자녀들이 되고, 증여자인 김부자 씨는 신탁관리인으로 지정한다. ② 신탁기간 중에 자녀들이 신탁계약을 해지하려고 하거나, 신탁재산을 처분하려고 하거나, 담보대출을 받으려고 하거나, 타인에게 지분을 넘기려고 할 때 ③ 신탁계약의 신탁관리인인 김부자 씨가 이에 동의하지 않으면 신탁재산의 소유권 관련 어떠한 권리 변경도 일어나지 않는다. ④ 결국 신탁관리인인 김부자 씨가 동의하거나, 신탁 기간이 만료될 때 비로소 자녀들은 신탁계약을 해지하거나 수익권을 실행하여 재산의 소유권을 수탁자로부터 이전받아 재산을 처분할 수 있거나, 담보대출을 받거나, 타인에게 소유권을 이전할 수 있다.

신탁관리인*은 신탁재산의 법적 관리자이며, 수익자의 이익을 최우선으로 고려해야 하는 법적 의무(신의성실의무)를 가진 사람으로서 개인일 수도 있고, 법인이 될 수도 있으며, 신탁계약서에 명시된 지침에 따라 재산을 관리할 책임이 있다.

---

* 신탁법 제68조(신탁관리인의 권한) ① 신탁관리인은 수익자의 이익이나 목적신탁의 목적 달성을 위하여 자기의 명의로 수익자의 권리에 관한 재판상 또는 재산 외의 모든 행위를 할 권한이 있다. (이하 생략)

조건부증여안심신탁의 구조

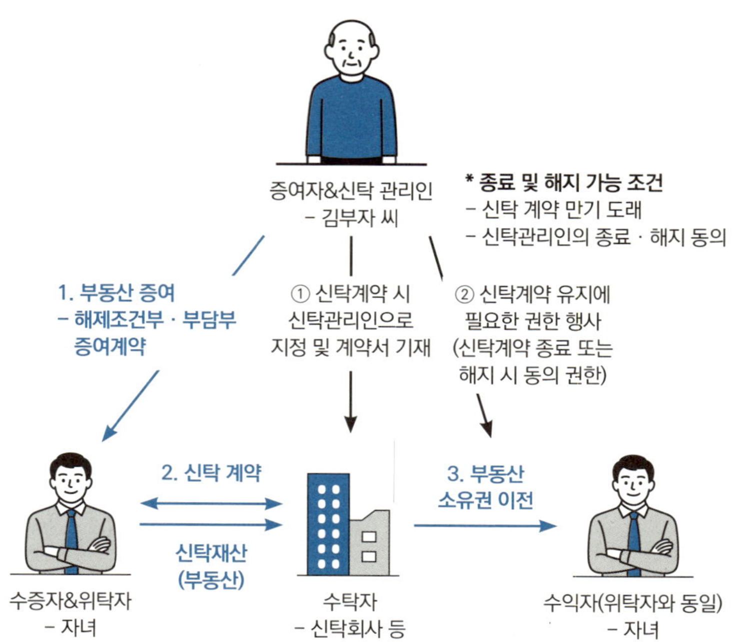

07

장애인신탁:
신탁으로 장애인 자녀에게 증여하면 5억 원까지 증여세가 없나요?

교통사고 후유증으로 하반신 마비 장애인 판정을 받은 20대 자녀가 있는 김복지 씨는 장애 때문에 소득 활동을 하지 못하는 자녀의 미래 생활비 준비 등에 대한 고민이 많다. 임대소득이 발생하는 상가를 마련해주려고 하는데 우선 많은 증여세가 걱정이며, 좋은 임차인을 만나는 것도 힘들고, 상권 변동에 따른 임대소득 감소 등을 고려하니 이것도 좋은 것만은 아니라는 생각이 들었다. 이때 금융기관에 근무하는 지인으로부터 '신탁으로 장애인 자녀에게 목돈 5억 원을 증여해도 증여세가 없다'는 말을 들었다. 김복지 씨가 이를 활용하기 위해서는 어떻게 해야 하는 것일까?

김복지 씨의 자녀가 ① 장애인복지법에 의해 등록한 장애인, ② 국가유공자 등 예우 및 지원에 관한 법률에 따라 등록한 상이자, ③ 항시 치료를 요하는 중증환자 중 어느 하나에 해당하면 적용이 가능하다.

장애인이 가족으로부터 증여를 받는 경우 다음 3가지 요건을 모두 갖춘다면 증여세가 발생하지 않는다.

첫째, 증여받은 재산 전부를 신탁업자에게 신탁할 것
둘째, 증여받은 장애인이 신탁의 이익 전부를 받는 수익자일 것
셋째, 신탁 기간이 장애인이 사망할 때까지로 되어 있을 것(상속
및증여세법 제52조의 2).

이 요건을 충족해 증여할 경우에는 증여가액 5억 원까지는 증여세가 비과세되고, 증여할 수 있는 재산은 부동산, 금전, 유가증권을 구분하지 않는다. 또한 증여자가 10년 이내 사망할 경우, 일반 증여재산은 피상속인(사망한 자=증여자)의 상속재산에 10년 이내 증여한 재산도 포함해 상속세를 계산해 신고·납부해야 하지만, 장애인 신탁을 활용한 증여의 경우에는 상속재산에 포함되지 않아 향후 상속세를 절세하는 효과가 있다.

만약 김복지 씨의 상속세율이 50%일 경우, 장애인 신탁을 통한 증여를 하지 않으면 5억 원에 대한 50%인 2억 5,000만 원의 상속세가 발생한다. 하지만 장애인 신탁으로 증여하면 증여세 0원, 이후 상속세도 0원이라는 내용이다.

필자는 20년 이상 자산관리를 하면서 수많은 고객을 만나 상담했으며, 그중 장애인 자녀를 둔 부모도 상당히 많았다. 이런 장애인 자녀를 둔 부모님의 한결같은 소원은 그 아이보다 자신이 하루 더 사는 것이라고 한다.

이는 장애인 자녀들의 생활비 등을 걱정해서 하는 말이다. 본인이 살아 있는 동안에는 그 자녀를 간병할 수 있으나, 부모가 먼저

사망한다면 장애인 자녀를 간병하는 것이 걱정일 수밖에 없다. 부모가 사망하면 그 자녀를 장애인 복지시설 등에서 간병받을 수 있도록 하고, 그에 따른 비용은 앞에서 본 장애인 자녀에 대한 보험금 연간 4,000만 원 증여세 비과세와 장애인 신탁 증여를 통한 5억 원 증여세를 활용한다면 어느 정도는 부담 없이 마련할 수 있을 것이라고 생각한다.

현재 우리나라의 신탁 구조는 다음 그림에서 볼 수 있는 것처럼 두 가지이다.

장애인신탁을 활용한 증여 구조

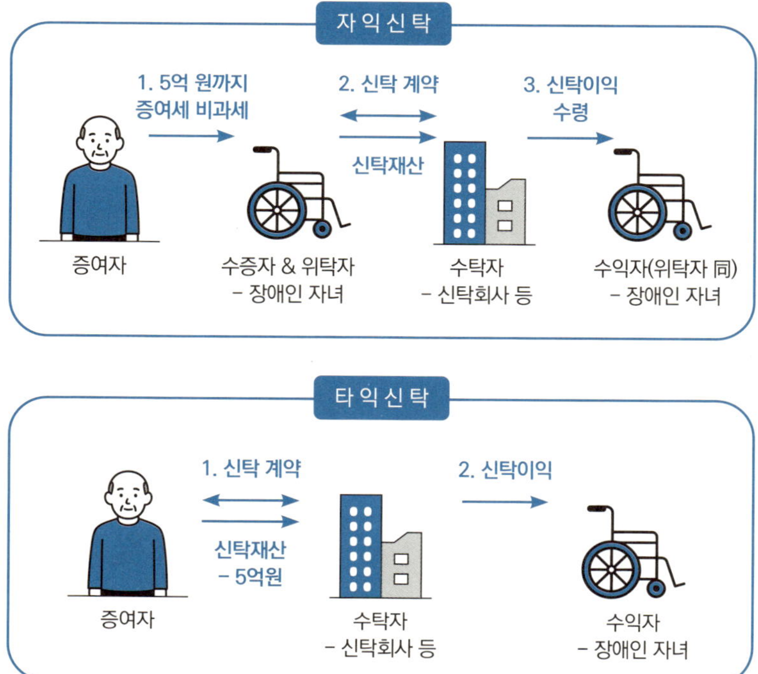

자익신탁은 가족이 장애인인 수증자(받는 사람)에게 재산을 증여하는 증여계약을 증여자와 수증자가 먼저 체결하고, 수증자인 장애인은 증여재산에 대해 신탁회사와 신탁 계약(위탁자:장애인 본인, 수익자:장애인 본인)을 체결하는 구조이다. 이 경우에는 증여받은 재산 5억 원까지 증여세가 비과세이다. 자익신탁에서는 주의할 부분이 있는데 위탁자이자 수익자인 장애인이 신탁원본을 임의로 인출하는 것을 방지하기 위해 인출 가능 이유와 금액을 제한하고 있다. 즉 장애인 본인의 의료비, 간병비, 특수교육비 및 월 150만 원 이하의 생활비 목적으로만 인출해야 하고, 만약 이 요건을 지키지 못했을 경우엔 증여세 비과세가 취소되어 증여세를 납부해야 한다.

타익신탁은 가족이 위탁자, 장애인을 수익자로 하여 신탁회사와 신탁계약을 체결하는 구조이다. 타익신탁은 수익자인 장애인이 얻는 수익이 5억 원까지는 증여세가 비과세이다. 이를 위해선 첫째, 장애인이 신탁의 이익 전부를 받는 수익자일 것. 둘째, 신탁업자(자본시장법상 인가 받은 자)에게 신탁할 것. 셋째, 다음 3가지가 신탁 계약에 포함되어 있어야 한다. ① 장애인이 사망하기 전 해지 또는 만료 시 잔여재산이 그 장애인에게 귀속될 것, ② 장애인이 사망하기 전에 수익자를 변경할 수 없을 것, ③ 위탁자가 사망하는 경우 신탁의 위탁자 지위가 그 장애인에게 이전될 것 등의 내용이 포함되어 있어야 한다.

장애인 신탁으로 증여할 재산은 금융재산이 관리의 편리성, 안전성 등의 부분에서 적합하다. 만약 임대소득이 발생하는 상가의 경우엔 임차인 관리와 건물 노후화 등 많은 부분을 신경 써야 하기 때문이다.

08

성년후견제와
후견신탁이 무엇인가요?

오랜 직장생활 후 퇴직한 김영희 씨(여, 60세, 미혼)는 자신의 노후 대비 상태를 점검했다. 그 결과 지금까지 준비한 연금과 금융 재산으로도 자신이 원하는 노후 생활을 충분히 할 수 있다는 판단을 내렸다. 다만, 김영희 씨는 치매 등으로 일상생활이나 자산관리를 자신의 의지대로 할 수 없는 경우가 걱정되었다. 이에 대비하여 성년후견제도와 신탁이 있다는 이야기를 듣고 상담을 신청했다.

성년후견제도란 질병·장애·노령 등의 사유로 인해 정신적 제약을 가진 사람들이 존엄한 인격체로서 주체적으로 자신의 삶을 영위해 나갈 수 있도록, 민법 개정을 통해 기존의 금치산·한정치산제도를 폐지하고 2013년 7월에 새롭게 도입한 제도다. 과거의 금치산·한정치산제도는 재산 관리에 중점을 두었고, '본인의 의사와 잔존 능력'에 대한 고려 없이 행위 능력을 획일적으로 제한했다. 반면 성년후견제도는 '본인의 의사와 잔존 능력의 존중'을 기본 이념으로 하여 후견 범위를 재산관리뿐만 아니라 치료·요양 등 신상관리까지 가능하게 했다. 후견제도를 통해 후견을 받는 사람을 피후견인, 후견 업무를 제공하는 사람을 후견인이라고 한다.

성년후견제도는 후견인의 권한을 법원이 정하는 법정후견과 후견인의 권한을 후견인과 피후견인이 사전에 계약으로 정해놓은 임의후견으로 나눌 수 있다. 법정후견은 다시 성년후견, 한정후견, 특정후견으로 나눈다.

성년후견제도

내 용	법정후견			임의후견
	성년후견	한정후견	특정후견	
개시 사유	정신적 제약으로 사무처리 능력의 지속적 결여	정신적 제약으로 사무처리 능력의 지속적 결여	정신적 제약으로 일시적 후원 또는 특정 사무 후원의 필요	정신적 제약으로 사무처리 능력의 지속적 결여
후견개시 청구권자	본인, 배우자, 4촌 이내의 친족, 법정후견인, 법정후견감독인, 검사 또는 지방자치단체의 장	본인, 배우자, 4촌 이내의 친족, 법정후견인, 법정후견감독인, 검사 또는 지방자치단체의 장	본인, 배우자, 4촌 이내의 친족, 미성년후견인, 미성년후견감독인, 검사 또는 지방자치단체의 장	본인, 배우자, 4촌 이내의 친족, 임의후견인, 검사 또는 지방자치단체의 장
본인의 행위능력	원칙적 행위 능력 상실자	원칙적 행위 능력자	행위 능력자	행위 능력자
후견인의 권한	원칙적으로 포괄적인 대리권, 취소권	법원이 정한 범위 내에서 대리권, 동의권, 취소권	법원이 정한 범위 내에서 대리권	각 계약에서 정한 바에 따름

만약 김영희 씨가 치매 등 정신적 제약으로 신상관리와 재산관리를 위한 후견을 미리 대비하고 싶다면 후견인으로 지정하고자 하는 자와 임의후견 계약을 체결하고 공증을 한 후 법원에 후견 등기를 해야 한다. 향후 김영희 씨가 후견인이 필요한 경우가 되었을 때 법원은 후견인 등의 신청에 의해 임의후견감독인을 선임한다.

법정후견에는 후견감독인 선임이 필수가 아니지만 임의후견은 후견감독인이 선임되어야 비로소 후견 계약의 효력이 발생한다. 임의후견감독인은 임의후견인의 권한 남용 등을 감독하며 피후견인이 후견을 제대로 받을 수 있도록 하는 것이다. 법정후견이든 임의후견이든 후견인은 자연인뿐만 아니라 법인도 가능하며, 복수도 가능하다. 후견인이 할 수 있는 신상관리와 재산관리의 역할을 요약하면 다음과 같다.

후견인의 역할

신상 관리	재산 관리
• 의료 행위 : 치료, 입원, 수술 등 • 주거 관련 행위 : 주거공간 마련·변경·처분, 시설 입소·퇴소 등 • 사회복지 서비스 이용 : 복지급여 신청, 복지급여 수령 및 관리, 복시 서비스 이용 등 • 사회적 관계관리 : 교육, 재활, 취업 등 기타 일상생활 지원	• 부동산의 관리·보존·처분 • 예금 및 보험 등의 관리 • 물품의 구입·판매, 서비스 이용 계약의 체결·변경·종료 • 유체동산, 증서 및 중요 문서 등의 보관 및 관리 • 공법상의 행위(세무신고 등) • 상속인의 승인, 한정승인 및 포기 및 상속재산의 분할에 관한 협의

성년후견제도를 활용하기 위해서는 장단점에 대해 알아볼 필요가 있다. 장점으로는 ① 법원의 강력한 개입으로 무단 처분을 막을 수 있고, ② 가족 간 분쟁 상황에서도 공적 통제가 가능하다는 것이다. 반면, 단점으로는 ① 절차가 복잡하고 시간과 비용이 발생하고, ② 법원 허가가 필요해 유연성이 낮으며, ③ 부모님이 '무능력자'로 공식 판정되는 심리적 부담으로 자율성이 크게 제한될 수 있다는 것이다.

또한, 신상과 재산에 관한 관리를 타인에게 맡기는 것을 미리 준

후견신탁의 구조

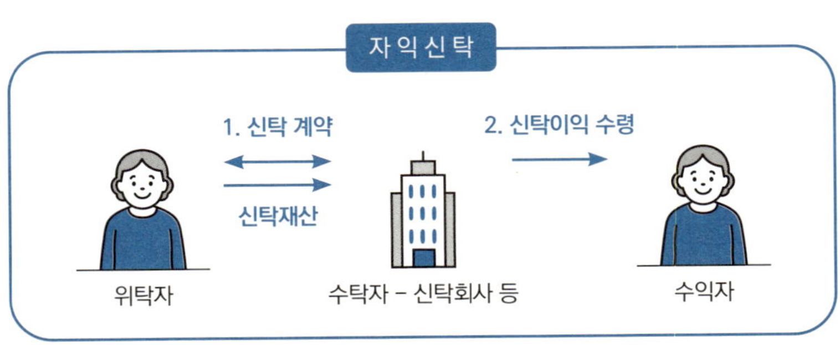

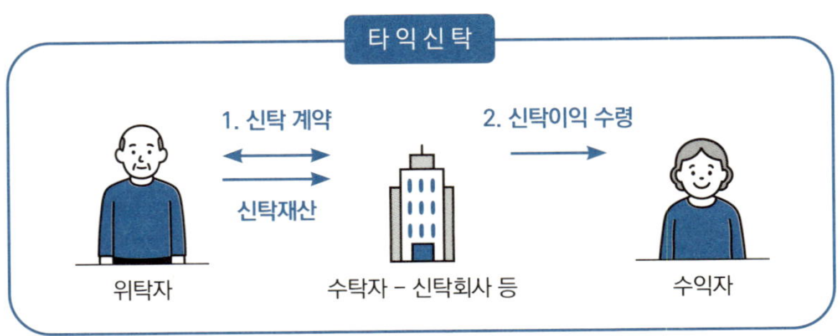

비하는 것은 쉬운 일이 아니다. 특히 재산관리는 인간적 신뢰도 중요하지만 전문성도 필요한 영역이다. 실제 우리보다 초고령사회에 먼저 진입함에 따라 성년후견제도가 일찍부터 발달한 일본의 경우 후견인이 피후견인의 재산을 유용한 사건이 꽤 많았다고 한다. 이에 대한 해결책으로 일본은 후견신탁을 선택했다.

후견신탁은 재산을 맡기는 자(위탁자)가 수탁자(주로 은행 등 금융회사)와 미리 작성한 계약 내용대로 재산을 관리 및 운영하게 하여 수익자(신탁재산의 수혜를 받는 자)에게 지급하도록 하는 계약이다. 위탁자가 곧 수익자인 후견신탁을 '자익신탁'이라고 하고, 위탁자와 수익자가 다른 후견신탁을 '타익신탁'이라고 한다.

그럼, 후견신탁은 성년후견제도와 무엇이 다를까? 가장 큰 차이는 후견신탁은 자신의 판단 능력이 아직 남아 있을 때 재산관리 방식을 미리 계약으로 정해두는 제도라는 것이다. 예를 들어 치매 판정 시 고액 인출 제한, 부동산 처분 시 금융기관 승인 필수, 생활비는 정기적으로 지급 같은 조건을 사전에 설정함으로써 사전 예방형 제도라고 할 수 있다.

이런 후견신탁도 장단점을 가지고 있다. 먼저 장점으로는 ① 부모의 의사가 명확히 반영되고, ② 법원 개입 없이도 강력한 통제 가능하며, ③ 가족 간 분쟁 소지를 크게 줄일 수 있고, ④ 경제적 학대 차단 효과가 매우 크다는 것이다.

단점으로는 ① 사전에 준비해야 하고, ② 재산 규모와 구조에 따라 설계가 필요하다는 것이다.

09

후견신탁:
치매에 걸리면 예금 계좌가 동결되는데
이에 대한 대안은 무엇이 있나요?

72세 홍길동 씨는 요즘 하루하루 기억력이 달라짐을 느낀다. 신체적으로는 등산을 하는 등 건강하지만, 친구들의 이름과 단골 가게 상호가 잘 기억나지 않고 어제 저녁에 먹은 음식도 생각이 나지 않는 등 뭔가 머릿속에서 엉킨 기분이 지속된다. 친한 지인은 치매 초기 증상 같으니 빨리 병원에 가서 진찰받으라고 권유하지만 발걸음이 쉽게 떨어지지 않는다. 홍길동 씨가 가진 노후 자금을 온전히 자신의 치료비로 사용할 수 있을지, 또 맞벌이로 바쁜 자녀들이 행여나 자신을 방치하지는 않을지 걱정이 밀려들기도 한다. 이런 경우에 홍길동 씨는 어떻게 준비하면 좋을까?

홍길동 씨에게 치매 등이 발생해 더 이상 합리적인 판단을 하기 어려운 상태라면 홍길동 씨 명의의 통장, 부동산, 예금 등은 동결되는데, 이는 사라진 돈이 아니라 돈과 재산은 그대로 있는데 '결정할 사람이 없어 사용할 수 없는 돈'이 된다. 이런 자금을 치매머니라고 한다. 저출산·고령화위원회에서는 2025년 5월 현재 치매머니의 규모가 154조 원이고, 계속 증가해 2050년에는 488조 원에 이를 것이라고 발표했다.

이런 치매머니의 문제는 다음과 같다.

첫째, 치매환자 1명에 연간 약 2,000만 원에 상당하는 비용이 발생하는데, 홍길동 씨는 재산이 있어도 사용할 수 없기 때문에 가족이 부담해야 한다는 것이다.

둘째, 더 큰 문제는 이 비용이 일회성으로 끝나는 것이 아니라 장기간 발생하게 되고, 그 과정에서 가족에게 경제적 고통이 더욱더 증가하게 된다는 것이다. 설상가상으로 경제적 큰 부담으로 인해 가족 간 불화가 발생할 가능성도 높아질 것이다. '긴 병에 효자 없다'는 옛말의 의미를 실감하게 된다.

셋째, 홍길동 씨의 재산은 그대로 있기 때문에 향후 홍길동 씨가 사망해 상속이 발생하면 남은 재산을 분배하는 과정에서 상속인 간 분쟁이 발생할 가능성이 높다는 것이다. 간병 기간의 경제적 지원 규모, 간호 횟수 등의 이유를 들을 것은 불을 보듯 뻔한 일이다.

넷째, 홍길동의 상속재산이 꽤 많다면 상속세도 발생하게 된다. 홍길동 씨의 재산으로 본인의 간병비 등에 충당해 상속재산을 줄였다면 발생하지 않았을 상속세가 추가로 발생할 수 있다는 것이다.

현재도 치매 관련 여러 문제가 발생하고 있는데, 앞으로는 그 문제가 더 증가할 것으로 예상된다. 중앙치매센터는 2024년 65세 이상 노인인구 995만 5,476명 중 치매환자는 95만 4,789명으로 추정

치매 유병률은 9.15%에 달한다고 발표했다. 대략 65세 이상 인구 10명 중 1명은 치매 환자라고 볼 수 있는 것이다. 더 나아가 2050년도에는 271만 명까지 증가할 것으로 예상하고 있으니, 65세 이상 고령자들이 '치매에 걸릴 수 있다'는 불안감을 느끼는 것은 당연하다고 할 수 있다. 이렇게 치매환자가 급격하게 증가하면 자연스럽게 치매머니도 증가할 것이기 때문에 이에 대한 준비를 할 필요성은 점점 더 커질 수밖에 없다.

이런 경우에 대한 대안이 판단력과 인지력이 있을 때 전문적으로 신탁업을 하는 금융기관과 후견신탁 계약을 체결하는 것이다. 이를 위해선 먼저 홍길동 씨가 판단력과 인지력이 부족한 상황이 되었을 때 업무를 대신할 임의후견인과 후견 계약을 체결해야 한다. 다음으로는 홍길동 씨가 신탁업을 하는 금융회사와 후견신탁 계약을 체결해야 하는데, 이때 위탁자와 수익자는 홍길동 씨 자신으로 하는 자익후견신탁을 체결하는 것이다.

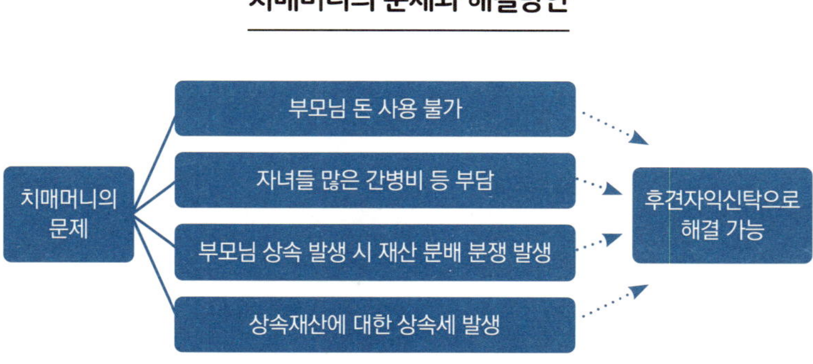

치매머니의 문제와 해결방안

　그리고 향후 홍길동 씨가 판단력과 인지력이 부족해 사무처리 등을 할 수 없는 상황이 되면 계약서의 내용대로 수탁자인 신탁회사가 보관·관리하고 있는 신탁재산을 수익자인 홍길동 씨 계좌로 생활비, 간병비, 치료비 등의 명목으로 지급하게 된다. 그리고 홍길동 씨는 이렇게 수령한 재산으로 생활비, 간병비 등으로 사용할 수 있다. 그리고 이와 관련된 제반 업무는 후견 계약을 체결한 임의후견인이 담당한다.

10

보통예금 계좌+후견신탁=평생안심신탁: 평소엔 자유롭게 계좌 활용하고, 치매 발병 시 후견신탁으로 자동 전환할 수 있나요?

CASE

직장생활을 하다가 퇴직한 62세의 나행복 씨는 직장생활 하는 동안 여러 가지 이유로 하지 못했던 취미 생활, 모임 등을 하면서 바쁜 은퇴생활을 하고 있다. 그런데 최근 모임에서 알게 된 한 언니가 갑자기 뇌출혈이 발생해 병원에 입원하고 있다는 소식을 들었다. 그런데 언니가 의식이 없어 병원 치료비 등을 자녀들이 부담하고 있다. 30대인 자녀들은 자신들의 생활비, 아이들 교육비 등으로 빠듯하게 생활하고 있는데, 갑자기 모친의 병원비까지 부담하게 되어 경제적으로 너무 힘들어한다. 은행에서는 뇌출혈로 쓰러진 언니의 계좌는 동결해 계좌에 있는 자금으로 치료비 등으로 사용할 수 없는 상황이다. 이런 상황을 보니 나행복 씨는 자신에게도 이 일이 일어날 수 있으며, 만약 그런 상황이 발생하더라도 지금 자신이 활용하고 있는 계좌가 동결되지 않고 간병비 등으로 사용할 수 있는 방법은 무엇이 있을지를 고민하기 시작했다. 어떻게 하면 될까?

후견신탁 계약이 필요하다고는 느끼지만 많이 사람이 가입을 꺼린다. 그 이유는 첫째, '나는 아직 젊고 건강하니까 나중에 가입해야지' 하는 사람들이 많다. 둘째, 후견신탁 계약을 하면 내 재산이 신탁회사로 명의이전되어 후견 상황이 발생하기 전에는 그 재산을 활용할 수 없어 재산 운용에 제한이 있을 것이라는 이유 때문이다. 충분히 이해가 되는 부분이다.

하지만 후견신탁은 본인의 판단력과 사무처리 능력에 문제가 없을 때 가입할 수 있는 것이기 때문에 필요성을 느낀다면 일찍 가입하는 것이 합리적이다. 그리고 재산 운용의 제한과 관련해서는 금융상품과의 결합으로 해결할 수 있다.

즉, 신탁회사와 후견신탁 계약을 하면서 평상시에는 본인이 지정한 방식으로 신탁재산을 운영해 수익을 높일 수 있고, 유동자금이 필요한 경우엔 자금을 인출해 활용할 수 있는 금융상품과 후견신탁을 결합한 형태라고 보면 된다. 이는 평상시에는 금융상품으로 운영하고, 본인에게 치매 또는 뇌출혈 등으로 개호상태가 된 경우에는 그 당시의 계좌 잔액을 기준으로 자신이 신탁계약 체결 시 작성했던 내용대로 간병비, 생활비, 치료비 등으로 활용할 수 있도록 자동 전환되는 구조이다. 이런 모든 업무를 신탁회사가 실행하기 때문에 위탁자는 믿고 맡길 수 있는 것이다.

K 보험사 평생안심신탁의 구조

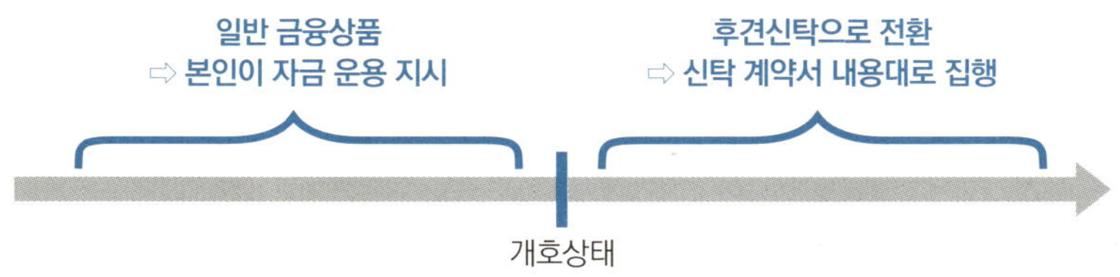

6장

가업을
물려줄 경우
절세 방법

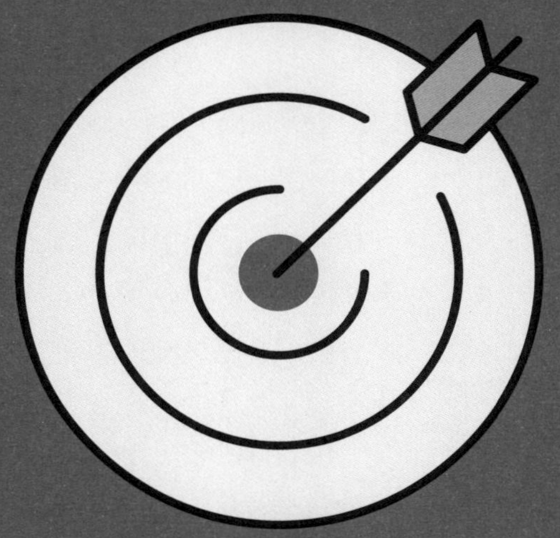

사업을 그만하고 싶은데
어떻게 해야 하나요?

CASE

60대 후반인 홍길동 대표는 30년 동안 사업을 해 힘도 들고 많이 지쳐서 자녀들에게 사업을 물려주고 여행을 하며 쉬고 싶다. 그런데 아직 자녀들은 사업을 물려받을 준비가 안 되어 있는 것 같고, 물려주면 세금이 너무 많이 예상되어 주저하고 있다. 지금부터 홍길동 대표는 무엇을 준비해야 할까?

오랫동안 법인으로 사업을 하다 보면 선택의 순간이 오는데, 자녀에게 승계할지, 매각을 할지, 아니면 폐업 후 청산할지를 결정하는 출구전략 단계이다.

법인의 미래 성장 가능성 여부, 가업을 승계할 자녀의 능력 유무, 보유하고 있는 이익잉여금의 규모와 세금 등을 고려해 어떤 출구전략을 선택할지를 결정하는 것이 합리적이다.

정부와 과세 당국 입장에서는 기업이 계속 존속해야 고용유지와 경제 성장 등을 기대할 수 있기 때문에 가업승계를 지원하기 위한 제도를 운영하고 있다. 그리고 능력 있는 자녀들의 창업을 돕기 위한 제도도 별도로 운영하고 있다.

최근에는 산업 트랜드의 빠른 변화로 인해 자녀들이 부모의 사업을 물려받기보다는 독자적인 사업을 하고자 하는 자녀들이 늘고 있다. 이런 자녀들에게 자금력이 풍부한 부모가 세금 부분에서 혜택을 받으면서 사업 자금을 증여해 창업을 도울 수 있다면 고용창출 등 국가 경제발전에도 많은 기여를 할 수도 있을 것이다.

자녀가 승계하지 않는다면 적절한 가격에 법인을 매각하는 것도 생각할 수 있다. 이를 위해선 법인을 매력적으로 만들 필요가 있다. 매각도 어렵다면 결국에는 청산 절차에 들어가야 할 것이다.

법인의 출구전략에서 피할 수 없는 것이 세금인데, 그럼 세금 등을 고려해 합리적인 방법을 찾아보도록 하자.

법인의 출구전략

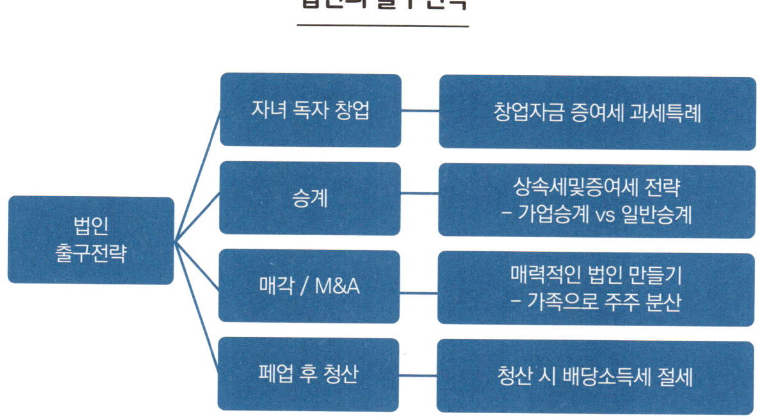

창업을 하려는
자녀를 어떻게 도와줄 수 있나요?

CASE

홍길동 대표는 자신의 사업을 물려받지 않고 독자적으로 사업을 하기 위해 창업하려는 아들을 도와주고 싶다. 어떤 제도를 활용하면 좋을까?

창업 자금에 대한 증여세 과세특례를 활용하면 된다. 이 제도는 60세 이상인 부모가 18세 이상의 거주자인 자녀에게 창업 자금을 증여해줄 경우 증여세 절감 혜택을 주는 제도이다.

세금 혜택은 창업 목적으로 50억 원(10명 이상 고용 시 100억 원)까지 증여할 수 있는데 증여한 재산 중 5억 원까지는 증여세가 발생하지 않으며, 초과 금액에 대해서는 10%의 증여세만 납부하면 되기 때문에 증여세가 매우 적다.

이를 일반증여와 비교해보자. 10억 원을 일반증여하면 [(10억 원-5,000만원)×30%-6,000만 원(누진공제)=2억 2,500만 원]의 증여세를 납부해야 하지만, 창업 자금으로 증여하면 [(10억 원-5억 원)×10%=5,000만 원]의 증여세만 납부하면 되기 때문에 매우 매력적인 제도이다.

이 제도를 활용하기 위해선 요건을 갖추어야 한다.

첫째, 60세 이상의 부모가 증여를 해야 하고, 자녀는 18세 이상인 거주자여야 하며, 창업자금을 증여받은 후 사업자등록을 신청해야 한다. 반대로 사업자등록을 먼저 하면 이 제도를 활용할 수 없다.

둘째, 부동산이나 부동산과 관련된 권리, 주식·출자지분, 영업권 등 양도소득세가 발생하는 자산을 증여하면 안 되고, 증여세 신고기한(증여일이 속한 달의 말일로부터 3개월)까지 창업자금 증여세과세특례를 신청해야 한다.

셋째, 창업자금을 증여받은 자녀는 2년 이내에 창업해야 하고, 4년 이내에 증여받은 자금을 창업자금으로 사용해야 한다. 매년 창업자금 사용명세서를 작성해 관할 세무서장에게 제출해야 하고, 명세서 미제출 시 가산세(0.3%)를 납부해야 한다.

넷째, 대상 업종은 조세특례제한법 제6조 제3항에 따른 중소기업을 말하기 때문에 자녀가 창업하려는 업종이 과세특례에 해당하는 업종인지 여부를 먼저 확인해야 한다.

창업자금으로 창업 시 세제혜택을 종합적으로 보면 창업자금증여세과세특례에 의한 증여세 절감+부모 부동산(사업장 사용 목적) 저가 매수 가능+법인등록면허세 면제+사업용 자산 취득세 면제(75%)+창업중소기업 법인세(소득세) 감면 등이 있다.

자녀의 창업 기업에 부모 기업의 자산을 합법적으로 물려줄 수 있는 방법이 있는데, 특정법인을 활용하여 차등배당을 하는 것이다. 이를 위해선 자녀의 창업 기업에서 부모 기업의 주식을 일부 인수 후 특정법인을 활용한 차등배당을 한다면 부모 기업의 자산과 가치는 점점 감소하게 된다. 반대로 자녀 법인의 자산과 가치는 증가하게 되어 자연스러운 가업승계와 자산의 이전을 기대할 수 있다.

그리고 부모 기업의 거래처를 자녀의 창업기업으로 이전할 수도 있다. 이런 경우를 '일감 몰아주기'라고 하는데, 대기업군의 경우엔 일감 몰아주기에 대해 증여세가 발생하지만, 중소기업의 경우엔 증여세가 발생하지 않는다. 이 방법을 활용하면 세법상 까다로운 가업승계 요건 충족을 걱정할 필요없이 자연스럽게 가업승계를 할 수 있다.

창업자금에 대한 증여세 과세특례제도에는 크게 두 가지 단점이 있다.

첫째, 증여세를 추징당할 수 있는 경우이다. ① 4년 이내에 증여받은 창업자금을 모두 사용하지 않거나, ② 증여받은 후 10년 이내 사업 외의 용도로 사용한 경우, ③ 창업 후 10년 이내에 사업을 폐업한 경우, ④ 10년 이내에 증여 받은 자가 사망한 경우 등 4가지 중 어느 하나만이라도 해당하면 이자 상당액을 가산해 증여세를 추징한다.

둘째, 일반적인 증여의 경우에는 증여받은 후 10년이 경과한 후 증여해준 부모님의 상속이 발생하면 부모의 상속재산에 과거 증여재산이 포함되지 않아 상속세를 줄일 수 있다. 그러나 창업자금증여세과세특례를 통해 증여받은 재산은 기간 경과와 관계 없이 무조건 상속재산에 합산된다는 단점이 있다.

수증자별 증여공제 한도

수증자	공제 한도액	비고
배우자	6억 원	
직계존속	5,000만 원	
직계비속	성인 5,000만 원 미성년자 2,000만 원	혼인, 출산의 경우 1억 원 추가 공제
기타친족	1,000만 원	

상속세 및 증여세율

과세표준	세율	누진공제
1억원 미만	10%	
1억~5억 원 미만	20%	1,000만 원
5억~10억 원 미만	30%	6,000만 원
10억~30억 원 미만	40%	1억 6,000만 원
30억 원 이상	50%	4억 6,000만 원

창업 중소기업에 해당하는 업종(조세특례제한법 제6조 3항)

1. 광업

2. 제조업(제조업과 유사한 사업으로서 대통령령으로 정하는 사업을 포함한다. 이하 같다)

3. 수도, 하수 및 폐기물 처리, 원료 재생업

4. 건설업

5. 통신판매업

6. 대통령령으로 정하는 물류산업(이하 "물류산업"이라 한다)

7. 음식점업

8. 정보통신업. 다만, 다음 각 목의 어느 하나에 해당하는 업종은 제외한다.
   가. 비디오물 감상실 운영업　　　　　나. 뉴스제공업
   다. 블록체인 기반 암호화자산 매매 및 중개업

9. 금융 및 보험업 중 대통령령으로 정하는 정보통신을 활용하여 금융서비스를 제공하는 업종

10. 전문, 과학 및 기술 서비스업[대통령령으로 정하는 엔지니어링사업(이하 "엔지니어링 사업"이라 한다)을 포함한다]. 다만, 다음 각 목의 어느 하나에 해당하는 업종은 제외한다.
    가. 변호사업　　　　　　　　　　나. 변리사업
    다. 법무사업　　　　　　　　　　라. 공인회계사업
    마. 세무사업　　　　　　　　　　바. 수의업
    사. 「행정사법」 제14조에 따라 설치된 사무소를 운영하는 사업
    아. 「건축사법」 제23조에 따라 신고된 건축사사무소를 운영하는 사업

11. 사업시설 관리, 사업 지원 및 임대 서비스업 중 다음 각 목의 어느 하나에 해당하는 업종
    가. 사업시설 관리 및 조경 서비스업
    나. 사업 지원 서비스업(고용 알선업 및 인력 공급업은 농업노동자 공급업을 포함한다.)

12. 사회복지 서비스업

13. 예술, 스포츠 및 여가관련 서비스업. 다만, 다음 각 목의 어느 하나에 해당하는 업
    종은 제외한다.
    가. 자영예술가   나. 오락장 운영업
    다. 수상오락 서비스업   라. 사행시설 관리 및 운영업
    마. 그 외 기타 오락 관련 서비스업

14. 협회 및 단체, 수리 및 기타 개인 서비스업 중 다음 각 목의 어느 하나에 해당하는
    업종
    가. 개인 및 소비용품 수리업   나. 이용 및 미용업

15. 「학원의 설립ㆍ운영 및 과외교습에 관한 법률」에 따른 직업기술 분야를 교습하는
    학원을 운영하는 사업 또는 「국민 평생 직업능력 개발법」에 따른 직업능력 개발
    훈련시설을 운영하는 사업(직업능력개발훈련을 주된 사업으로 하는 경우로 한정한다.)

16. 「관광진흥법」에 따른 관광숙박업, 국제회의업, 유원시설업 및 대통령령으로 정하
    는 관광객 이용시설업

17. 「노인복지법」에 따른 노인복지시설을 운영하는 사업

18. 「전시산업발전법」에 따른 전시산업

자금난을 겪는 자녀 법인에
증여세 없이 21억 원까지는
무상으로 빌려줄 수 있나요?

CASE

자산가인 홍길동은 최근 자금난에 빠진 자녀의 법인을 도와주고 싶다. 이때 21억 원까지는 이자를 받지 않고 빌려줘도 증여세가 발생하지 않는다는 말에 좋은 방법이라고 생각했으나, 한편으로는 의심이 간다. 정말로 이런 규정이 있을까?

특정 법인에게 무상으로 자금을 빌려줬을 경우 증여세가 발생하지 않는 법적 근거는 다음과 같은데 앞에서 살펴본 특정법인을 활용한 차등배당 시 증여세가 발생하지 않는 요건과 같은 법조문이다.

○ **상속세 및 증여세법 제45조의5(특정법인과의 거래를 통한 이익의 증여 의제)**

① 지배주주와 그 친족(이하 이 조에서 "지배주주등"이라 한다)이 직접 또는 간접으로 보유하는 주식보유비율이 100분의 30 이상인 법인(이하 이 조 및 제68조에서 "특정법인"이라 한다)이 지배주주의 특수관계인과 다음

각 호에 따른 거래를 하는 경우에는 거래한 날을 증여일로 하여 그 특
정법인의 이익에 특정법인의 지배주주등이 직접 또는 간접으로 보유
하는 주식보유비율을 곱하여 계산한 금액을 그 특정법인의 지배주주
등이 증여받은 것으로 본다.

1. 재산 또는 용역을 무상으로 제공받는 것
2. 재산 또는 용역을 통상적인 거래 관행에 비추어 볼 때 현저히 낮
   은 대가로 양도·제공받는 것
3. 재산 또는 용역을 통상적인 거래 관행에 비추어 볼 때 현저히 높
   은 대가로 양도·제공하는 것
4. 그 밖에 제1호부터 제3호까지의 거래와 유사한 거래로서 대통
   령령으로 정하는 것

② 제1항에 따른 증여세액이 지배주주 등이 직접 증여받은 경우의 증여
세 상당액에서 특정법인이 부담한 법인세 상당액을 차감한 금액을 초
과하는 경우 그 초과액은 없는 것으로 본다.

③ 제1항에 따른 지배주주의 판정방법, 증여일의 판단, 특정법인의 이익
의 계산, 현저히 낮은 대가와 현저히 높은 대가의 범위, 제2항에 따른
초과액의 계산 및 그 밖에 필요한 사항은 대통령령으로 정한다.

○ **상속세법증여세법시행령 제34조의5(특정법인과의 거래를 통한 이익의 증
여 의제)**

⑤ 법 제45조의5제1항을 적용할 때 특정법인의 주주등이 증여받은 것으
로 보는 경우는 같은 항에 따른 증여의제이익이 1억 원 이상인 경우로
한정한다.

따라서 홍길동 씨가 자녀의 법인에 21억 원을 빌려주면 현재 당좌이율 4.6%에 해당하는 9,660만 원의 이자를 받아야 하지만, 이를 받지 않아도 증여세가 발생하지 않는다. 그 이유는 자녀 법인이 상환하지 이자 금액이 1억 원 미만이기 때문이다.

만약 21억 원을 은행에서 차입했다면 자녀 법인은 원금과 이자 상환에 부담을 갖게 되지만, 특수관계인에게 차입했기 때문에 이자를 상환하지 않고, 원금 21억 원만 상환하면 되는 이익이 있다.

자금 무상 대여의 이익을 대출과 비교

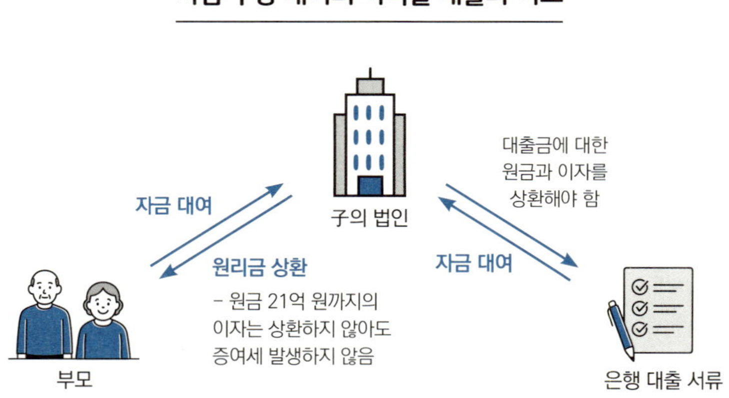

함께 일하고 있는 자녀에게 가업을 물려주고 싶은데 무엇을 준비해야 하나요?

CASE

중소기업을 경영하고 있는 홍길동 씨는 자녀 2명 중 누구에게 기업을 물려줘야 할지, 그리고 기업을 물려받지 못한 다른 자녀에게는 어떻게 해야 할지에 대한 고민이 늘었다. 당신이 경영컨설턴트라면 어떻게 조언을 하겠는가?

먼저 홍길동 씨가 해야 할 일을 큰 틀에서 생각해보면, 우선 자녀 중 기업 경영에 적합한 자녀를 후계자로 선정하고, 그 자녀가 경영 수업을 받아 기업을 승계 후 경영할 수 있도록 역량을 높여줘야 한다. 그리고 기업을 물려받지 못한 자녀에게는 다른 자산을 준비해줘서 형평을 맞춰야 한다. 그리고 이 과정에서 발생할 수 있는 증여세 또는 상속세를 절세할 수 있는 방법을 찾는 것이 순서이다.

많은 창업자가 자녀들에게 비슷한 지분을 물려주고, 공동으로 사업을 경영하기를 희망하는 경우가 있는데, 현실에서는 비극적인 상황이 발생하는 경우가 많다. 속담에 '사공이 많으면 배가 산으로 가고, 산에 호랑이는 한 마리만 있어야 한다'는 말이 있다. 자녀들에게 공동 경영을 기대하고 비슷한 지분을 줄 경우엔 결국 형제 간에 경영권 다툼이 발생하는 경우가 많이 있다.

그리고 기업을 물려받지 못한 자녀에게는 앞에서 본 창업자금 증여세과세특례를 활용한 창업자금 증여를 통해 독자적인 사업을 할 수 있도록 지원하든지, 아니면 부동산 등을 물려줌으로써 자녀들이 물려받은 자산의 형평이 맞아야 향후 유류분 분쟁 등 자산(기업 포함) 이전 시 발생할 수 있는 형제 간의 다툼을 미리 예방할 수 있다.

역사를 보면 한 나라를 창업하는 것은 어려우나 그것을 지키는 것이 더 어렵다고 하는데, 기업도 마찬가지다. 그렇기 때문에 기업을 물려주기 위해선 미리미리 많은 준비를 해야 한다.

가업의 승계를 위해 창업자가 해야 할 일

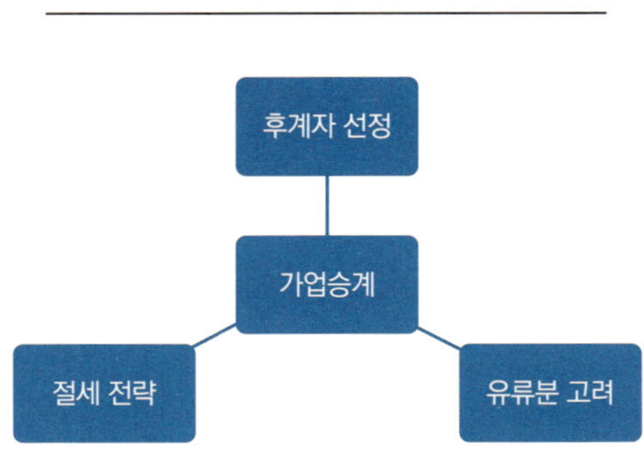

자녀에게 경영수업을 하면서 가업을 승계하고 싶은데, 세금을 절세할 수 있는 방법은 무엇이 있나요?

CASE

중소기업을 경영하고 있는 홍길동 씨는 가업승계를 하면 증여세를 조금 납부하면서 사업을 자녀들에게 물려줄 수 있다는 말을 듣고 자녀에게 가업승계를 하기로 마음먹었다. 하지만 기장 세무사와 상의를 하던 중 불가능하다는 말을 들었다. 그 이유는 무엇일까?

홍길동 씨가 들은 제도가 조세특례제한법상의 가업승계를 위한 증여세과세특례 규정이다.

이 제도는 가업승계를 목적으로 60세 이상의 부모가 18세 이상의 거주자인 자녀에게 지분을 증여했을 경우 증여세를 절감해주는 제도이다. 이 특례규정이 적용되면 최대 600억 원까지 증여할 수 있으며, 증여받은 자녀는 증여받은 지분 가치 중 10억 원을 공제한 나머지 부분에 대해 120억 원까지는 증여세율 10%, 120억 원 초과분에 대해서는 증여세율 20%를 적용한 증여세를 납부하면 되기 때문에 일반 증여보다 증여세가 상당히 많이 감소한다.

예를 들어 설명하면 일반 증여로 50억 원을 증여하면 [(50억 원-5,000만 원)×50%-4억 6,000만 원(증여공제)= 20억 1,500만 원]의 증여세를 납부해야 하지만, 증여세과세특례를 활용한 증여를 하면 [(50억 원-10억 원)×10%=4억 원]의 증여세만 납부하기 때문에 납부할 세액이 16억 1,500만 원 차이가 크다.

가업승계를 위한 증여세과세특례의 적용을 받기 위해서는 다음의 요건을 충족해야 한다.

첫째, 법인사업자만 대상이기 때문에 부모님이 개인사업자로 사업하고 있는 경우에는 이 제도를 활용할 수 없다.

둘째, 가업용 자산의 가치에 대해서만 적용이 된다. 만약 부친이 증여해준 법인의 지분 가치가 100억 원인데, 이 중 가업용 기업 가치가 70억 원, 비가업용 기업 가치가 30억 원일 경우 세금을 계산해보자.

가업승계를 위한 증여세과세특례

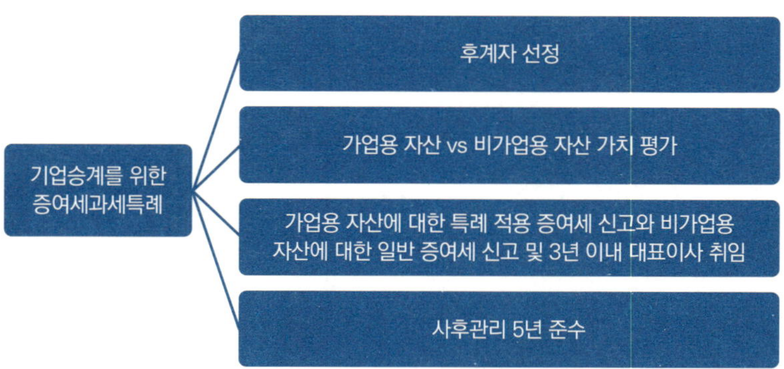

가업용 기업 가치인 70억 원에 대해선 특례가 적용되어 [(70억 원-10억 원)×10%=6억 원]의 증여세, 비가업용 기업 가치의 30억 원에 대해선 일반증여에 해당해 [(30억 원-5,000만 원)×40%-1억 6,000만 원(누진공제)=10억 2,000만 원]의 증여세를 납부해야 한다.

여기서 중요한 것은 법인의 자산 중 가업용 자산과 비가업용 자산을 구분하는 것인데, 일반적으로 가업용 자산에 해당하지 않는 자산에는 ① 비사업용 토지 등, ② 업무와 관련 없는 자산, 임대 부동산(임대준 공장건물등), ③ 타인에 대여한 금액(가지급금이 대표적임), ④ 5개 사업 연도말 평균 금액의 200% 초과해 보유하고 있는 현금, ⑤ 영업활동과 직접 관련 없이 보유한 주식·채권·금융상품 등이 해당한다.

가업승계 업무를 실행해주는 세무사들의 의견을 들어보면 비가업용 자산의 비율이 약 20~30% 정도 된다고 하니, 가업승계를 위한 증여세 과세특례를 활용하더라도 예상치 못한 증여세가 발생할 수 있다.

셋째, 증여자의 요건으로는 최대주주이며, 10년 이상 법인을 경영한 중소기업 CEO가 지분 40%(상장기업 20%)를 10년 이상 보유하고 있어야 가능하다. 배우자에게 증여받은 주식의 보유기간이 10년 미만이더라도 최대주주의 다른 주식의 보유 기간이 10년 이상인 경우에는 요건을 충족한다(2022년 국세청 해석 변경).

넷째, 2인 이상이 동시에 가업승계를 위한 증여세 과세특례를 통해 법인 주식을 증여받았을 경우에는 1인이 증여받은 것으로 세액 계산을 한 후 증여재산의 비율에 따라 세금을 납부한다.

예를 들어 법인을 경영하는 부친이 보유 주식을 2024년 1월 1일에 자녀 A에게 50억 원, 자녀 B에게 30억 원을 특례를 통해 증여했을 경우 증여세는 [(80억 원-10억 원)×10%=7억 원]인데, 이를 A와 B가 증여받은 재산 비율로 안분하면 A는 4억 3,750만 원, B는 2억 6,250만 원을 납부하면 된다.

다섯째, 2인 이상이 순차적으로 가업승계를 위한 증여세과세특례를 통해 법인 주식을 증여받았을 경우에는 합산해서 증여세를 계산한 후 세액공제를 해주는 방식으로 세금을 납부한다.

예를 들어 법인을 경영하는 부친이 보유 주식을 2024년 1월 1일에 자녀 A에게 50억 원, 2024년 7월 1일에 자녀 B에게 30억 원을 특례를 통해 증여한 경우 증여세를 계산해보자. 먼저 A의 증여세는 [(50억 원-10억 원)×10%=4억 원]이고, B의 증여세는 [(50억 원(A가 증여받은 주식 가액)+30억 원-10억 원)]×10%-4억 원(A가 납부한 증여세)=3억 원]을 납부하면 된다.

여섯째, 가업승계에 해당하는 업종인지를 파악하는데, 가능 업종은 뒤에 첨부했다.

일곱째, 가업승계를 위한 증여세과세특례를 신청한 후 지분을 증여해준 부모님의 상속이 발생했을 경우 추가적으로 가업상속공제를 받을 수 있어 세금 부담을 상당히 줄일 수 있다. 가업상속공제에 대해서는 뒤에서 자세히 알아보도록 하자.

가업승계를 위해 증여했을 때
덜 낸 세금을 추징당하는 경우가 있나요?

중소기업을 경영하고 있는 홍길동 씨는 가업승계를 하면 증여세가 많지 않다는 것을 알고 있다. 하지만 사후관리 기간 때문에 머뭇거리고 있다. 사후관리 요건은 어떻게 되는가?

가업승계를 했을 때 많은 세금을 줄여주는 것은 가업승계가 국가 경제에 많은 도움이 되기 때문에 주는 혜택이다. 그런데 혜택만 받고 가업을 승계하지 않게 된다면 기대했던 국가 경제에 도움이 되지 않기 때문에 덜 낸 세금과 이자 상당액을 추징하게 된다.

사후관리는 첫째, 가업승계를 위한 증여세 과세특례를 신고한 후 5년 동안 대분류 내에서의 업종 변경만 가능하고, 증여받은 지분을 유지해야 한다.

둘째, 가업승계를 목적으로 지분을 증여받은 자가 3년 이내에 대표이사에 취임해야 하며, 취임 후 5년 이내 대표이사직을 상실하거나, 5년 이내 1년 이상 휴업·폐업을 하면 안 된다.

그리고 주의해야 할 부분이 있다.

일반증여의 경우에는 증여받고 10년이 경과한 후 증여해준 부모님의 상속이 발생하면 부모님의 상속재산에 과거 증여재산이 포함되지 않아 상속세를 줄일 수 있다. 그러나 가업승계를 위한 증여세과세특례를 통해 증여받은 재산은 기간 경과와 관계없이 무조건 상속재산에 합산된다는 단점이 있다. 이 부분은 창업자금 증여세과세특례의 단점과 같다.

그 이유는 가업승계를 위한 증여세과세특례를 통해 증여받은 자녀들이 가업을 잘 유지하면서 사업을 하던 중 지분을 증여해준 부모님이 사망한다면 그때 추가로 가업상속공제를 신청해 상속세를 대폭 줄일 수 있다. 그리고 사업이 잘되니 상속재산에 포함되어 상속세를 납부해야 할 상황이 되더라도 상속세를 충분히 납부할 수 있을 것이다.

하지만 자녀들의 상황이 좋지 않거나, 승계받은 기업이 도산했더라도 상속세를 납부해야 하기 때문이다. 결국 과거 증여세를 덜 납부한 것이 자녀들의 발목을 잡을 수도 있는 상황이 발생할 수 있다는 것이다.

그리고 자녀의 입장에서는 가업승계를 위한 증여세과세특례와 창업자금 증여세과세특례 중 하나만 선택할 수 있다.

07

가업승계를 위한 증여세과세특례를 활용할 경우 세금을 더 줄일 수 있는 방법은 없나요?

중소기업을 경영하고 있는 홍길동 씨는 가업승계를 하면 증여세가 많지 않다는 것을 알고 있다. 하지만 기업 가치가 높아 상당히 많은 증여세가 발생할 것으로 예상되는데 이 세금을 합법적으로 줄일 수 있는 방법에 대해 고민하고 있다. 어떤 방법이 있을까?

증여세를 절세할 수 있는 가장 좋은 방법은 증여재산의 가치가 낮을 때 증여하는 것인데, 대표적으로 가치 상승이 예상되는 부동산을 증여하는 것이다. 그런데 가치가 이미 많이 상승해 있다면 가치를 하락시키는 것을 생각해볼 수 있다. 부동산의 경우에는 이런 방법이 어렵지만, 비상장법인의 경우에는 가능하다.

 이는 앞에서 살펴본 비상장법인의 기업 가치평가 방법을 활용하면 되는데, 비상장법인의 기업 가치는 순이익 가치와 순자산 가치를 6:4의 비율로 가중평균해 평가한다. 순이익 가치는 직전 3개 연도의 당기순이익에 직전 1년 : 직전 2년 : 직전 3년 = 3 : 2 : 1의 비

율로 가중치를 적용해 계산하고, 순자산 가치는 직전 1년의 자본총
계를 기준으로 계산한다. 따라서 가업승계를 위한 증여세과세특례
를 활용하고자 한다면 최소 3년 전부터 이익을 줄이고, 배당 등을
통해 법인의 자산을 축소하는 방법을 함께 실행할 필요가 있다.

이익을 줄이기 위해 할 수 있는 방법은 임원의 급여 인상과 경영
인 정기보험 가입을 생각해볼 수 있으며, 자산을 축소하는 방법으
로는 이익소각을 실행하면 된다. 그리고 이익을 줄이면서 동시에
자산도 축소할 수 있는 방법이 함께 일하고 있는 가족 임원의 퇴직
금 지급이다.

특히 임원의 퇴직금은 비용 처리가 되어 이익의 감소와 지급한
퇴직금은 법인의 자산을 축소시키는 효과가 동시에 발생하기 때문
에 기업 가치를 크게 하락시킬 수 있다.

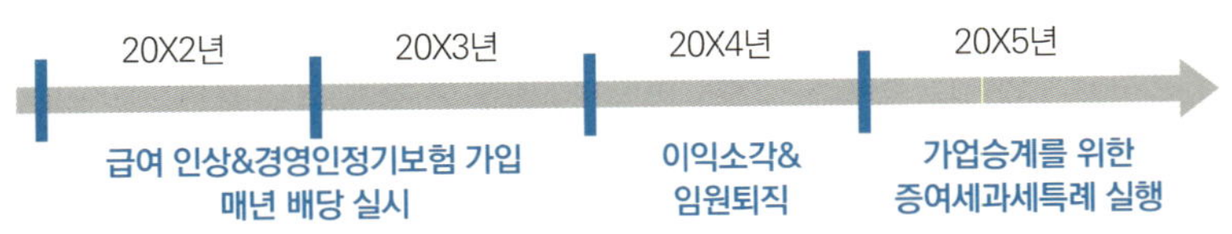

가업승계를 위한 증여세과세특례 실행을 위한 프로세스

08

가업상속공제:
창업주가 갑자기 사망해 많은 상속세가
예상되는데 세금을 줄일 수 있나요?

CASE

제조업을 하는 중소기업을 오랫동안 건실하게 경영하던 홍길동 씨가 갑자기 사망했다. 유족으로는 배우자와 자녀는 남매가 있으며, 배우자와 아들은 회사 일에 참여하고 있다. 회사는 제조업 특성상 많은 시설 투자를 위해 은행 차입금도 꽤 많으며, 기업 가치는 상당히 높다.

유족은 이 회사를 물려받자니 많은 상속세와 부채 상환이 부담이다. 이 경우 상속세를 줄일 수 있는 방법은 무엇인가?

이 경우 활용할 수 있는 제도가 가업상속공제이다. 상속이 발생하면 사망한 자의 재산을 모두 합산한 후 상속세를 계산해 신고 납부하는데, 가업상속공제는 상속재산 중 가업과 관련된 부분의 재산에 대해서는 공제해주는 제도이다. 공제하는 만큼 상속세가 감소하게 되는 제도이다.

가업상속공제를 신청하기 위해선 다음의 요건을 갖춰야 한다.

첫째, 사망한 피상속인이 10년 이상 계속해서 경영한 중소기업과 중견기업(직전 3년 평균 매출액 5,000억 원 미만)이며, 개인기업과 법인기업 모두 가능하다. 가업승계를 위한 증여세과세특례는 법인기업만 해당되지만, 가업상속공제는 개인기업도 해당되기 때문에 대상이 더 넓다.

둘째, 피상속인을 포함한 최대주주 등의 지분율 40%(상장법인은 20%) 이상을 10년 이상 계속해서 보유하고 있어야 하며, 대표이사로 재직한 기간과 관련된 요건도 있다. 가업 영위 기간의 50% 이상 재직하거나, 10년 이상의 기간 동안 재직하거나, 상속개시일로부터 소급해 10년 중 5년 이상 대표이사로 재직해야 한다.

셋째, 가업을 물려받은 상속인은 18세 이상이어야 하고, 상속개시일 전 2년 이상 가업에 종사하고 있어야 한다. 예외적으로 피상속인이 65세 이전에 사망하거나, 천재지변 및 인재 등으로 사망한 경우에는 상속개시 전 2년 이상 재직하지 않았더라도 가업상속공제를 받을 수 있다.

넷째, 가업을 승계한 자가 상속세 신고기한(상속이 발생한 달의 말일로부터 6개월 이내)까지 임원에 취임하고, 신고기한으로부터 2년 이내 대표이사로 취임해야 한다. 만약 자녀가 경영 능력이 없는 경우에는 며느리 또는 사위 등 상속인의 배우자가 요건을 충족할 경우에는 동등하게 가업상속공제 혜택을 받을 수 있다.

다섯째, 가업승계 대상 업종이어야 하고, 상속재산 중 가업용 자산에 대해서만 공제해준다. 가업승계를 위한 증여세과세특례에서 살펴본 것처럼 가업용 자산과 비가업용 자산을 구분해 가업용 자산의 가치에 대해서만 적용된다.

그럼, 가업상속공제를 받으면 어느 정도의 혜택이 있을까요?

가업상속재산의 100%까지 공제가 가능하고 가업을 영위한 기간에 따라 공제금액에 한도가 있다. 가업 영위 기간이 10년 이상이면 300억 원까지, 20년 이상이면 400억 원까지, 30년 이상이면 600억원 이상까지 공제가 가능해 상속세를 절세할 수 있다.

배우자와 2명의 자녀가 있는 상태에서 상속이 발생한 상황을 가정해 세금을 비교해보자. 만약 상속재산이 100억 원인데 전체를 가업상속공제를 받을 수 있다면 상속세가 없으나, 가업상속공제를 받을 수 없다면 [(100억 원-35억 원)×50%-4억 6,000만 원=27억 9,000만 원]의 상속세를 납부해야 하기 때문에 그 혜택의 크기를 짐작할 수 있다.

절세 효과가 큰 만큼 사후관리 요건도 철저히 지켜야 한다.

가업상속공제 시 사업 무관 자산이 있으면 혜택이 감소하나요?

제조업을 하는 중소기업을 오랫동안 건실하게 경영하던 홍길동 씨가 갑자기 사망했다. 유족들은 큰아들이 몇 년 전부터 회사에서 일하며 가업승계를 생각하고 있었기 때문에 상속세 관련된 부분은 가업상속공제를 신청하면 상속세가 없을 것으로 예상하고 있었는데, 상속세 신고하는 과정에서 가업상속공제를 신청해도 많은 상속세가 발생한다는 말을 들었다. 왜 그럴까?

이 부분에 대해 이해하기 위해서는 우선 가업상속재산에 대해 알아야 하는데, 그 범위는 개인사업체와 법인사업체의 기준이 다르다.

개인사업체는 가업에 직접 사용되는 토지, 건축물, 기계장치 등 사업용 자산의 가액에서 해당 자산에 담보된 채무액을 뺀 가액이다.

법인사업체는 법인 주식가액×(1-법인의 총자산 중 사업 무관 자산이 차지하는 비율)로 산출하는데, 여기서 사업 무관 자산에는 다음과 같은 것이 있다.

① 임대주택 등을 제외한 주택 및 비사업용 토지

② 업무와 관련이 없는 자산 및 타인에게 임대하고 있는 부동산

③ 금전소비대차 등에 의하여 타인에게 대여한 금액

④ 과다 보유 현금(상속개시일 직전 5개 사업 연도 말 평균 현금 보유액
의 200% 초과분)

⑤ 법인의 영업활동과 직접 관련이 없이 보유하고 있는 주식, 채
권 및 금융상품

사업 무관 자산에서 주의할 부분은 법인이 보유하고 공장 중 일
부를 임대하고 있거나, 임대용 상가를 보유하고 있다면 그 부동산
은 가업 상속재산에 포함되지 않는다는 것이다. 이를 더 넓게 생각
해보면 부동산 임대업 전체로 생각해도 결과는 마찬가지다. 즉, 부
동산 임대업을 주로 하는 법인은 가업상속공제를 받을 수 없다는
것이다.

그리고 대여금 관련된 부분도 주의해야 하는데, 대여금의 대표
적인 것이 가지급금이다. 가지급금이 많은 법인의 경우에는 전체
자산 중 가지급금이 차지하는 비율에 대해선 가업상속공제를 받을
수 없어 상속세를 납부해야 한다.

마지막으로 법인에서 가입한 금융상품 중 자산으로 회계 처리되
는 투자 목적 주식과 채권, 그리고 연금보험이나 종신보험의 경우
에는 사업 무관 자산에 해당한다. 따라서 법인에서 지나치게 많은
금액을 이 부분에 투자하고 있다면 가업상속재산이 감소해 가업상
속공제의 혜택이 줄어들게 된다.

가업상속공제 혜택을 받은 후 세금을 추징당하는 경우도 있나요?

3년 전 가업을 영위하던 부친이 사망해 가업상속공제를 통해 가업승계를 한 홍길동은 국세청으로부터 3년 전 신청했던 가업상속공제를 취소하고, 일반 상속으로 간주해 상속세와 이자 상당분의 가산세를 납부하라는 통지를 받았다. 어떻게 된 일일까?

가업상속공제를 통해 많은 상속세를 줄여주는 이유는 앞에서 살펴본 가업승계를 위한 증여세과세특례와 같은 이유이다. 즉, 정상적인 가업승계를 통해 가업을 계속 경영해 지속적인 고용 창출과 경제발전에 기여하기를 기대하기 때문이다. 그런데 이런 기대를 충족시키지 못했을 때는 줄여줬던 세금과 가산세를 추징하는 데 이런 과정을 사후관리라고 한다.

사후관리 요건을 살펴보면 상속개시일로부터 5년 이내에 정당한 사유 없이 다음의 어느 하나에 해당하게 되는 경우엔 가업승계를 하지 않은 것으로 보고 세금을 추징한다.

첫째, 해당 가업용 자산의 40% 이상을 처분한 경우이다(예외적으로 업종 변경 등에 따른 변경 업종 자산을 취득한 경우엔 인정된다).

둘째, 해당 상속인이 가업에 종사하지 않는 경우이다. 가업에 종사하지 않는다는 것은 상속인이 대표이사로 종사하지 않는 경우, 가업의 주된 업종을 변경하는 경우(표준산업 분류상 대분류 범위 내 업종 변경은 허용), 당해 가업을 1년 이상 휴업(실적이 없는 경우도 포함)하거나 폐업하는 경우가 해당된다.

셋째, 상속인의 지분이 감소한 경우이다. 이 경우에도 상속세 납부를 위해 상속받은 주식으로 물납을 해 지분이 감소했지만, 최대 주주 또는 최대 출자자에 해당한다면 인정된다.

넷째, 상속 후 5년간 정규직 근로자 평균 인원 혹은 총급여액의 평균이 기준연도 90% 이상 유지해야 한다. 기준연도 인원은 상속이 개시된 사업 연도의 직전 2개 사업 연도의 정규직 근로자 수의 평균을 말한다.

다섯째, 피상속인·상속인이 상속 기업의 탈세 또는 회계 부정에 의해 형사처벌을 받은 경우로서 다음의 요건을 모두 충족하면 공제를 배제한다. ① 상속 대상 기업의 경영과 관련하여, ② 상속개시 10년 전부터 사후관리 기간(총 15년)까지의 탈세·회계부정으로, ③ 피상속인 또는 상속인이 처벌받은 경우로서, ④ 징역형 또는 일정 기준 이상의 벌금형이 확정된 경우이다.

특히 피상속인이 다섯 번째 사항에 해당한다면 가업상속공제를 신청할 수도 없기 때문에 가업승계를 생각하는 법인 CEO의 경우에는 탈세·회계부정이 발생하지 않도록 주의해야 한다.

농업, 임업, 어업, 축산업도
가업상속공제를 받을 수 있나요?

CASE

대규모 양돈 농장을 운영하고 있는 홍길동은 미래에 부친의 농장을 승계받을 예정이다. 그런데 이 과정에서 세금이 걱정되는데, 주변에서 가업승계를 받으면 세금이 없다는 말을 듣고 상속세 등에 대해선 준비하지 않고 있었다. 그런데 갑자기 부친이 사망해 상속세를 신고하는 과정에서 가업상속공제 대상이 아니기 때문에 많은 상속세를 납부해야 한다는 말을 듣고 충격에 빠졌다. 왜 가업상속공제가 안 되는 것일까?

농업·임업·어업·축산업 중 가업상속공제가 가능한 업종은 작물재배업(표준산업분류 상011) 중 종자 및 묘목생산업(01123)을 영위하는 기업으로서 일정 요건을 충족해야만 가능하다. 그 외의 업종은 가업승계가 아닌 영농상속공제를 받아야 한다.

영농상속공제는 피상속인이 농업·임업·어업·축산업을 주된 업종으로 영위한 경우로서 영농상속재산을 상속인 중 영농에 종사하는 상속인이 상속받을 경우에 상속세 과세가액에서 영농상속재산가액을 30억 원을 한도로 공제해주는 제도이다. 다만, 피상속인 또는 상속인이 탈세, 회계부정으로 징역형, 벌금형을 받은 경우에는 가업상속공제와 마찬가지로 영농상속공제를 받을 수 없다.

영농상속공제 요건에 대해 간단히 알아보자.

첫째, 소득세법을 적용받는 경우에는 피상속인이 상속개시일 8년 전부터 계속하여 재촌(농지 등의 소재지와 동일한 시·군·자치구 거주 또는 그와 연접한 시·군·자치구 또는 직전 거리 30㎞ 이내 지역 거주)하면서 직접 영농에 종사해야 한다.

그리고 상속인은 다음의 요건을 모두 충족한 자와 영농·영어 및 임업후계자이어야 한다. 요건은 ① 상속개시시일 현재 18세 이상인 자로서 상속개시일 2년 전부터 계속하여 직접 영농에 종사할 것, ② 피상속인 요건에서 규정하는 지역에 거주할 것이다.

둘째, 법인세법을 적용받는 경우에는 피상속인이 상속개시일 8년 전부터 해당 기업을 직접 경영하고, 최대주주이며 특수관계인의 주식을 합하여 발행주식 총수의 50% 이상을 계속하여 보유하고 있어야 한다.

그리고 상속인은 다음의 요건을 모두 충족한 자와 영농·영어 및 임업후계자이어야 한다. 요건은 ① 상속개시시일 현재 18세 이상인 자로서 상속개시일 2년 전부터 계속하여 직접 영농에 종사할 것, ② 상속세과세표준 신고기한(상속이 발생한 달의 말일로부터 6개월)까지 임원으로 취임하고, 신고기한으로부터 2년 이내에 대표이사로 취임해야 한다.

셋째, 영농상속공제를 적용받은 후 상속개시일로부터 5년 이내

에 정당한 사유 없이 공제받은 재산을 처분하거나 영농에 종사하
지 않는 경우에는 당초 공제받은 금액을 상속개시 당시의 과세가
액에 산입하여 상속세를 부과한다.

가업승계 가능 업종

표준산업분류상기준	가업 해당 업종
가. 농업,임업 및 어업 (01~03)	작물재배업(011) 중 종자 및 묘목업(01123)을 영위하는 기업으로서 다음의 계산식에 따라 계산한 비율이 100분의 50 미만인 경우 [제15조제7항에 따른 가업용 자산 중 토지(『공간정보의 구축 및 관리 등에 관한 법률』에 따라 지적공부에 등록해야 할 지목에 해당하는 것을 말한다) 및 건물(건물에 부속된 시설물과 구축물을 포함한다)의 자산의 가액]÷(제15조제7항에 따른 가업용 자산의 가액)
나. 광업(05~08)	광업 전체
다. 제조업(10~33)	제조업 전체. 이 경우 자기가 제품을 직접 제조하지 않고 제조업체(사업장이 국내 또는 『개성공단지구 지원에 관한 법률』 제2조제1호에 따른 개성공단 지구에 소재하는 업체에 한정한다)에 의뢰하여 제조하는 사업으로서 그 사업이 다음의 요건을 모두 충족하는 경우를 포함한다. 1) 생산할 제품을 직접 기획(고안·디자인 및 견본제작 등을 말한다)할 것 2) 해당 제품을 자기 명의로 제조할 것 3) 해당 제품을 인수하여 자기 책임하에 직접 판매할 것
라. 하수 및 폐기물 처리, 원료 재생, 환경정화 및 복원업(37~39)	하수·폐기물 처리(재활용을 포함한다). 원료 재생, 환경 정화 및 복원업 전체

마. 건설업(41~42)	건설업 전체
바. 도매 및 소매업 (45~47)	도매 및 소매업 전체
사. 운수업(49~52)	여객운송업 [육상운송 및 파이프라인 운송업(49), 수상 운송업(50), 항공 운송업(51), 중 여객을 운송하는 경우]
아. 숙박 및 음식점업 (55~56)	음식점 및 주점업(56) 중 음식점업(561)
자. 정보통신업 58~63)	출판업(58) 영상,오디오 기록물 제작 및 배급업(59). 다만, 비디오물 감상실 운영업(59124)은 제외한다. 방송업(60) 우편 및 통신업(61) 중 전기통신업(612) 컴퓨터 프로그래밍, 시스템 통합 및 관리업(62) 정보서비스업(63)
차. 전문, 과학 및 기술 서비스업(70~73)	연구개발업(70) 전문서입스업(71) 중 광고업(713), 시장조사 및 여론조사업(714) 건축기술, 엔지니어링 및 기타 과학기술 서비스업(72) 중 기타 과학기술서비스업(729) 기타 전문, 과학 및 기술 서비스업(73) 중 전문디자인업(732)
카. 사업시설관리 및 사업지원서비스업 (74~75)	사업시설 관리 및 조경 서비스업(74) 중 건물 및 산업설비 청소업(7421), 소독, 구충 및 방제 서비스업(7422). 사업지원 서비스업(75) 중 고용알선 및 인력 공급업(751. 농업노동자 공급업을 포함한다). 경비 및 경 서비스업(7531), 보안시스템 서비스업(7532). 콜센터 및 텔레마케팅 서비스업(75991). 전시, 컨벤션 및 행사 대행업(75992). 포장 및 충전업(75994)
타, 임대업(76) : 부동산 제외	무형재산권 임대업(765, 『지식재산기본법』 제3조제1호에 따른 지식재산을 임대하는 경우로 한정한다)
파. 교육서비스업(85)	교육 서비스업(85) 중 유아교육기관(8511), 사회교육시설(8564), 직원훈련기관(8565), 기타 기술 및 직업 훈련 학원(85669)
하. 사회복지 서비스업 (87)	사회복지서비스업 전체
거. 예술. 스포츠 및 여가 관련 서비스업 (90~91)	창작, 예술 및 여가 관련 서비스업(90) 중 창작 및 예술 관련 서비스업(901), 도서관, 사적지 및 유사 여가 관련 서비스업(902). 다만, 독서실 운영업(90212)은 제외한다.
너. 협회 및 단체, 수리 및 기타 개인 서비스업 (95~96)	기타 개인 서비스업(96) 중 개인 간병인 및 유사 서비스업(96993)

가업승계 가능 업종

가. 조세특례제한법 제7조제1항제1호 커목에 다른 직업기술 분야 학원	
나. 조세특례제한법 시행령 제5조제9항에 따른 엔지니어링 사업	
다. 조세특례제한법 시행령 제5조제7항에 따른 물류산업	
라. 조세특례제한법 시행령 제6조제1항에 따른 수탁생산업	
마. 조세특례제한법 시행령 제54조제1항에 따른 자동차정비공장을 운영하는 사업	
바. 해운법에 따른 선박관리업	
사. 의료법에 따른 의료기관을 운영하는 사업	
아. 관광진흥법에 다른 관광사업(카지노, 관광유흥음식점업 및 외국인전용 유흥음식점업은 제외한다.)	
자. 노인복지법에 따른 노인복지시설을 운영하는 사업	
차. 법률 제15881호 노인장기요양보험법 부칙 제4조에 따라 재가장기요양기관을 운영하는 사업	
카. 전시산업발전업에 따른 전시산업	
타. 에너지이용 합리화법 제25조에 따른 에너지절약전문기업이 하는 사업	
파. 국민 평생 직업능력 개발법에 따른 직업능력개발훈련시설을 운영하는 사업	
하. 도시가스사업법 제2조제4호에 따른 일반도시가스사업	
거. 연구산업진흥법 제2조제1호나목의 산업	
너. 민간임대주택에 대한 특별법에 따른 주택임대관리업	
더. 신에너지 및 재생에너지 개발·이용·보급 촉진법에 따른 신·재생에너지 발전사업	

12

매력적인 법인이
매각이 잘됩니다

30년 동안 법인을 경영한 홍길동 씨는 자녀가 가업을 승계하기를 원하지만, 자녀는 자신의 일을 하고 있어 관심이 없고, 가업승계를 잘못 하면 나중에 세금이 많이 나온다는 말을 듣고 회사를 매각할 생각을 하고 있다. 이처럼 법인을 매각하려고 할 경우 준비해야 할 것은 무엇일까?

비상장법인을 매각한다는 것은 주주가 가지고 있는 주식을 매각하는 것을 의미하는데, 주식도 자산이기 때문에 매각할 경우에는 비싸게 매각하는 것이 합리적이다. 그러기 위해서는 법인의 가치를 최대한 높여 매력적으로 보이는 것이 중요하다.

법인 가치를 높이기 위해서는 다음의 요건을 충족해야 한다.

첫째, 가지급금 등 인수자가 부담스러워할 부분에 대한 사전 정리를 할 필요가 있다.

둘째, 보유하고 있는 이익잉여금이 많은 것이 좋은데, 이를 위해선 적절한 급여 정도만 수령하고, 배당은 하지 않는 것이 이익잉여금 증가에 유리하다.

비상장법인의 2,000만 원을 초과한 배당금에 대해서는 종합과세되기 세율이 최고 45%까지 발생할 수 있다. 하지만 비상장법인 주식의 양도소득에 대해서는 20~25%의 세율이 적용되기 때문에 배당소득세보다 세금이 적다.

법인 가치를 높여 매력적으로 만들었다면 법인의 매각하는 과정에서 발생하는 세금을 절세할 수 있는 방법을 고민해야 한다. 그럼 법인을 매각하는 과정에서 발생하는 절세 방법에 대해 알아보자.

법인 매각 시 해야 할 일

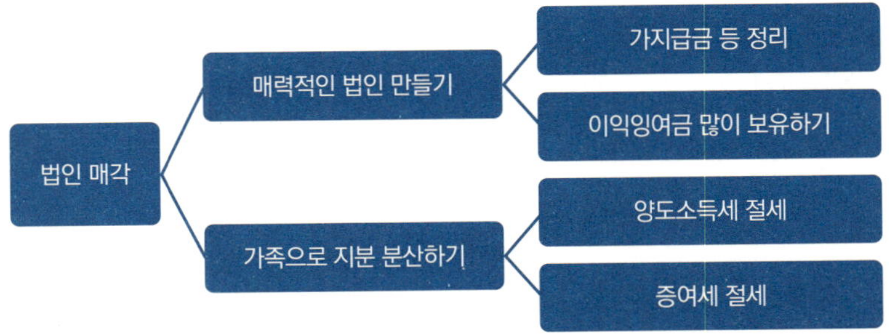

13

법인을 매각할 때도 세금을 줄이기 위해선 무엇을 해야 하나요?

법인 가치를 높여 매력적으로 만들었다면 법인을 매각하는 과정에서 발생하는 세금을 절세할 수 있는 방법을 고민해야 한다. 비상장 법인의 주식을 매매하는 과정에서 발생하는 차익은 양도소득에 해당하고, 납부할 양도소득세를 계산할 때는 과세표준 3억 원 이하는 20%, 3억 원 초과는 25%의 세율을 적용한다.

그럼 이 과정에서 세금을 절세할 수 있는 방법은 무엇일까?

주주가 여러 명이어야 한다. 만약 법인의 매매 차익이 100억 원인 경우 주주가 1인이라면 3억 원에 대해서만 20%의 세율이 적용되고, 97억 원에 대해선 25%의 세율이 적용된다. 하지만 주주가 4명이고 지분율이 동일하다면 12억 원에 대해 20%의 세율이 적용되고 88억 원에 대해서는 25%의 세율이 적용되어 세금 차이가 1억 8,000만 원이 된다.

그럼 주주가 여러 명이기 위해서는 무엇을 해야 할까? 기업 가치가 낮을 때 지분을 증여하거나, 불균등 증자 등을 통해 가족의 지분을 충분히 확보할 필요가 있는데, 이 과정에서 증여세가 발생할 수

있다. 하지만 미래 기업 가치가 더 상승한 이후 지분을 증여하거
나, 법인 매각 대금을 현금으로 증여하는 것보다는 세금이 적을 수
있다.

선 지분 증여 시 예상 증여세

구 분	배우자	자1	자녀2
증여가액	25억 원	25억 원	25억 원
증여공제	6억 원	5,000만 원	5,000만 원
과세표준	19억 원	24억 5,000만 원	24억 5,000만 원
세 율	40%	40%	40%
산출세액	6억 원	8억 2,000만 원	8억 2,000만 원
세금합계	22억 4,000만 원		

선 증여 후 매각 시 예상 양도소득세

구 분	홍길동	배우자	자1	자2
양도가액	50억 원	50억 원	50억 원	50억 원
취득가액	2,500만 원	25억 원	25억 원	25억 원
양도차익	49억 7,500만 원	25억 원	25억 원	25억 원
기본공제	2,500만 원	2,500만 원	2,500만 원	2,500만 원
과세표준	49억 7,250만 원	24억 9,750만 원	24억 9,750만 원	24억 9,750만 원
세 율	20~25%			
산출세액	12억 2,812만 5,000원	6억 937만 5,000원	6억 937만 5,000원	6억 937만 5,000원
세금합계	30억 5,625만 원			

선 매각 시 예상 양도소득세

구 분	홍길동
양도가액	200억 원
취득가액	1억 원
양도차익	199억 원
기본공제	2,500만 원
과세표준	198억 9,750만 원
세율	20~25%
산출세액	49억 5,937만 5,000원

선 매각 후 현금증여 시 예상 증여세

구 분	배우자	자1	자녀2
증여가액	50억 원	50억 원	50억 원
증여공제	6억 원	5,000만 원	5,000만 원
과세표준	44억 원	49억 5,000만 원	49억 5,000만 원
세율	50%	50%	50%
산출세액	17억 4,000만 원	20억 1,500만 원	20억 1,500만 원
세금합계		57억 7,000만 원	

이 부분에 대한 자세한 설명을 위해 예를 들어보자.

홍길동은 법인의 현재 주주는 본인 1인이고, 액면가 1억 원, 현 기업 가치는 100억 원인데, 기업 가치가 200억 원일 때 매각할 예 정이다. 상황별로 세금의 차이를 비교해보자.

가족에게 현 시점에서 지분을 증여하고, 기업가치가 200억 원일 때 매각하는 경우의 세금을 계산해보자. 가족에게 지분을 25%씩 증여한다면, 배우자는 [(25억 원-6억 원)×40%-1억 6,000만 원=6억 원]의 증여세를 성인 자녀들은 1인당 [(25억 원-5,000만 원)×40%-1억 6,000만 원=8억 2,000만 원의 증여세를 납부하게 되어 가족이 납부할 증여세가 22억 4,000만 원이다.

그리고 기업가치가 200억 원인 상황에서 법인을 매각하면, 홍길동 씨 가족은 각자 지분 매각 이익에 대한 양도소득세를 납부하는데 약 30억 원 정도이다. 총 세금은 약 52억 9,000만 원 발생한다.

매각할 때까지 가족에게 지분을 증여하지 않고 홍길동 씨 1인 주주인 상황에서 법인을 200억 원에 매각하고, 이후 가족에게 각각 50억 원씩 현금 증여를 하는 경우의 세금을 계산해보자.

홍길동 씨가 200억 원에 본인의 지분을 모두 매각하면 양도소득세가 약 49억 6,000만 원 발생한다. 이후 가족에게 현금 증여한 부분에 대해 증여세 57억 7,000만 원이 발생해 총 세금이 107억 원 정도가 된다.

상황 1)과 상황 2)를 비교하면 세금 부분에서 약 54억 3,000만 원 정도의 차이가 발생하기 때문에 선 지분 증여 후 기업을 매각하는 것이 유리하다.

그리고 자녀의 입장에서도 실질적으로 수령하는 자금에서도 많은 차이가 있다. 상황 1)의 선 지분 증여 후 지분을 매각한 경우에는 50억 원의 매각 대금 중 양도소득세 약 6억 원 정도를 차감한 약 44억 원이 자녀의 합법적인 자산이 될 수 있다.

그러나 상황 2)의 경우엔 50억 원을 현금으로 증여받으면 증여세 약 20억 원을 차감한 약 30억 원 정도만 자녀의 합법적인 자산이 될 수 있다. 자녀의 경우에는 약 14억 원의 자금의 차이가 발생하게 된다.

자녀들은 이런 매각자금을 자금출처로 활용할 수 있는데, 만약 합법적인 자금출처가 없다면 부동산 등의 취득자금이나 창업자금 관련해 세무조사를 통해 증여세가 추가적으로 발생할 수 있다.

자금출처로 인정받을 수 있는 자금은 신고된 소득 중 소득세 상당액을 차감한 소득, 금융기관에서 받은 대출금, 그리고 부모로부터 증여받고 증여 신고한 자금 정도이다. 따라서 법인의 출구전략을 매각으로 결정한 대표의 경우에도 주식 양도소득세와 증여세 등의 절세를 미리 전략을 세울 필요가 있다.

법인을 청산하고 싶은데
어떻게 하면 되나요?

CASE

30년 동안 법인을 경영한 홍길동 씨는 법인을 청산하기로 결정했다. 사업을 물려받겠다는 자녀가 없고, 업종 특성상 제3자에게 매각하기도 쉽지 않다. 그래서 본인 건강이 좋을 때 법인을 청산하고 배우자와 그동안 못 한 여행 등을 하면서 여생을 보내고자 한다. 그런데 막상 법인을 청산하려고 하니 절차도 복잡하고, 세금이 많이 발생한다고 해 고민이 많다. 청산을 위해서 홍길동 씨는 무엇을 준비해야 할까?

홍길동 씨의 고민을 덜어주기 위해서 먼저 청산에 대해 알아보자. 법인의 청산은 영위하고 있던 법인의 존재를 소멸시키는 절차를 말하는데, 개인사업자의 폐업과는 다른 개념으로 법인 청산은 상법상의 규정에 따라 진행이 되는데 모든 절차를 완료해야 비로소 법인 청산을 완료하게 된다.

법인을 청산하는 이유는 회사 주주들 사이에 이해관계 충돌이 있을 때 필요한 절차이다. 주주들 간의 분쟁이나 이견으로 사업을 진행할 수 없는 상황에서는 강제로 폐업하는 단계인 청산이 필요하다. 강제로 청산하는 과정에서 잔여재산이나 채무를 분배해야 하는 경우에도 법인 청산절차를 거쳐야 한다.

법인 청산절차는 상법의 규정에 따라 다음 과정을 거쳐야 한다.

첫째, 주주총회를 열어 해산 결의를 해야 하는데, 주주들이 해산에 동의해야 절차를 진행할 수 있기 때문이다. 그리고 주주총회 진행자를 선정하는데 일반적으로는 현 대표이사가 되는 경우가 많지만, 제3자를 선임하는 것도 가능하다.

둘째, 해산 결의 이후에는 집행자를 선정하는데, 일반적으로는 현 대표이사가 되는 경우가 많지만, 제3자를 선임하는 것도 가능하다. 그리고 선임된 집행자를 등기 후 해산 등기를 완료하고, 집행자는 해산 과정을 책임지며, 관련 서류를 작성하고 등기부에 신고해야 한다.

셋째, 진행된 해산 등기 이후 2개월 이내에 해산 공고를 신문에 2회 이상 게재해 채권자들이 채권 신고를 할 수 있도록 해야 한다.

넷째, 채권자들에게 정해진 기간 내에 채무 변제를 해야 하고, 잔여 재산이 남은 경우에는 주주들에게 재산을 분배해야 한다.

다섯째, 채무 변제가 완료되면 결산 보고서를 작성하여 주주총회의 승인을 받고 회사 정리 종결 등기를 신청해야 한다.

법인을 청산하는 과정에서 법인세와 배당소득세 문제가 발생하는데, 법인세는 사업연도에 대한 법인세와 청산소득에 대한 법인세가 각각 발생한다. 배당소득세는 법인세를 모두 납부한 후 잔여재산을 주주들이 분배받을 때 신고 납부하게 된다.

여기서 가장 부담스러운 부분이 잔여재산에 대한 배당소득세인데, 이 부분에 대한 이해를 돕기 위해 예를 들어 설명하겠다.

현재 법인의 주주 2명, 지분율 50%씩 동일, 잔여재산 20억 원인 상황에서 청산한다면 주주 1인당 10억 원을 배당소득으로 받고 배당소득세와 건강보험료를 납부해야 한다.

이 경우 배당소득세는 1인당 최소 3억 1,857만 원(다른 소득이 있어 합산 과세된다면 더 높은 세율이 적용되어 배당소득세도 상승하게 됨)이고, 2명이 6억 3,714만 원을 납부해야 하는데, 전체 배당금의 약 32%를 세금으로 납부해야 한다. 부담이 클 수밖에 없다.

그럼 어떻게 하면 홍길동 씨는 세금을 줄일 수 있을까?

청산 시 배당금과 소득세

[단위: 천 원]

구 분	배당금	
1인당 배당소득	1,000,000	500,000
GROSS-UP	107,800	52,800
배당소득금액	1,107,800	552,800
세율	45%	42%
산출세액(*)	426,370	190,636
배당세액공제	107,800	52,800
납부할 세액	318,570	137,836

[(2,000만 원×14%)+(1,087,800×45%-6,594만 원)]=4억 2,637만 원
[(2,000만 원×14%)+(532,800×42%-3,594만 원)]=1억 9,063만 원

첫째, 청산 전 주주를 늘리는 것이다. 주주가 2명이 아니라 4명이라면 1인당 배당소득이 5억 원이고, 그에 대한 배당소득세는 1억 3,783만 원이다. 4명이면 5억 4,134만 원이 되어 전체 배당금의 약 28%로 감소하며, 배당소득세 절세액도 8,579만 원에 이른다.

만약 주주를 더 늘린다면 배당소득세 감소 폭은 더 커질 것이다. 물론 이 과정에서 증여세는 별도로 발생할 수 있다. 그렇기 때문에 법인의 출구전략으로 청산을 고려하고 있다면 증여세 절세를 위해서도 기업 가치가 낮을 때 주주를 가족 여러 명으로 분산하는 것이 합리적이다.

둘째, 매출을 발생시키지 않고 일정 기간 동안 법인을 유지하다가 청산 절차를 거치는 것을 생각해볼 수 있다. 그리고 그 기간 동안 법인을 관리하면서 이익잉여금을 가족인 임원의 급여로 받는다면, 청산 시 많은 금액을 일시에 배당금으로 수령하는 것보다 세금 부분에서 유리할 수 있다.

사례로 배우는
증여, 상속 성공 노하우

초판 1쇄 발행 2026년 4월 10일

지은이 양희정
펴낸이 이지은 **펴낸곳** 팜파스
진행 이진아 **편집** 정은아
디자인 박진희
마케팅 김민경, 김서희

출판등록 2002년 12월 30일 제 10-2536호
주소 서울특별시 마포구 어울마당로5길 18 팜파스빌딩 2층
대표전화 02-335-3681 **팩스** 02-335-3743
이메일 daerimbooks@naver.com

값 22,000원
ISBN 979-11-7026-749-2 (03320)

ⓒ 2026, 양희정